Tim & Beverly LaHaye
mit Mike Yorkey

Immer noch so schön mit dir

Erfülltes Intimleben in einer langjährigen Partnerschaft

Tim & Beverly LaHaye
mit Mike Yorkey

Immer noch so schön mit dir

Erfülltes Intimleben in einer langjährigen Partnerschaft

Schulte & Gerth

Die amerikanische Originalausgabe erschien im Verlag
ZondervanPublishingHouse, Grand Rapids, Michigan,
unter dem Titel »The Act of Marriage after 40«.

Aus dem Amerikanischen übersetzt von Marianne Magnus.

Der Verlag Gerth Medien dankt besonders den Apothekern
Herrn und Frau Langer aus Asslar, die uns bei der Ermittlung
äquivalenter deutscher Präparate zu den im Buch
vorgestellten amerikanischen Arzneimitteln geholfen haben.

Wenn nicht anders angegeben, wurden die Bibelstellen
nach der Übersetzung Hoffnung für alle zitiert,
Brunnen Verlag, Basel, 1998 (HFA).
Bibelstellen, die der Revidierten Elberfelder Bibel entnommen
wurden, stammen aus der Ausgabe des R. Brockhaus Verlages,
Wuppertal, von 1986 (ELB).
Bibelstellen, die der Revidierten Luther-Bibel entnommen
wurden, stammen aus der revidierten Fassung von 1984
der Deutschen Bibelgesellschaft, Stuttgart, von 1985 (LUT).

Best.-Nr. 815 743
ISBN 3-89437-743-7
1. Auflage 2001
Umschlaggestaltung: Sascha Müller-Harmsen
Umschlagfoto: The Stock Market
Satz: Die Feder GmbH, Wetzlar
Druck und Verarbeitung: Schönbach Druck
Printed in Germany

Für alle, die glauben, dass die eheliche Liebe
tatsächlich ein Leben lang Bestand haben kann,
und für alle, die ermutigt werden wollen,
daran zu glauben.

Inhalt

Einleitung

Wie es zu diesem Buch kam.

Vor nicht allzu langer Zeit schaute unser Fernsehtechniker nach Feierabend in unserer Eigentumswohnung vorbei. Matt (wir haben seinen Namen hier geändert) brachte seine Frau Jennifer mit. Er stand an der Eingangstür und murmelte verlegen, Jennifer hätte eines meiner Bücher gelesen und wolle sich darüber einmal mit meiner Frau Beverly und mir unterhalten.

Wir begrüßten unsere unverhofften Gäste freundlich und führten sie durch unsere Wohnung. Dabei machten wir einen Abstecher in mein Arbeitszimmer. Während unserer dahinplätschernden Gespräche an diesem Abend wurde immer deutlicher, dass dieses Paar offensichtlich noch mehr auf dem Herzen hatte. Ich bot ihnen daher erst einmal etwas zu trinken an und schleuste sie in Richtung Couch in meinem Büro. Es dauerte nur wenige Minuten, da sprudelte es auch schon aus ihnen heraus:

»Wir sind beide 40 Jahre alt und haben Probleme im Bett. Ich habe überhaupt kein Interesse mehr an Sex«, platzte Jennifer heraus. Ich bemerkte, wie die Augen ihres Mannes auf den Boden gerichtet waren.

Da lag der Hund also begraben. Deshalb bat ich die beiden, mir alles der Reihe nach zu berichten, damit ich sie eingehend beraten konnte. Eine halbe Stunde später glaubte ich dann zu wissen, wo das Problem lag. Jennifer hatte, bevor sie Christ wurde, häufig den Partner gewechselt. Nachdem sie jedoch verheiratet war, schwang das Pendel genau in die entgegengesetzte Richtung um und sie wollte überhaupt nichts mehr mit Sex zu tun haben – mit dem Ergebnis, dass dieses Paar, das bereits lange verheiratet war, nur selten Sex hatte. Und wenn es doch einmal dazu kam, dann war es nichts weiter als eine Erleichterung für ihn.

Ich riet Jennifer zunächst einmal, sich selbst für das zu vergeben, was Jahre zuvor passiert war. In diesem Zusammenhang erinnerte ich sie daran, dass die geschlechtliche Vereinigung der schönste und innigste Ausdruck der Liebe sei, die ein Mann und eine Frau miteinander erleben können und darüber hinaus auch noch einer, der alle Mühe wert ist. Als sie einvernehmlich mit dem Kopf nickten, musste ich an die Hunderte und Aberhunderte von Paaren denken, die ich schon in sexuellen Fragen seelsorgerlich beraten hatte. Ich konnte mich dabei nicht an ein einziges Paar erinnern, das mir erzählt hätte, dass sein Sexualleben sehr befriedigend, seine Ehe aber unbefriedigend sei. Das Intimleben eines Paares ist ein ausgezeichnetes Barometer für den Zustand der ehelichen Beziehung: Kann das Liebesleben eines Paares als zufrieden stellend beziehungsweise gut beschrieben werden, dann trifft diese Beschreibung auch auf die Beziehung außerhalb des Schlafzimmers zu.

Das Thema der ehelichen Liebe und ihrer physischen Dimension hat Beverly und mich schon seit eh und je interessiert und ganz konkret, seit uns Anfang der 70er-Jahre bewusst geworden ist, dass es an umfassender christlicher Literatur zu diesem Thema fehlte. Einmal lieh ich einem jungen Ehepaar, das auf Grund seiner sexuellen Probleme zu mir in die Beratung gekommen war, sieben Bücher aus meiner eigenen Bibliothek aus, in denen ich die jeweiligen Kapitel markiert hatte, die sie lesen sollten.

Dann lud uns 1973 Dr. Robert K. DeVries, der damalige Geschäftsführer und Leiter des Zondervan-Verlages, zum Mittagessen ein, um Beverly und mich zu bitten, aus christlicher Sicht ein Buch über das Sexualleben in der Ehe zu schreiben.

»Nein«, erwiderte ich ganz spontan. »Pastoren schreiben nicht über Sex!«

Dr. DeVries ließ sich jedoch von meiner Antwort nicht abschrecken. »Würden Sie bitte darüber beten und die Sache noch einmal unter vier Augen miteinander durchsprechen?«, bat er. »Wir glauben, dass ganz besonders ein Pastor wie Sie, der für seine geistliche Integrität bekannt ist, zusammen mit seiner Frau für ein solches Projekt am besten geeignet ist.«

Wir bedankten uns bei Dr. DeVries, dass er sich die Zeit für dieses Gespräch genommen hatte, und versprachen, über sein Angebot zu beten. Beverly war mit Recht etwas zögerlich, dieses Unterfangen auf sich zu nehmen. Sicher, wir waren bereits seit 29 Jahren miteinander verheiratet, hatten mittlerweile vier Kinder großgezogen und waren glückliche Großeltern von vier Enkelkindern. Zudem hatten wir bis zu diesem Zeitpunkt mehrere Bestseller zum Thema zwischenmenschliche Beziehungen geschrieben wie beispielsweise das Buch *How to Be Happy Though Married* (*So verschieden – doch glücklich verheiratet*)[1], das nach 30 Jahren immer noch aufgelegt wird.

»Meinst du, wir sollten das Buch wirklich schreiben?«, fragte ich Bev.

»Auf keinen Fall!«, sagte sie energisch. »Damit gäben wir den Lesern ja geradezu einen Einblick in die Privatsphäre unseres Schlafzimmers!«

Doch dann ereignete sich etwas recht Interessantes. Bev beriet in den folgenden beiden Monaten zehn Frauen, die alle ihre Abneigung gegen Sex zum Ausdruck brachten. Ihr Schrei nach Beverlys Hilfe war echt wie auch ihre Worte der Dankbarkeit, nachdem Bevs weiser Rat ihnen geholfen hatte, in ihrem Intimleben Erfolge zu verbuchen.

Also beteten wir weiterhin über diese Sache und in jener Zeit gab uns Gott die feste Gewissheit, dass wir bei diesem Buchprojekt mitarbeiten sollten. So stimmten meine Frau und ich zu, das Buch *Wie schön ist es mit dir*[2] zu schreiben, in dem es um eine klare Darstellung der intimen Beziehung zwischen Mann und Frau geht. Wir waren davon überzeugt, dass Gott will, dass der Liebesakt beiden Partnern Erfüllung bringt, und wir fanden, dass zu viele christliche Autoren sich zierten, die Dinge beim Namen zu nennen, die unter der Bettdecke passieren.

Wir waren uns darüber einig, dass ein Buch mit einem solch wichtigen Thema absolut biblisch, wissenschaftlich exakt und in hohem Maße praktisch sein musste. Zweieinhalb Jahre lang führten Bev und ich Gespräche mit Pastoren, Ärzten und Freunden und befragten über 3.000 christliche Ehepaare, die an unseren *Family Life*-Seminaren teilnahmen, die Bev und ich in den 70er-Jahren durchführten. Ich beriet mich außerdem mit meinem Supervisor für Seelsorge, Dr. Harry Brandt, einem christlichen Psychologen. Aus diesen Forschungsergebnissen und Interviews entwickelten wir mehrere Lehrprinzipien über Sex in der Ehe, die sich auf Gottes Wort stützten – die meisten davon auf 1. Korinther 7,2-5 (HFA):

Aber damit niemand zur Unzucht verleitet wird, ist es besser, wenn jeder Mann seine Frau und jede Frau ihren Mann hat. Der Mann soll seine Frau nicht vernachlässigen, und die Frau soll sich ihrem Mann nicht entziehen, denn weder die Frau noch der Mann dürfen eigenmächtig über ihren Körper verfügen; sie gehören einander. Keiner soll sich dem Ehepartner verweigern, es sei denn, beide sind eine Zeit lang bereit, auf den ehelichen Verkehr zu verzichten, weil sie für das Gebet frei sein wollen. Danach kommt wieder zusammen, damit euch der Satan nicht in Versuchung führen kann, weil ihr euch nicht enthalten könnt.

Aus diesem Abschnitt der Bibel lassen sich unserer Meinung nach vier wichtige Grundsätze für das Liebesleben ableiten. Diese sind:

1. Sowohl der Mann als auch die Frau haben ein geschlechtliches Verlangen und sexuelle Bedürfnisse, die in der Ehe befriedigt werden sollten.
2. Wenn ein Mann heiratet, gibt er die Kontrolle über seinen Körper an die Partnerin ab. Das Gleiche gilt für die Frau.
3. Beiden Partnern steht es nicht an, sich der Erfüllung der sexuellen Bedürfnisse des anderen zu entziehen.
4. Der Liebesakt wird von Gott befürwortet.

Die Tatsache, dass Gott Sie und Ihren Partner zusammengebracht hat, um einander zu lieben und zu ehren, bis dass der Tod Sie scheidet, ist ein Gefühl, das in der wärmenden Liebesglut nach der intimen Begegnung nicht verleugnet werden kann. Der Liebesakt ermöglicht den legitimen Abbau sexueller Spannungen, was den ursprünglichen Zweck des ehelichen Geschlechtsaktes ausmacht. Es ist für zwei Menschen beiderlei Geschlechtes etwas Natürliches, voneinander angezogen zu werden, und es ist für sie eine natürliche Regung, diese Spannung abbauen zu wollen. Sexuelle Intimität ist etwas so Wichtiges in der Ehe, dass nur eine Sache diese stören sollte und das ist für eine gewisse Zeit das Gebet (siehe 1. Korinther 7,5).

Die Geisteshaltung ist alles, worauf es beim Ausdruck sexueller Gefühle ankommt. Fast jeder von uns ist mit den gleichen sexuellen Anlagen ausgestattet und bringt diese mit in die Ehe hinein. Was jedoch bei jedem Paar unterschiedlich ist, ist ihre Einstellung zueinander. So hatte ich schon immer den Eindruck, dass ein vitales Sexualleben dazu beiträgt, einige der rauen Ecken und Kanten der ehelichen Beziehung abzuschleifen. Zum Beispiel könnte man davon ausgehen, dass christliche Ehepaare wunderbare, geisterfüllte Menschen sind, die immer »Liebe, Freude, Friede, Geduld und Freundlichkeit« (Galater 5,22) in ihrem Verhalten an den Tag legen, aber das ist im wirklichen Leben leider nicht der Fall. So kann es hin und wieder vorkommen, dass wir mit einem Partner ins Bett gehen, der sich tagsüber uns gegenüber egoistisch verhalten hat und abends nun Sex möchte. Wie reagieren wir aber auf solch ein Verhalten? Entziehen wir uns dann zur Strafe? Wenn wir uns in einer solchen Situation selbstlos hingeben, weil wir glauben, dass Gott uns und unseren Partner aus einer bestimmten Absicht heraus zusammengebracht hat, dann verliert der »Streitpunkt«, der während des Tages so wichtig erschien, an Bedeutung, und in vielen Fällen leuchtet ein Funke des Verzeihens auf, wenn die Bedeutung einer langfristigen Beziehung durch ein solches Verhalten in den Mittelpunkt rückt.

Die Generation der Baby-Boomer

Die Veröffentlichung unseres Buches *Wie schön ist es mit dir*[2] in Amerika war 1976 ein Volltreffer: Es kam genau zum richtigen Zeitpunkt auf den Markt. Christliche Paare, so fanden wir heraus, waren begierig, ein Aufklärungsbuch aus christlicher Sicht zu lesen. Das Buch kam genau dann in die Buchhandlungen, als die meisten Menschen aus den geburtenstarken Jahrgängen heiraten, eine Familie gründen und in ein erfülltes Sexualleben durchstarten wollten. *Wie schön ist es mit dir* und die darauf folgenden überarbeiteten Auflagen kamen gut an, was die Zahl von weltweit 2,5 Millionen gedruckter Exemplare belegt. Wir hätten es uns nie träumen lassen, dass das Buch in unserem Land oder in

Südamerika, Europa oder Asien zu einem christlichen Bestseller werden und sich die Neuauflagen nach wie vor so gut verkaufen würden. Wir sind Gott dankbar, dass er dieses Buch dazu benutzt hat, die Liebe und das Liebesleben derer zu bereichern, die es lesen.

Tausende von Menschen haben uns in der Folge geschrieben, um ihrer Dankbarkeit dafür Ausdruck zu verleihen, dass wir die Bedeutung und Tragweite von gutem Sex so offen angesprochen haben. Das Buch trug zu einem besseren Verständnis dafür bei, dass Sex etwas Gutes und von Gott Gewolltes ist und ohne Schuldgefühle erlebt werden darf. Unser Buch entwaffnete gewissermaßen die Leser dadurch, dass es ihnen zu verstehen half, dass wir ganz normale Menschen sind und um ihre Grundbedürfnisse wissen.

Wir freuten uns besonders, von Paaren zu hören, denen während ihrer Traugespräche von ihrem Pastor ein Exemplar des Buches geschenkt worden war. Was wir jedoch nicht wussten, war, dass Tausende von Pastoren das Buch in der Seelsorge an Paaren mit sexuellen Störungen nutzten. Nichts hat mich mehr gefreut, als diese Briefe und Berichte zu lesen.

Zeit des Umbruchs

Heute, wo die Babyboom-Generation, die von *Wie schön ist es mit dir* profitiert hat, älter geworden ist, verschiebt sich demographisch gesehen der hohe Anteil der »Babyboomer«[3] an der Gesamtheit der erwerbstätigen amerikanischen Bevölkerung weiter nach hinten. Die Menschen der geburtenstarken Generation sind nun in ein neues Lebensstadium eingetreten, und zwar in die mittlere Altersphase, die eine Zeit des Übergangs und Umbruchs darstellt. Es ist eine Zeit, in der die Eltern sterben und die Kinder aus dem Haus gehen; eine Zeit, in der der fitte Körper dem angeschlagenen Rücken und Schwabbelbauch weicht; eine Zeit, in der die sexuelle Lust abnimmt und der Geschlechtsverkehr zum »alten Hut« wird.

Und genau zu diesem Zeitpunkt hat uns der Zondervan-Verlag erneut angefragt, ein Buch zu schreiben, das eben diese 40-Jährigen und noch Älteren ansprechen soll. Das Ergebnis halten Sie gewissermaßen mit dem vorliegenden Buch in Händen. Tatsächlich aber hat uns die Cheflektorin Sandy Vander Zicht schon vorher jahrelang mit der Bitte in den Ohren gelegen, eine Fortsetzung zu *Wie schön ist es mit dir* zu schreiben. Ihr erster Vorschlag sollte ein Folgeband sein mit dem Titel: *The Act of Marriage After Fifty* (»Das Intimleben in der Ehe nach 50«). Dagegen protestierte Bev erneut energisch: »Dann würde ja jedermann die intimsten Geheimnisse unseres Ehelebens erfahren.«

Doch wie bereits beim ersten Buch beteten Bev und ich um Wegweisung in dieser Sache. Als Sandy uns dann vorschlug, bereits mit dem Alter zu beginnen, in dem bei vielen Paaren die ersten Schwierigkeiten auftauchen, konnten wir uns doch für das Thema erwärmen. Uns wurde bewusst, wie viele Ehen zunehmend auseinander brechen und wie immer mehr christliche Männer und Frauen gleichermaßen einander untreu werden, wenn sie die (magische) Grenze von 40 Jahren passieren. Viele Paare, deren Sexualleben nie befriedigend gewesen ist, konnten gerade noch so lange durchhalten, bis die Kinder groß waren. Aber sobald die Kinder erst einmal aus dem Haus waren und sie nichts anderes als ihre geistliche Verbundenheit zusammenhielt, glitten sie oft in den Ehebruch ab. In den 45 Jahren meiner beratenden Tätigkeit habe ich feststellen müssen, dass nichts in einer Beziehung mehr Schmerzen verursacht als die Untreue.

Wir sind davon überzeugt, dass Ehebruch nicht sein muss! Wir sind außerdem davon überzeugt, dass sexuelle Probleme oder Unzulänglichkeiten ebenfalls nicht außer Acht gelassen werden sollten! Wir sind weiterhin davon überzeugt, dass alle unangemessenen sexuellen Reaktionen mit Gottes Hilfe und unter Berücksichtigung biblischer Grundregeln gelöst werden können und dass Ehebruch oder Scheidung für Christen niemals eine Antwort sein kann, weil es keine Probleme gibt, die Gott nicht lösen könnte. Wir können alles »durch Christus«, der uns mächtig macht, wie Paulus in Philipper 4,13 es ausdrückte. Und jedem Leser dieses Buches versichern wir: »Sie haben kein Problem, an dem Ihr himmlischer Vater nicht interessiert ist und das er nicht lösen will, wenn Sie ihn nur lassen.«

Wir sind zudem davon überzeugt, dass Gott wollte, dass der Liebesakt in der Ehe beziehungsweise der Geschlechtsakt der ehelichen Liebesbeziehung, oder wie wir ihn sonst bezeichnen mögen, die aufregendste Erfahrung ist, die zwei Menschen beiderlei Geschlechts auf dieser Erde erleben können: und dies nicht nur einmal, sondern Tausende von Malen im Verlauf ihres Lebens; und dies nicht nur in ihren 20ern und 30ern sondern, auch bis hinein in die bewegten 40er, die verführerischen 50er, die reifen 60er, die gesetzteren 70er, die nachlassenden 80er und selbst darüber hinaus noch. Denken Sie nur einmal an Abraham und Sara! Mit Gottes Hilfe zeugten sie das Volk Israel, als sie um die 90 waren!

Übers Ziel hinausschiessen

Einige Gelehrte mögen sich vielleicht darüber streiten und ein solches Vorhaben belächeln. Die Notwendigkeit eines Buches wie *Immer noch so schön mit dir* ist jedoch meines Erachtens unbestritten. In den großen Buchhandlungen ist eine Flut von Büchern zum Thema »Sex über 40« und »Sex über 50« zu finden, die sich an die älter werdende Babyboom-Generation richten. Aber diese säkularen Bücher schießen in ihrer Beschreibung verschiedener Sexualpraktiken, die Paare anwenden können, über das Ziel hinaus. Ihre ordinäre Sprache turnt eher ab als an. Außerdem propagieren diese Bücher Sexpraktiken, die aus Sicht der biblischen Maßstäbe verkehrt sind.

Mein größter Einwand gegen diese säkularen Sexbücher besteht jedoch darin, dass sie die Ansicht oder Weltanschauung vertreten, dass die Einzigen, die im Alter von 40 und älter miteinander noch Spaß im Bett haben können, unverheiratete Paare sind. Selten richten sich die Ratschläge an den Ehemann oder die Ehefrau. Diese Art von Büchern sprechen vielmehr davon, seinem »Partner« oder »Lebensabschnittsgefährten« gegenüber »kühn und bestimmt« zu sein und »die fünf Hindernisse zu einer neuen sexuellen Beziehung zu überwinden«, oder von den »vier Schritten zum erotischen Vertrauensaufbau zu Ihrem Liebhaber«. Sie werden eine solche Sprache in diesem Buch nicht finden, weil es gerade für *verheiratete* Paare im Alter zwischen 40 und 80 oder sogar noch älter geschrieben ist.

Einer der bedeutendsten Aspekte, wenn es darum geht, glücklich verheiratet zu sein, ist der, dass Sie sich nicht mit den wohlgemeinten Ratschlägen der Welt zum Thema »Safer Sex« auseinander setzen müssen. Bei meinen Nachforschungen zum vorliegenden Buch stieß ich auf den Rat einer Expertin, die sich über die Bedeutung der Benutzung von »Latex-Kondomen« mit einem bestimmten spermiziden Vaginalkontrazeptivum beim genitalen, analen und oralen Sex ausließ, und zwar »wenn Sie keine monogame Beziehung unterhalten oder in Bezug auf das sexuelle Vorleben Ihres Partners nicht sicher sind«.

Klingt dieser »nicht wertende« Ratschlag nicht romantisch? Ich glaube nicht. Bev und ich sind mittlerweile Anfang 70, seit über 50 Jahren glücklich verheiratet und der festen Überzeugung, dass die wahre Schönheit einer sexuellen Liebesbeziehung am besten in einer christlichen Ehe zu finden ist. Wir können mit Bestimmtheit sagen, dass unsere sexuelle Beziehung uns in einem Maße bereichert hat, die wir nie für möglich gehalten hätten. Deshalb müssen alle unter Ihnen, die um die 40 sind, wissen, dass die sexuelle Beziehung von heute eine Investition in die restlichen Jahre Ihres Ehelebens ist.

Von heute an bis zu dem Tag, an dem Sie aus dem aktiven Leben ausscheiden, werden zwei der Dinge, die Ihnen die bisher größte Freude bereitet haben – nämlich Kinder und Karriere –, längst nicht mehr die Bedeutung haben, die sie einst hatten. Das bedeutet auch, dass dann die persönliche Beziehung, die Sie mit Ihrem Ehepartner haben, eine größere Bedeutung einnehmen wird. Ich habe viele Paare in ihren späten sechziger, siebziger und sogar achtziger Jahren kennen gelernt, deren gemeinsames Glück und treue Verbundenheit sich auf ihren Gesichtern ablesen lässt. Sie gehören zu jenen, die immer noch Arm in Arm marschieren – mit einem funkelnden Lächeln in den Augen, das der ganzen Welt sagen will, dass ihre Liebe innig ist und ein Leben lang Bestand haben wird. Sie sind diejenigen, die in ihrer Reife erkannten, dass Sex Freude zum Ausdruck bringt und das Leben bereichert.

Ich habe ein solches Ehepaar während meines Sabbatjahres 1978 kennen gelernt. Wir hatten uns damals dazu bereit erklärt, dreitägige *Family Life*-Seminare für Missionare aus aller Welt abzuhalten. Innerhalb von zehn Monaten haben wir 46 Länder bereist und zu Tausenden von Missionarsehepaaren gesprochen.

Eines Abends, nachdem ich in einem mit über 800 Zuhörern voll gepfropften Auditorium über die Schönheit sexueller Liebe einen Vortrag gehalten hatte, sprach mich eine ältere Missionarin an, eine Veteranin, die schon lange auf dem Missionsfeld gearbeitet hatte. Als ich ihren Namen hörte, kam mir sofort wieder in den Sinn, dass sie eine führende Persönlichkeit auf dem Gebiet der Weltmission war. Mein erster Gedanke war, dass ich nun abgekanzelt würde, weil ich so frei heraus geredet hatte. Doch stattdessen beglückwünschte sie mich dafür, dass ich so mutig und energisch zu diesen jungen Missionaren gesprochen hatte.

»Das ist genau das, was viele von ihnen gebraucht haben«, bestärkte sie mich. Dann fügte sie noch mit einem fröhlichen Lächeln hinzu: »Mein Mann und ich haben schon seit über 60 Jahren ein erfülltes Liebesleben.«

Als ich in ihr faltiges Gesicht blickte, musste ich sie unwillkürlich fragen: »Ist es sehr unhöflich, wenn ich Sie nach Ihrem Alter frage?«

»83 Jahre«, antwortete sie.

»Und wie alt ist Ihr Mann?«

Mit einem breiten Grinsen – sie wusste genau, worauf ich anspielte – erwiderte sie: »Er ist 87 Jahre alt.« An diesem Abend verließ ich die Konferenz mit dem Gedanken: *So möchte Gott uns alle mit 87 Jahren haben.* Aber die Zeit, diese Art von erfülltem Liebesleben aufzubauen, fängt bereits in den 40ern und 50ern an. Dies ist auch der Grund, warum dieses Buch Sie auf die Veränderungen in der sexuellen Beziehung in der Mitte des Lebens vorbereiten will. Sie werden das Thema, das wir hier behandeln, sicher spannend, interessant, informativ und bewusst offenherzig finden. Wenn es nicht so wäre, würden wir Ihnen einen schlechten Dienst erweisen. Da der Ausdruck ehelicher Liebe von unserem liebenden himmlischen Vater geschaffen wurde und zu unserer gegenseitigen Freude und Befriedigung dienen sollte, ist unserer Meinung nach der beste Sex der von Schuldgefühlen befreite beziehungsweise angstfreie Sex eines verheirateten Paares. Eine Studie der Psychologen Stuart Perlman und Paul Abramson von der kalifornischen Universität UCLA bestätigt diese Ansicht. Sie haben herausgefunden, dass verheiratete Paare mit ihrem Sexualleben zufriedener waren als sexuell aktive Singles. Dies lag zum Teil daran, dass die sexuelle Befriedigung durch »die Abwesenheit von sexueller Angst«[4] noch gesteigert wurde.

Das ergibt doch einen Sinn, oder? Genau wie beim ursprünglichen Buch *Wie schön ist es mit dir* führten wir auch zu diesem Band eine umfangreiche Umfrage mit 71 Fragen an 800 christlichen Paaren aus dem Freundeskreis unserer Organisation durch. Wir stellten ihnen alle möglichen offenherzigen Fragen zu Themen, die für dieses Buch relevant waren: die Häufigkeit des Geschlechtsverkehrs, Orgasmen, Fragen zur Impotenz und so weiter. Einen Überblick über die Ergebnisse der Studie zum vorliegenden Buch gibt der Anhang. Wir haben jedoch an verschiedenen Stellen des Buches auf einige der wichtigsten Ergebnisse Bezug genommen.

Unsere Nachforschungen lassen darauf schließen, dass trotz abnehmender Häufigkeit des Geschlechtsaktes bei zunehmendem Alter der Liebesakt in der Ehe mit den Jahren sogar ein bereichernderes und befriedigenderes Erlebnis sein kann. Deshalb, so hoffen wir jedenfalls, soll vorliegendes Buch Ihnen dabei helfen, all das zu erfahren, was Gott sich während Ihres ganzen Lebens mit Ihrem Liebesleben gedacht hat.

1. Erfüllte Partnerschaft

Die sexuelle Beziehung eines Ehepaares ändert sich mit dem Alter, und das muss nicht unbedingt etwas Schlechtes sein.

Viele Leute machen sich, wenn sie älter werden – ich sage hier bewusst nicht »alt« werden –, gerne lustig über ihre abnehmende Fähigkeit, sexuell aktiv zu sein. Einen meiner beliebtesten Witze darüber will ich hier einmal zum Besten geben:

Welches sind die drei Stufen im Liebesleben eines Paares?
1. Paare um die 20 haben *dreimal wöchentlich* Sex.
2. Paare um die 30 *versuchen, wöchentlich* Sex zu haben.
3. Paare um die 40, 50 und 60 *versuchen, schwächlich* Sex zu haben.

Diejenigen unter Ihnen, die an der Schwelle zur mittleren Lebensphase stehen, haben vielleicht schon oft gehört, dass »da zwar ein Wille ist, aber kein Weg«. Glauben Sie nicht daran! Sex beginnt in unserem »Oberstübchen«. Und der Verstand ist uns von Gott gegeben. Wenn Sie also meinen, Sie seien zu alt für Sex, dann werden Sie sich auch entsprechend verhalten. Das wäre eine Schande, denn wir meinen, dass Paare ein aktives und dynamisches Sexualleben führen können – und sollten –, bis sie weit in den Siebzigern oder Achtzigern sind. Psalm 90,10 (ELB) erinnert uns daran: »Die Tage unserer Jahre sind siebzig Jahre, und, wenn in Kraft, achtzig Jahre.« Um diese »in Kraft« zu erreichen, müssen wir auf unseren Körper Acht haben, indem wir mäßig Sport treiben, uns richtig ernähren und unsere Ernährung durch Vitamine und Mineralien ergänzen. Dazu später mehr.

Eines unserer Hauptthemen in diesem Buch bezieht sich darauf, dass Sie Ihren Partner mit zunehmendem Alter auch weiterhin auf eine körperliche und amouröse Art lieben können, die sogar noch *besser* ist als in jenen ersten sexuellen »Sturm-und-Drang-Jahren« Ihrer Ehe. Es ist durchaus möglich, dass Sie sich bis weit in Ihre 70er und 80er Jahre hinein eines aktiven, erfüllenden Sexuallebens erfreuen können. Zuneigung, Wärme und Sinnlichkeit müssen nicht unbedingt mit dem Alter abnehmen, sondern können sich vielmehr in der Mitte des Lebens sogar noch steigern.

Sex in späteren Jahren ist Sex um des Sexes willen, da wir auf die Jahre, in denen wir unsere Kinder aufgezogen haben, wie im Rückspiegel zurückblicken können. Wir haben in diesem Alter Sex, weil es uns Spaß macht, es uns Erleichterung verschafft, eine besondere Form der Kommunikation ist und Intimität und Nähe schenkt. Da die Lebensmitte bekanntlich von weniger Verantwortung im häuslichen Bereich geprägt ist – die Kinder sind schon groß und aus dem Haus oder gerade dabei, ihr heimisches Nest zu verlassen –, empfinden viele diesen Lebensabschnitt als eine Zeit der großen Beglückung. Physisch gesehen, verlieren wir an Tempo. Dafür machen wir dies jedoch durch Erfahrung mehr als nur wett. Der Schriftsteller George Bernard Shaw hatte Recht, als er sagte: »Die Jugend wird an die Jungen verschwendet.«

Sex kann in den 40ern, 50ern, 60ern und selbst in den Jahren danach noch interessant, erfüllend und aufregend sein. Ältere Frauen verlieren selten ihre körperliche Fähigkeit, einen Orgasmus zu erreichen, und viele ältere Männer weisen noch die Fähigkeit auf, Erektionen und Ejakulationen zu erleben. Es ist jedoch zu erwarten, dass die sexuelle Reaktionsfähigkeit des Körpers allmählich nachlässt und das sexuelle Verlangen insbesondere bei der Frau abnimmt.

Die Tatsache, dass Sie sich dazu entschlossen haben, etwas zu diesem Thema zu lesen, legt nahe, dass Ihnen und Ihrem Partner Ihre sexuelle Beziehung wichtig ist. Da ein solches Interesse besteht, werden wir in vorliegendem Buch versuchen, einige grundlegende Fragen zu beantworten:

- Wie gestaltet sich eine zufrieden stellende Liebesbeziehung in der Lebensmitte?
- Inwieweit verändert sich das Intimleben in der Ehe, wenn die Partner gemeinsam älter werden?
- Wie lässt sich die sexuelle Beziehung in der zweiten Hälfte des Ehelebens verbessern?

Wir wollen unsere Diskussion darüber beginnen, indem wir die gängigen Mythen über Sex im mittleren Lebensalter entlarven.

Mythos 1: Paare sollten davon ausgehen, dass sie ihre Fähigkeit, sich sexuell zu lieben, ab einem bestimmten Alter verlieren.

Uns allen ist bekannt, dass Männer den Gipfel der sexuellen Entwicklung in den späten Adoleszenzjahren erreichen, das heißt im Alter zwischen 18 und 20 Jahren. Ein junger Mann kann drei- bis sechsmal am Tag einen Samenerguss haben. Uns ist außerdem bekannt, dass Männer nach dieser sexuellen Hochphase während ihres restlichen Lebens zunehmend eine Minderung ihrer sexuellen Fähigkeit erleben, einen Orgasmus zu erlangen.[1] Die Fähigkeit des Mannes, sexuell aktiv zu sein, hört dabei nicht abrupt auf, wenn er das Alter von 40, 50, 60 oder 70 erreicht, sondern nimmt stattdessen stetig ab. Stellen Sie sich vor, wie eine Boeing 757 im Gleitflug zur Landung auf den Frankfurter Flughafen ansetzt und Sie wissen, wovon ich hier spreche.

Die Kehrseite davon ist, dass Frauen ihre sexuelle Höchstleistung 10 bis 20 Jahre *nach* dem Mann erreichen, wenn sie sich in ihren späten 30ern befinden. Sie bleiben dann auf dieser Stufe bis hinein in das Alter von etwa 60 Jahren. Erst danach kann ihre sexuelle Aktivität und Reaktionsfähigkeit leicht abfallen.[2] Fred Stoeker, Mitautor von *Every Man's Battle: Winning the War of Sexual Temptation One Victory at a Time* (»Der Kampf eines jeden Mannes: Von Sieg zu Sieg den Kampf der sexuellen Versuchung gewinnen«), beschrieb einmal die Vorfreude auf die Zeit in seiner Ehe, in der er und seine Frau Brenda ein »sexuelles Nirwana« erreichen würden, wenn die Hochphase des Verlangens seiner Frau sich mit seiner abnehmenden Linie kreuzen würde. Wenn körperliche Beziehungen nur so einfach wären! Er schreibt:

»Schließlich zählte nicht so sehr, ob sexuelle Fähigkeit und Verlangen zusammenpassten, sondern dass wir die Tatsache akzeptierten, dass es wahrscheinlich gar kein Zusammenpassen gab. Männer und Frauen sind verschieden. Und indem wir diese Unterschiede begriffen, fanden wir für uns den Schlüssel zur Sinnlichkeit und Zärtlichkeit.«

Einer dieser Unterschiede besteht darin, dass Frauen biologisch gesehen mit zunehmendem Alter wenige sexuelle Einschränkungen erleben. Viele Frauen sind der Meinung, dass sie nach den Wechseljahren den Sex besser genießen können, da sie nicht mehr in der Gefahr stehen, schwanger zu werden. Andere finden zu einer positiveren Einstellung zum Sex, da sie sich in einer intakten Ehe wohl fühlen. Da Mann und Frau in der Lebensmitte zur emotionalen Reife gelangen, können sie den Weg zu einer erfüllteren und besseren intimen Beziehung bahnen.

Mythos 2: Die Qualität von Sex nimmt bei Frauen und Männern in den mittleren Lebensjahren ab.

Ihr Körper verändert sich mit Sicherheit im Laufe des Älterwerdens. Ein 20-jähriger Mann kann in fünf Sekunden erigiert sein, während ein 50-Jähriger dazu eine halbe Minute braucht. Vielleicht braucht dann ein 70-Jähriger einige Minuten der manuellen Stimulation, um erregt zu werden. Wenn ein älterer Mann vielleicht auch länger braucht, um eine Erektion zu bekommen, so behält er doch oft *mehr* Kontrolle über die Ejakulation, weil er seine Erektion länger aufrechterhalten kann. Dadurch dass er sie besser im Griff hat, kann er sich Zeit nehmen, seine Frau vor dem Geschlechtsverkehr zum Orgasmus zu bringen.

Der größte Unterschied liegt im »Rebound« beziehungsweise in der so genannten refraktären Periode, der Zeit verminderter Erregbarkeit, bis Sex wieder möglich ist. Auf dem Gipfel seiner geschlechtlichen Entwicklung (in den späten Teenager-Jahren oder mit Anfang zwanzig) kann der Mann drei- bis sechsmal in einer Nacht einen Orgasmus haben. Ältere Männer brauchen einen halben bis einen ganzen Tag, manchmal sogar mehrere Tage, bevor sie erneut ejakulieren können. Wir müssen unser Augenmerk allerdings darauf richten, *wie gut* die sexuelle Erfahrung sein kann und nicht *wie oft* man eine solche haben kann.

Mythos 3: Paare in der Lebensmitte können sich glücklich schätzen, wenn sie einmal oder zweimal im Monat miteinander verkehren.

Bei unserer umfangreichen Studie zu diesem Buch an 800 Befragten sagten 59 Prozent der Männer und Frauen im Alter von 40 bis 70 Jahren und älter aus, dass sie einmal in der Woche *oder öfter* sexuell miteinander verkehren. Ein ungewöhnlich hoher Prozentsatz an Befragten von zehn Prozent äußerten sich insgesamt dahingehend, dass sie drei-, vier- oder *fünf*mal in der Woche Sex miteinander hätten! Dieses Ergebnis liegt im Vergleich zu einer groß angelegten Studie, die vom Nationalen Meinungsforschungsinstitut der Universität von Chicago Mitte der 90er-Jahre durchgeführt wurde, recht günstig. Dort kamen die Forscher zu dem Ergebnis, dass die durchschnittliche Häufigkeit, mit der Männer und Frauen (im Alter von 40 bis 70 und älter) sich lieben, bei 36-mal im Jahr oder dreimal im Monat lag.

Wir wollen den Punkt der sexuellen Häufigkeit und Zufriedenheit anhand unserer Befragung einmal näher beleuchten, indem wir die Antworten nach Geschlecht und Altersgruppen unterteilt vorstellen:

Frage 16: Wie häufig hatten Sie in den letzten Monaten im Durchschnitt Sex mit Ihrem Partner?

Frauen	40–49	50–59	60–69	70 und älter
Fünfmal oder öfter pro Woche	4 %	0 %	0 %	1 %
Drei- bis viermal pro Woche	13 %	13 %	7 %	4 %
Zweimal pro Woche	19 %	18 %	17 %	10 %
Einmal pro Woche	29 %	34 %	29 %	19 %
Einmal alle zwei Wochen	25 %	13 %	17 %	19 %
Einmal im Monat	6 %	12 %	13 %	16 %
Einmal alle paar Monate	4 %	6 %	7 %	10 %
Einmal im letzten Jahr	0 %	1 %	0 %	1 %
Wir haben kein Sexualleben	0 %	3 %	10 %	20 %

Frage 20: Wie zufrieden waren Sie mit Ihrem Sexualleben?

Frauen	40 – 49	50 – 59	60 – 69	70 und älter
Sehr zufrieden	52 %	47 %	37 %	44 %
Zufrieden	27 %	29 %	45 %	35 %
Bedingt zufrieden	16 %	18 %	16 %	18 %
Nicht zufrieden	5 %	6 %	2 %	3 %

Frage 16: Wie häufig hatten Sie in den letzten Monaten im Durchschnitt Sex mit Ihrem Partner?

Männer	40 – 49	50 – 59	60 – 69	70 und älter
Fünfmal oder öfter pro Woche	5 %	0 %	1 %	2 %
Drei- bis viermal pro Woche	15 %	12 %	5 %	5 %
Zweimal pro Woche	16 %	11 %	15 %	10 %
Einmal pro Woche	30 %	43 %	39 %	20 %
Einmal alle zwei Wochen	17 %	19 %	18 %	17 %
Einmal im Monat	11 %	9 %	10 %	15 %
Einmal alle paar Monate	5 %	4 %	4 %	11 %
Einmal im letzten Jahr	1 %	0 %	0 %	2 %
Wir haben kein Sexualleben	0 %	2 %	8 %	18 %

Frage 20: Wie zufrieden waren Sie mit Ihrem Sexualleben?

Männer	40 – 49	50 – 59	60 – 69	70 und älter
Sehr zufrieden	62 %	54 %	62 %	45 %
Zufrieden	27 %	31 %	31 %	35 %
Bedingt zufrieden	8 %	12 %	7 %	18 %
Nicht zufrieden	3 %	3 %	0 %	2 %

Natürlich ist die Häufigkeit des sexuellen Verkehrs mit 55 viel geringer als mit 25 und die von uns Befragten geben dieser Aussage Recht. Insgesamt behaupteten 72 Prozent, dass sie weniger oder »sehr viel weniger« Sex hatten als in der ersten Hälfte ihrer Ehe (Frage 17). Während die sexuellen Triebe und Fähigkeiten mit dem Alter schwinden, bleiben viele Menschen, die länger leben, über das Alter von 80 Jahren hinaus noch sexuell aktiv. Eine Tatsache dabei ist, dass das Geschlechtsverhalten von älteren Menschen vielleicht weniger häufig und weniger intensiv sein mag, aber dennoch eine vergleichsweise bedeutsamere Erfahrung darstellen kann. Die meisten unserer besten Freunde sind Pastoren und Missionare, die bereits über 50 Jahre im Dienst für Gott stehen. Wenn ich zu Männern über die Häufigkeit ihrer sexuellen Erfahrungen spreche, bekomme ich immer wieder zu hören, dass ihr Liebesakt vielleicht nicht mehr so häufig stattfindet wie in jungen Jahren, die sexuelle Begegnung hingegen an Bedeutung für sie gewonnen hat, da sie ein Ausdruck ihrer tiefen lebenslangen Beziehung ist.

Mythos 4: Frauen wollen nach der Menopause keinen Sex mehr.

Der sexuelle Appetit nimmt in den Wechseljahren zwar oft ab, aber dies liegt daran, dass die östrogenen Hormone, die von den Eierstöcken ausgeschüttet werden, allmählich abnehmen. Weniger Östrogene führen zu einer verminderten Libido (Geschlechtslust) und zu einer unzureichenden Befeuchtung und Gleitfähigkeit der Scheidenwand. Probleme in diesem Bereich können durch eine Östrogenersatztherapie oder durch Verwendung von Gleitmitteln jedoch behoben werden.

Mythos 5: Orgasmen in der Jugendzeit sind besser.

Männer gestehen oft ein, dass die Heftigkeit ihrer Ejakulation in den mittleren Lebensjahren nicht so intensiv ist wie in der Jugend. Sie geben aber auch zu, dass sie einen Orgasmus erleben, den sie auch an ihrem ganzen Körper verspüren. Frauen geben häufig an, dass ihr Orgasmus nach dem 40. Lebensjahr noch genauso intensiv ist.[3]

Mythos 6: Ältere Männer sacken beim Orgasmus zusammen und sterben an einem Herzinfarkt.

Sie haben zu viele Hollywood-Filme gesehen! Es gibt jedoch auch den berühmten Fall von Nelson Rockefeller, dem amerikanischen Vizepräsidenten, der zur Zeit des Präsidenten Henry Ford Mitte der 70er-Jahre im Amt war. Dieser ließ sich von seiner Frau scheiden und heiratete die Frau des Arztes, die nebenan wohnte. Einige Jahre später verließ Rockefeller während eines Basketballspieles seine zweite Frau, um mit seiner heimlichen Geliebten Sex zu haben. Er starb beim Liebesakt.

Eine Studie an 1.600 Patienten, die an einem Bostoner Krankenhaus durchgeführt wurde, hat jedenfalls ergeben, dass das Risiko, beim Sex einen Herzinfarkt zu bekommen, ungefähr genauso hoch ist wie das Risiko, am Morgen beim Aufstehen aus dem Bett einen zu erleiden. Herzattacken während des Geschlechtsverkehrs machen weniger als ein Prozent aller Sterbefälle durch Herzversagen aus. Aber wiederum 70 Prozent davon treten bei außerehelichen Beziehungen ein.[4]

Das erinnert mich an eine interessante Begegnung. Wir nahmen einmal an einem Gottesdienst teil, bei dem der 40-jährige Chorleiter, der verheiratet war und Kinder hatte, offensichtlich mit den hübschen weiblichen Chormitgliedern flirtete. Schließlich fing er eine Affäre mit einem verheirateten Chormitglied an. Eines Abends, als er wusste, dass ihr Ehemann außer Hause war, rief er diese Frau an und fragte, ob er bei ihr vorbeikommen könne. Eins führte zum anderen und sie fingen an, miteinander zu schlafen. Nach nicht allzu langer Zeit erlitt er direkt auf ihr liegend einen Herzanfall. Sie schämte sich wohl so sehr, dass sie dachte, sie müsse ihm erst noch ein paar Kleider anziehen, bevor sie den Notarzt rief. Auf diese Weise vergeudete sie wertvolle Minuten damit, ihn anzuziehen, bevor sie die Sanitäter rief. Wir haben uns immer gefragt, ob sein Leben hätte gerettet werden können, hätte sie gleich Hilfe geholt. Schon bevor ich diese Geschichte hörte, hatte ich immer die Vermutung, dass Schuldgefühle zu seinem plötzlichen Tod beitragen. Da Sie jedoch mit Ihrem Ehepartner, den Gott Ihnen gegeben hat, Geschlechtsverkehr haben, werden Sie diese Angst wohl niemals haben.

Mythos 7: Sex ist das Kreuz, das Frauen tragen müssen.

Der Schlüssel zu lebenslangem guten Sex ist die eigene Einstellung dazu! Der Mann muss seiner Frau Anerkennung entgegenbringen und ihr seinen Wunsch, sie zu berühren, zu küssen und zu streicheln, auch zeigen. Kritiksucht und Nörgelei turnen Frauen ab. Genauso muss aber auch die Frau verstehen lernen, dass ihr sexuelles Verlangen von vielen Faktoren wie Gesundheit, Fitness, hormonellen Veränderungen zum Beispiel in den Wechseljahren beeinflusst wird sowie von der Liebe, die sie für ihren Mann empfindet. Der letztgenannte Faktor ist meist davon abhängig, ob ein Mann seine Frau weiterhin auf romantische Art und Weise umwirbt und sie als etwas Besonderes behandelt.

Was sagt die Bibel zum Thema Sex?

Die ersten beiden Kapitel im ersten Buch Mose erinnern uns daran, dass Sex und Ehe göttlichen Ursprung haben. Gott hat dies alles erdacht und wie alle Gaben Gottes sind sie gut, ja sogar perfekt. Die Bibel nennt uns eine dreifache Absicht, mit der Gott den Sex ersonnen hat.

Der erste Zweck besteht in der Elternschaft, also im Hervorbringen der nächsten Generation. Als Vater von vier Kindern gibt es für mich keine größere Freude als die, zu wissen, dass meine erwachsenen Kinder nach Gottes Wahrheit leben. Abgesehen davon, dass ich Christ geworden bin und mich dann in Bev verliebt habe, schenkt mir das Wissen, dass meine Kinder (und deren Familien) an Jesus Christus als ihren persönlichen Herrn und Heiland glauben, die größte Freude und ich kann mich eines Tages erfüllt und zufrieden zur Ruhe legen.

Gottes zweite Absicht, die er in punkto Sex hatte, besteht darin, Unzucht und Ehebruch zu vermeiden, indem er uns im geschützten Raum der Ehe ein legitimes Ventil zur Erleichterung für unseren Geschlechtstrieb gegeben hat. In Sprüche 5, Vers 8 (HFA) werden wir vor den Gefahren gewarnt, uns auf die Frau eines anderen Mannes einzulassen: »Geh einer solchen Frau aus dem Weg, lass dich nicht einmal in der Nähe ihres Hauses blicken!« Sprüche 6,32–34 ist in dieser Hinsicht noch direkter: »Wer dagegen die Ehe bricht, hat den Verstand verloren und richtet sich selbst zu Grunde. Schimpf und Schande wird er ernten und sein Leben lang verachtet werden. Ein eifersüchtiger Ehemann schnaubt vor Wut, und in seiner Rachsucht kennt er kein Erbarmen.«

Der dritte Zweck, den Gott mit dem Sex verbunden hat, liegt darin, die gegenseitige Liebe und das Vergnügen aneinander zu fördern. Wenn es in der Bibel heißt: »Die Ehe soll in Ehren gehalten werden bei allen und das Ehebett unbefleckt« (Hebräer 13,4 LUT), dann ist hier nicht die Rede davon, Kinder zu zeugen. Wenn es außerdem in der Bibel heißt: »Darum wird ein Mann seinen Vater und seine Mutter verlassen und seinem Weibe anhangen, und sie werden sein ein Fleisch« (1. Mose 2,24 LUT), dann wird auch hier nichts über die Zeugung von Kindern ausgesagt. »Ein Fleisch« ist ein Ausdruck der damaligen Zeit, um die Nähe und Intimität der ehelichen Beziehung zu beschreiben.

Ein guter Freund von mir, Howard Hendricks, hat einmal gesagt, dass ihn nichts so sehr bedrückt, als wenn er miterleben muss, dass ein Paar, das lange Jahre miteinander verheiratet war und sein ganzes Leben auf seine Kinder aufgebaut hat, seinen ganzen Sinn im Leben verliert, wenn die Kinder schließlich aus dem Haus gehen. Dies kommt seines Erachtens einer seelischen Trennung oder gar Scheidung gleich. Das Paar lebt dann vielleicht noch im gleichen Haus zusammen, aber nicht mehr im gleichen Zimmer. Es mag noch den äußeren Schein voreinander und vor anderen wahren – vor den sozialen Kontakten und Freunden in der Gemeinde –, aber die Ehepartner haben im Grunde nichts mehr gemein.

Sie können sich noch nicht einmal miteinander unterhalten, wenn sie gemeinsam zum Essen ausgehen. Das liegt daran, dass sie über die Jahre hinweg nichts dafür getan haben, um den »Freundschaftsfaktor« in ihrer Ehe zu fördern. Auch wenn ein solches Paar es versäumt hat, in den jungen Jahren der Kindererziehung gute Freunde zu werden und eine gute sexuelle Beziehung aufzubauen, ist es doch nie zu spät dafür, mit Gottes Hilfe neu anzufangen. Die Ehepartner werden zwar hart daran arbeiten müssen, eine körperliche und geistliche Grundlage für ihre

Ehe zu schaffen, aber wenn sie Gott lieben, werden sie auch wieder neu Liebe füreinander entwickeln können.

Der amerikanische Autor und Redner Charlie »Tremendous« Jones, der die Macht des gedruckten Wortes propagiert, machte einmal eine interessante Bemerkung. Er äußerte sich zum Thema Persönlichkeitsentwicklung wie folgt: »Du bist heute das Produkt der Bücher und der Menschen, die du in den letzten fünf Jahren gelesen beziehungsweise getroffen hast.« Dem möchte ich noch hinzufügen: »und der Fernsehsendungen und Filme, die du in den letzten Jahren gesehen hast.« Was hat Ihr Geist in letzter Zeit zu verdauen gehabt? Wer beeinflusste Sie oder Ihren Mann?

Eines der Dinge, die Bev und ich gelernt haben, ist, zum Beispiel unsere Freizeit gemeinsam mit Lesen zu verbringen. Es gibt nichts Schöneres für uns, als uns nach dem Abendessen zusammen auf die Couch zu kuscheln und uns über Bücher, Zeitschriften und Zeitungsartikel zu unterhalten, die wir gerade lesen. Dabei reden wir und reden und reden und die gegenseitige Nähe, die wir am Ende eines Tages pflegen, hat auch unserer körperlichen Beziehung gut getan. Eleanor Roosevelt hat einmal gesagt: »Große Geister diskutieren über Ideen; mittelmäßige Geister unterhalten sich über Ereignisse; und kleine Geister reden über Menschen.«

Ist Ihnen schon einmal aufgefallen, wie viel Zeit junge Leute damit verbringen, vor der Ehe eine freundschaftliche Beziehung aufzubauen? Liebe braucht Zeit, um sich zu entfalten. Sie kann und soll nicht überstürzt werden. Sex ist nicht gleich Liebe. Jeder kann Sex haben. Wirklicher Sex ist jedoch ein Ausdruck der Liebe und Liebe braucht Zeit. Wenn aber, nachdem die Kinder aus dem Haus gegangen sind, Sex die einzige Sache ist, die ein Paar noch miteinander verbindet, dann haben sie ein Problem. Sex in der Ehe ohne Liebe wird keinen Bestand haben. Bev und ich haben viele Paare erlebt, die ein abgestumpftes Sexualleben geführt und sich diese Erkenntnis zu Nutze gemacht haben, um ihrer Freundschaft wieder neuen Glanz zu verleihen.

Über das Älterwerden

Die unwiderlegbare Tatsache, dass wir immer länger leben, belegt die Notwendigkeit für ein Buch, wie das vorliegende es ist. Als jemand, der schon Anfang siebzig ist, bin ich mir durchaus bewusst, wie glücklich ich mich schätzen kann, dass ich so lange leben konnte. Viele unserer Vorfahren waren nicht in dieser glücklichen Lage. Bis zum Beginn des 20. Jahrhunderts bewegte sich die durchschnittliche Lebenserwartung der Menschen in Amerika um die Mitte ihrer 40er Jahre. Dazu werfen wir einen Blick auf die folgende Tabelle:

Durchschnittliche Lebenserwartung in den Jahren 1900 – 1995

Jahr	Männlich	Weiblich	Beide Geschlechter
1900	46,3	48,3	47,3
1910	48,4	51,8	50,0
1920	53,6	54,6	54,1
1930	58,1	61,6	59,7
1940	60,8	65,2	62,9
1950	65,6	71,1	68,2
1960	66,6	73,1	69,7
1970	67,1	74,7	70,8
1980	70,0	77,5	73,7
1990	71,8	78,8	75,4
1995	72,5	78,9	75,8

Quelle: National Center for Health Statistics (1999)

Bei einer solch immensen Steigerung der durchschnittlichen Lebenserwartung kann heute ein gesunder Mensch noch in seinen mittleren Lebensjahren die Fülle des Lebens genießen und noch viele weitere Jahre lang die Liebe in der Ehe auskosten.

Die Lebenserwartung heute hat sich seit 1900 im Durchschnitt um insgesamt etwa 30 Jahre erhöht. Dies bedingt dementsprechend im gleichen Umfang längere Ehejahre – eine völlig neue soziologische Entwicklung. Noch vor einem Jahrhundert erlebten beide Partner nur selten, wie ihr letztes Kind heiratete und aus dem Haus ging. Da die Ehepaare von heute länger leben, kleinere Familien haben und die Kindererziehung früher abschließen, können sie mit Recht davon ausgehen, dass sie noch 20 bis 25 Jahre verheiratet bleiben, *nachdem* ihre Kinder das Elternhaus verlassen haben. (Die Männer sind dann durchschnittlich um die 54 und die Frauen um die 51, wenn ihr letztes Kind heiratet.[5]) Da verheiratete Paare länger leben, versteht es sich von selbst, dass sie 30, 40 oder 50 Jahre eine sexuelle Beziehung miteinander haben können.

»*Moment mal!*«, mögen Sie jetzt vielleicht denken. »*50 Jahre mit dem gleichen Partner?*« Hören wir uns erst einmal an, was ein fiktives Paar aus Texas über den »Zustand ihrer Verbindung« zu sagen hat:

Bob: »Wir sind Mitte 50 und unser Sexualleben ist Schnee von gestern. Ich habe vor kurzem einmal im Geiste überschlagen, wie das zahlenmäßig zu Buche schlägt. Angenommen, wir würden uns zweimal pro Woche lieben, dann wären das um die hundert Mal im Jahr. Das Ganze multipliziert mit 30, dazu einige weitere hundert Mal für die ersten erregenden Ehejahre, ergibt dann ungefähr eine Zahl von 3300 Gelegenheiten, bei denen Agnes und ich uns liebten. Wenn Sie etwas im Verlauf Ihres Lebens 3300-mal tun, auch wenn es etwas so Intensives und Erregendes wie der Geschlechtsverkehr ist, dann besteht die Gefahr, dass Sie es irgendwann nur noch völlig mechanisch tun. Der Liebesakt ist dann immer dasselbe, zumindest war es bei uns so, seit unser erstes Kind vor 25 Jahren geboren wurde.«

Agnes: »Wollen Sie damit sagen, dass mein Mann mit mir *nur* 3.300-mal Sex gehabt hätte? Der macht vielleicht Witze! Wenn wir jedes Mal Sex gehabt hätten, wenn mein Mann das *wollte*, dann läge diese Zahl mindestens bei 33.000! Offen gestanden bin ich es leid, dauernd Sex zu haben. Das habe ich schon oft genug erlebt. Fünf- oder sechsmal im Jahr wären für mich völlig ausreichend. Mir wäre auch nur einmal im Monat recht, wenn er sich doch nur im Gegenzug dazu aufraffen könnte, mit mir abends einmal auszugehen und frischen Wind in die Beziehung zu bringen. Es ist ihm wohl noch gar nicht in seinen Dickschädel gegangen, dass es für mich romantisch ist, wenn wir es uns in einem Landgasthof gemütlich machen und an einem heißen Sommerabend der Wind die weißen Gardinen aufbläht. Wenn dieses romantische Gefühl über mich kommt, merke ich, wie die Jahre doch vergehen. Dann freue ich mich darauf, mich wie in den vergangenen Jahren ihm hinzugeben. Dann habe ich auch Lust auf Sex.«

Pause

Ich möchte hier jedoch nicht wie der Rattenfänger von Hameln klingen, der mit seinem fröhlichen Flötenspiel und Sirenengesang christliche Paare im mittleren Lebensalter dazu verleiten will, alles stehen und liegen zu lassen und ins Schlafzimmer zu flitzen. Auf Grund meiner langjährigen Erfahrungen in der Eheberatung und aus eigener Erfahrung weiß ich jedoch, dass das, was hinter verschlossenen Türen passiert, ein Paar auf unergründliche Weise miteinander verbindet und vereint. Der Liebesakt schweißt ein Paar zusammen und dient immer wieder dazu, seiner gegenseitigen Verbundenheit Ausdruck zu verleihen. Durch die sexuelle Intimität bekundet ein Paar sich gegenseitig seine Liebe auf eine Weise, die es sonst mit keinem Menschen auf der Welt teilt. Eine solche Verbundenheit ist auf keiner anderen Beziehungsebene zu erreichen. Und um mit dem Schauspieler Charleton Heston zu sprechen, der einmal in einem Interview gesagt hat: »Es war einfach großartig, es 3000-mal mit der gleichen Frau zu tun.«

Charleton Heston hat die richtige Einstellung. Abgesehen davon, dass wir einander näher kommen und an Vertrautheit gewinnen, die wir mit niemandem sonst teilen, hat die sexuelle Vereinigung viele physische und psychische Vorteile – angefangen bei einer Verringerung von Stress bis hin zur Vorbeugung von Depressionen. Bei einem Orgasmus werden in den ganzen Körper *Endorphine* abgegeben – ein Hormon, das im Gehirn gebildet wird und eine schmerzstillende und beruhigende (betäubende)

Wirkung hat. Denken Sie nur einmal an den »Endorphinrausch«, den man beim Joggen erleben kann! Regelmäßige und beständige sexuelle Höhepunkte vermitteln ebenfalls ein solches Hochgefühl wie das eines Läufers, da das Gehirn so genannte »Glückshormone«, wie sie auch häufig genannt werden, in die Blutbahn ausschüttet.

Endorphine sind jedoch Dr. David Reuben zufolge nicht die einzigen Hormone, die bei einem Orgasmus abgegeben werden. Dieser schreibt:

Fast zufällig haben Forscher entdeckt, dass bei einem Orgasmus die Konzentration des Hormones Oxytozin plötzlich auf das 362-fache seines normalen Wertes schnellt. Das Ergebnis dieser Entdeckung ist die beste Nachricht, die ein über 60-Jähriger jemals bekommen konnte. Bei Oxytozin handelt es sich nämlich um eine Art chemische Substanz, die auch Neuropeptid genannt wird, da sie sich unmittelbar auf das Nervensystem auswirkt. Oxytozin erhöht das Interesse eines Menschen an Sex, bewirkt, dass er liebevoller und zärtlicher wird und ist zudem ein wirkungsvolles Antidepressivum. Das ist auch einer der Gründe dafür, dass sich fast jeder nach dem Sex wohl und zufrieden fühlt. Und dieses Wohlbefinden und diese Zärtlichkeit halten in der Regel noch lange an, nachdem der Orgasmus abgeebbt ist. Was noch wichtiger ist: Je mehr Orgasmen jemand hat, desto länger und tiefer ist die zärtlich-liebevolle Phase. Je mehr Orgasmen also zwei Menschen miteinander haben, desto näher kommen sie sich und desto hingebungsvoller werden sie gewöhnlich. Darum kann Oxytozin einem Mann und einer Frau dazu verhelfen, in jedem Bereich ihres persönlichen Lebens – und darüber hinaus in vielen anderen Bereichen, die mit Sex nichts zu tun haben – besser miteinander zurechtzukommen.[6]

Einer aufschlussreichen Studie zufolge, die vom *British Medical Journal* veröffentlicht wurde, fanden Wissenschaftler heraus, dass Männer, die häufig Orgasmen haben, länger leben, und dass Männer, die mindestens zweimal pro Woche Sex haben, ein um 50 Prozent geringeres Risiko haben, früh zu sterben, als Männer, die weniger als einmal im Monat Sex haben. Eine weitere Studie an Frauen über das Risiko, an einer Herz-Kreislauf-Erkrankung zu sterben, fand heraus, dass je mehr Sex eine Frau hatte, desto geringer war die Wahrscheinlichkeit, dass sie an einer Herzerkrankung starb.[7]

Und nicht nur das: Sex kann auch die Immunabwehr stärken. Forscher an der Universität von Wilkes im US-Bundesstaat Pennsylvania entdeckten, dass mäßiger Geschlechtsverkehr das körpereigene Plasmaprotein *Immunglobulin A (IgA)* stimuliert. IgA wiederum wirkt so auf das Immunsystem ein, dass Bakterien, die eine Erkältung oder Grippe auslösen, zerstört werden. Der britische Neuropsychologe David Weeks führte eine Befragung unter 3.500 Menschen in Großbritannien, Europa und den Vereinigten Staaten durch und stellte dabei fest, dass diejenigen, die häufiger Sex hatten, jünger aussahen. Dr. Weeks schrieb diesen »Jungbrunnen«-Effekt den beim Sex ausgeschütteten Hormonen zu. Andere Faktoren, die bei jenen Befragten mit einem gesunden Sexualleben eine Rolle spielten, waren unter anderem eine gesunde Ernährung und eine regelmäßige körperliche Betätigung.

Die Bedeutung der Einheit, die aus dem Liebesakt resultiert, ist allerdings bedeutend wichtiger, als Endorphine oder eine Stärkung der Abwehrkräfte oder ein jüngeres Aussehen dies jemals sein könnten. Wenn Ihr Schäferstündchen einmal pro Woche auch nur 30 Minuten dauert, dann beträgt dies genau drei Zehntel von einem Prozent Ihrer Woche. Und doch ist kein vergleichbares Erlebnis von größerer Bedeutung für Sie. Ich habe festgestellt, dass Paare, die freundlich miteinander umgehen, viele Stunden in emotionaler Harmonie und in freudiger Erwartung auf das Liebeserleben verbringen und diesem noch viele Stunden gegenseitiger Zufriedenheit und Liebesbezeigungen folgen lassen. Wahrscheinlich zementiert keine noch so gewaltige menschliche Begegnung Ihre Beziehung so sehr wie der Liebesakt in der Ehe. In Ihrem Bedürfnis nach Liebe und Schutz, nach allgemeinem Wohlbefinden, das in keiner anderen Form der Beziehung erlangt werden kann, ist Sex ein reiner Gewinn, von dem beide Ehepartner einen Nutzen haben.

Grössere Befriedigung

Die wissenschaftliche Forschung unserer Tage bestätigt, was uns der gesunde Menschenverstand schon seit Generationen sagt, nämlich dass Menschen, die ihr Christsein praktizieren, länger leben, länger verheiratet bleiben, eine größere sexuelle Befriedigung erfahren und sich zufriedener fühlen als jene, die von sich behaupten, dass sie nicht an Gott glauben.[8]

Der Psychiater und medizinische Forscher Dr. David Larson äußerte sich einmal wie folgt dazu:

Die meisten Studien zum ehelichen Zusammenleben basieren auf Einschätzungen, wie zufrieden man sich fühlt, wie man die Kohäsion (wie nahe und vereint man sich mit dem Anderen fühlt) erlebt und wie frei man sich fühlt, sich gegenseitig seine Gefühle zum Ausdruck zu bringen. Eine Frau, die regelmäßig zur Kirche geht und ihren Glauben ernst nimmt, wird in der Regel eine größere Zufriedenheit in der Ehe angeben, ungeachtet, ob ihr Sexualleben befriedigend ist oder nicht. Besonders bemerkenswert war, dass die religiösesten Frauen mit der Häufigkeit des Geschlechtsverkehrs am zufriedensten waren, sich frei fühlten, offen mit ihrem Mann über Sex zu reden, und dabei orgastischer waren als nichtreligiöse Frauen.[9]

Die letztgenannte Information stellt die herkömmlichen Erkenntnisse auf den Kopf. Einer meiner Kritikpunkte an der Woodstock-Generation ist der, dass, als ihre Anhänger in den 60er-Jahren den Kinderschuhen entwachsen waren, Millionen von jungen Menschen so taten, als hätten sie den Sex *erfunden*. Die Slogans der 60er von »freier Liebe«, »make love, not war« und »Liebe den, mit dem du gerade zusammen bist« ließen eine Kulturlandschaft entstehen, die uns – mehr als 30 Jahre danach – Millionen von kaputten Beziehungen, zerrütteten Familien und Kindern, die niemals beide Elternteile kennen gelernt haben, hinterlassen hat. Wir ernten das, was wir gesät haben. Die freie Liebe stellte sich keineswegs als frei heraus und diese Philosophie ist heutzutage der Hauptgrund für eine immense Zahl an psychisch Gestörten, körperlich Geschädigten und gebrochenen Menschen.

Die gesellschaftliche Elite, die sich mittlerweile fest in der höheren Bildungsebene etabliert hat, der größte Teil der politischen Infrastruktur sowie fast alle vorherrschenden Medien lancierten eine Kampagne, die verheiratete Kirchgänger als prüde abstempelte und die angeblich meinten, Sex sei etwas Schmutziges. Sie denken wohl immer noch an den Heiligen Augustinus, der vor 1600 Jahren die Ansicht vertrat, Sex sei ein notwendiges Übel zur Fortpflanzung der menschlichen Rasse. Das ist zwar absurd, aber gewisse Einstellungen lassen sich nur schwerlich ausmerzen. Susie Bright, die Kolumnistin und »Sexpertin« für *Salon*, eine Internetzeitschrift, sagte einmal, dass sie immer angenommen hatte, dass die evangelikalen Kirchen und Gemeinden jede Art von sexueller Ausdrucksform ablehnten und abwehrten.

»Aber ich lag völlig falsch«, meinte sie. »Es *gibt* eine anspruchsvolle Auseinandersetzung über die Art, sein Sexualleben aus christlicher Sicht zu führen, die am offensichtlichsten ihren Niederschlag auf den Seiten einiger sehr populärer christlicher Sexhandbücher gefunden hat.« Susie Bright gab somit grünes Licht für *A Celebration of Sex* (»Ein Hoch auf den Sex«) von Dr. Douglas Rosenau, *Meine Liebe schenk ich dir* von Clifford und Joyce Penner und für Ed und Gaye Wheats *Hautnah* als brauchbare Nachschlagewerke, die Paare »einen verständlichen und einfühlsamen Ratgeber an die Hand geben, wie sie in ihrem Ehebett absolut hemmungslos aufdrehen können.«

Susie Bright fügt dem noch hinzu:

Alle christlichen Autoren, die ich gelesen habe, haben sich auf medizinischem Gebiet, insbesondere in Psychologie und der Sexforschung, weiter schulen lassen, was sie äußerst hilfreich fanden, um ihre »prosexuelle« und zugleich »prochristliche« Botschaft zu verbreiten. Sie sind der Meinung, dass aus der Sicht der Bibel nichts dagegen spricht, die Freude am Körperlichen, mannigfache Orgasmen und ein Experimentieren mit verschiedenen Stellungen und Vorspiel zu befürworten. Sie sind ausgesprochen feministisch, wenn sie behaupten, dass ein Mann, will er seine Frau respektieren, ihre sexuellen Bedürfnisse achten und in »christusähnlicher« Weise auf ihren Wunsch nach Freude und Vergnügen eingehen muss. Mit anderen Worten: nur mal langsam, Mister Komm-zu-früh!

Ich bin mir nicht so sicher, ob ich die gleichen Worte wählen würde, aber ich fand es sehr schön zu sehen, dass jemand mit einem anderen gesellschaftlichen Blickwinkel anerkennt, was Bev und ich, das Ehepaar Penner, Dr. Rosenau und die Wheats schon lange Jahre propagiert haben: dass Sex gut ist, dass Sex richtig ist und dass Sex eine ausgezeichnete Gabe von Gott ist. Zeigen Sie mir zwei gesunde Menschen, die mit dem Heiligen Geist erfüllt sind und in dem engen Joch der Ehe zusammenleben, zeigen Sie mir das Paar, das den »Freifahrtschein« der Ehe hat und in dessen Beziehung somit keine Gewissensbisse vorherrschen, und ich zeige Ihnen den Mann und die Frau, die mehr Leidenschaft in ihrer sexuellen Beziehung entfachen als jedes nicht-christliche Paar.

Wir geisterfüllte Christen sind nicht vom Sex besessen. Wir lesen keine schmutzigen Bücher zu diesem Thema. Wir leihen uns keine erotischen Videos aus, um unserem Sexualleben die rechte Würze zu geben. Wir benutzen auch keine derben Ausdrücke, um die verschiedenen Sexpraktiken zu umschreiben. Dank Gottes Geist genießen wir die sexuelle Beziehung mehr als andere Leute. Wenn Jesus in Johannes 10,10 (LUT) sagt: »Ich bin gekommen, damit sie das Leben und volle Genüge haben sollen«, dann denke ich, gibt er uns in unserem Leben mehr als genug von allem, und das schließt auch den Liebesakt mit ein.

Ein letzter Gedanke noch zum Schluss: Da wir wahrscheinlich länger leben und die Liebe länger entdecken können als die vorangegangene Generation, möchte ich daran erinnern, dass in den Tagen von Adam und Eva Paare über 900 Jahre lang miteinander verheiratet waren. Es ist also zu schaffen!

2. Wechseljahre – Wandeljahre

Jede Frau durchlebt unweigerlich die Zeit des Klimakteriums, was sich nachhaltig auf die sexuelle Beziehung auswirkt.

Vor 20 Jahren, als Stephanie DeGraff Bender die Frauenheilklinik *Full Circle Women's Health Center* in Boulder, Colorado, gründete, suchten viele Frauen ihren Expertenrat und ihre sachkundige Hilfe, um die schwierigen Phasen des prämenstruellen Syndroms (PMS) und der postpartalen Depression (Wochenbettdepression) zu überwinden. Dankbare Ehemänner zückten hierfür bereitwillig das Scheckbuch.

Heute beschäftigt die alternde weibliche Bevölkerung in den USA – 21 Millionen Frauen der Babyboom-Generation werden in den nächsten zehn Jahren in die Wechseljahre kommen – ein magisches Wort, und das ist das *Klimakterium*. Und ihre Ehemänner halten wieder einmal das Scheckbuch bereit.

»Lassen Sie mich den typischen Fall einer Frau beschreiben, die zu mir in die Klinik kommt«, so Stephanie DeGraff Bender. »Sie kommt mit einer Liste kleinerer und größerer gesundheitlicher Beschwerden, die ihren Alltag beeinträchtigen. Sie ist Anfang 40 und hat immer eine absolut regelmäßige Periode gehabt, aber in jüngster Zeit ist eine oder sind zwei Perioden ausgefallen. Ihre Monatsblutung ist merklich anders als zuvor. Auch hat sie nie Probleme mit dem Einschlafen gehabt. Doch nun leidet sie zwei oder drei Nächte im Monat an Schlaflosigkeit. Und da gibt es noch eine Sache: Ihr Sexualleben ist anders. Es fällt ihr schwerer Sex zu haben, weil ihre Vagina nicht mehr so gleitfähig ist wie zuvor. Ihr äußeres Erscheinungsbild verändert sich jedoch nur unmerklich. Man kann nicht sagen, dass sie dick wird, aber ihre Körperform nimmt durch die Umverteilung des Körperfettes andere Proportionen an. Sie ist über diese Veränderungen besorgter, als sie es sich selbst eingestehen will. Und zu guter Letzt stellt sie sich die Frage: ›*Bin ich vielleicht in den Wechseljahren?*‹«

Stephanie DeGraff Bender ist eine gefragte Referentin, wenn es in den 40ern um das Jahrzehnt des Übergangs geht. Jedes Mal, wenn sie vor Publikum spricht, wird sie im Anschluss von einer Traube von Frauen umzingelt, die alle das Gleiche sagen: »Ich fasse es nicht! Sie sprechen da über mich. Haben Sie etwa bei mir zu Hause heimlich Mäuschen gespielt?«

Eine treffende Definition

Das Klimakterium wird schon seit Generationen »Wechseljahre« genannt, weil es das Ende der weiblichen Fähigkeit, Kinder zu bekommen, markiert. Krass gesagt, stellt diese Umbruchphase das allmähliche Verlöschen der Eierstocktätigkeit und die damit verbundene Verringerung und schließlich die Einstellung der Keim- beziehungsweise Eizellenproduktion dar. Da das Klimakterium als der größte körperliche Veränderungsprozess zu bezeichnen ist, den eine Frau im mittleren Lebensalter durchmacht, ist das keine Sache, die Männer abwerten und bei der sie die Augen verdrehen dürfen. Auch dann nicht, wenn sie sich vor die Frage gestellt sehen, warum sich ihre Frau so *irrational* verhält.

Frauen reagieren sehr unterschiedlich auf die Tatsache, dass ihre biologische Uhr Schlag Mitternacht zum letzten Mal geschlagen hat. Einige sind freudig erregt, dass sie nie wieder unter monatlichen Krämpfen zu leiden haben oder nie mehr in ihrem Leben einen Tampon kaufen müssen. Andere reiben sich die Hände und sind froh, weil sie wissen, dass sie nie mehr Angst haben müssen, schwanger zu werden.

Andererseits gibt es auch Frauen, die durch die Wechseljahre schwermütig werden, da sie nie mehr in der Lage sein werden, ein weiteres Kind auf die Welt zu bringen, auch wenn ihre letzte Geburt bereits drei Jahrzehnte zurückliegt. Anderen Frauen wiederum wird daran schmerzlich bewusst, dass wir in einer an der Jugend orientierten Gesellschaft leben, die das Klimakterium mit hohem Alter gleichstellt und hohes Alter mit Nutzlosigkeit und geistigem Zerfall. Für diese Frauen signalisieren die Wechseljahre das Ende ihrer Tage als attraktive, begehrenswerte und sexuell ansprechende Frau. Das Klimakterium wird ähnlich wie das erste Paar »Krähenfüße« um die Augen als ein untrügliches Zeichen des Alterns gesehen sowie als Beginn eines langsamen, unaufhaltsamen Weges in Richtung Lebensende.

Hier brauchen wir eine neue Perspektive. Wie Sie noch sehen werden, so ist das Klimakterium kein Weltuntergang. Wenn Sie einmal innehalten und darüber nachdenken, dann sollten die Wechseljahrs-Symptome schlicht und ergreifend eine Erinnerung daran sein, dass Sie sich glücklich schätzen können, schon so lange gelebt zu haben. Unzählige Geschlechtsgenossinnen vor Ihnen haben die Wechseljahre gar nicht erst erlebt, weil sie zu diesem Zeitpunkt schon nicht mehr gelebt haben. Jahrhundertelang bewegte sich die Lebenserwartung so um die 40 Jahre. Frauen starben also, lange bevor ihre Eierstöcke ihre Funktion einstellten. Dr. Judith Reichmann, Autorin von *I'm Not in the Mood* (»Ich bin nicht in Stimmung«), kommt zu folgender Feststellung: »Wir überdauern unsere Ovarien um 30 bis 35 Jahre. Die Frage ist nur: Was wollen wir während dieser Zeit machen?«

Guter Gedanke! Gott stellt uns Jahre, ja sogar Jahrzehnte zur Verfügung, die vor dem Vormarsch der modernen Medizin nicht verfügbar waren. Im Verlauf der weiteren Abhandlung des Themas unterstelle ich jedoch zunächst einmal, dass Sie sich in den 40ern befinden, immer noch Ihre Periode haben und noch fruchtbar sind. Sie haben das Klimakterium und die Menopause (den Zeitpunkt der endgültig letzten Monatsblutung) womöglich noch vor sich, aber die unaufhaltsamen »Wechseljahre« können leider nicht mit einem Gongschlag von jetzt auf gleich beginnen, da Frauen nun einmal nicht mit einem Schnipp von der Fruchtbarkeit zur Unfruchtbarkeit übergehen.

Stattdessen treten Frauen in eine Übergangszeit ein, die auch die Perimenopause genannt wird, eine erst jüngst entstandene Wortschöpfung, die sich aus der lateinischen Vorsilbe peri, was so viel heißt wie »um ... herum«, und dem Hauptwort Menopause zusammensetzt. Die Jahre der Perimenopause also beginnen für gewöhnlich mit Anfang 40 (oder sogar in den späten 30ern) und dauern im Schnitt sieben bis zehn Jahre, in denen die Eierstöcke mal mehr mal weniger gut funktionieren, bevor bildlich gesprochen ihr Licht flackernd erlöscht. Die Blutzufuhr zu diesen kleinen eiförmigen Keimdrüsen fängt an, in der Perimenopause nachzulassen, wodurch die Ovarien allmählich ihre Funktion einstellen.

Anders betrachtet, stellt die Perimenopause das langsame Abklingen der weiblichen Fruchtbarkeit dar, der Fruchtbarkeit, die in den frühen Teenagerjahren mit der Menarche, der ersten Regelblutung, begann. Stellen Sie sich einmal Ihre Fruchtbarkeit als einen sich über 35 Jahre erstreckenden Bogen vor, der langsam anstieg, als Sie zwölf oder dreizehn Jahre alt waren, dann die nächsten drei Jahrzehnte stark ausgeprägt war und schließlich während der Perimenopause begann, langsam wieder abzunehmen.

Als die Ovarien in der Pubertät erwachten, ging in Ihrem Körper etwas Erstaunliches vor sich. Die Eierstöcke begannen, bis zu 300 Mikrogramm eines Hormons namens Östrogen, das Gegenstück zum männlichen Sexualhormon Testosteron, auszuschütten. Die Östrogensekretion nimmt dabei ihren Lauf durch das Blutsystem und beeinflusst fast alle Organe des Körpers. Unter anderem bewirkt das Östrogen, dass die Brüste sich entwickeln und die Hüften, Oberschenkel und das Gesäß fülliger werden. Östrogen erhält den weiblichen Teint geschmeidig und nahezu haarfrei.[1]

Östrogen spielt auch für den weiblichen Monatszyklus eine große Rolle. Der Östrogenspiegel steigt und fällt in der Regel alle 28 Tage. In den ersten beiden Wochen des Menstruationszyklus werden zwischen 4 und 60 Mikrogramm Östrogen ausgeschüttet, wohingegen in den *letzten* beiden Wochen des Zyklus bis zu 100 Mikrogramm in den Blutkreislauf gelangen. Wenn der Östrogenspiegel hoch ist, verspürt eine Frau sexuelle Lust, weil sie zufrieden und zuversichtlich ist. Wenn der Östrogenspiegel niedrig ist, fühlt sich eine Frau angespannt und unsicher und hat auch nicht sehr viel Interesse am Sex. Kurz gesagt, Östrogen beeinflusst alles bei der Frau, angefangen von ihrem körperlichen Wohlbefinden bis hin zu ihrer seelischen Stimmungslage. »Viele Frauen beschweren sich über das prämenstruelle Syndrom«, kommentiert die bekannte Fernsehschauspielerin Roseanne Barr, »aber für mich ist es die einzige Zeit des Monats, in der ich ich selbst sein kann.«

All diese vielfältigen hormonellen Prozesse laufen während der fruchtbaren, so genannten reproduktiven Jahre ab, wenn die Eierstöcke Eizellen hervorbringen, die vom männlichen Sperma befruchtet werden können. Bis Sie dann das Alter von 40 Jahren erreicht haben, schrauben Ihre Eierstöcke allerdings die Produktion Ihrer primären Hormone, Östrogen und Progesteron, zurück. Dieser langsame, allmählich vonstatten gehende Prozess vollzieht sich mit sehr vielen Schwankungen, die einschneidende körperliche Veränderungen und Stimmungsschwankungen mit sich bringen.

Zum Beispiel kann es vorkommen, dass Sie bislang einen sehr regelmäßigen Zyklus hatten, der alle 28 Tage einsetzte. In der Perimenopause jedoch ist es nichts Ungewöhnliches, dass drei oder vier Tage von diesem vierwöchigen Zyklus gekappt werden oder dass sich Ihre Monatsblutung von vier oder fünf Tagen auf nur einen oder zwei Tage verkürzt. Dies kann durch die Hormonschwankungen erklärt werden, die sich in Ihrem Körper vollziehen. In Ihren fruchtbaren Jahren bewirkte das Östrogen, dass eine Schicht der Gebärmutterschleimhaut (des *Endometriums*) an Dicke zunahm und diese später mit der Monatsblutung abgestoßen wurde. Wenn die Östrogenproduktion hingegen abnimmt, baut sich weniger Schleimhaut auf und das bedeutet, dass auch dementsprechend weniger Uterusschleimhaut abgestoßen werden muss – man also auch weniger blutet.[2]

Wenn Stephanie Bender sich mit den Frauen in ihrer Klinik in Boulder unterhält, geht sie mit ihnen einen Fragebogen durch, der sich mit der Fragestellung beschäftigt: »Wo befinden Sie sich gerade im Verlauf der Perimenopause?« Wenn Sie selbst um die 40 sind und an sich selbst Wechseljahrs-Symptome feststellen sollten, nehmen Sie sich einige Minuten Zeit, um sich die folgenden Fragen anzusehen. Die Antworten geben Ihnen eine klarere Vorstellung davon, wo Sie im Hinblick auf die Perimenopause stehen:

1. Haben sich Ihre Menstruationszyklen verändert?
2. Falls ja, wie? Sind sie länger? Kürzer?
3. Ist Ihre Monatsblutung stärker, schwächer oder genauso wie in der Vergangenheit?
4. Ist Ihre Periode regelmäßig oder ist sie in jüngster Zeit unberechenbarer geworden?
5. Wann begannen die Veränderungen in Ihrem Menstruationszyklus? Letzten Monat? Vor einigen Monaten? Letztes Jahr? Vor einigen Jahren?
6. Ist der Geschlechtsverkehr infolge von vaginaler Trockenheit schwieriger geworden?
7. Hat sich Ihr Geschlechtstrieb verändert?
8. Haben Sie bemerkt, dass Sie zu bestimmten Zeiten Interesse an Sex haben und zu anderen Zeiten überhaupt kein Interesse daran empfinden?
9. Können Sie sich Ihr mangelndes Interesse an Sex nicht erklären?
10. Haben Sie den Eindruck, dass Ihr Gedächtnis weniger frisch ist, als es einmal war?
11. Ist es schon vorgekommen, dass Sie in ein anderes Zimmer gegangen sind und nicht mehr wussten, was Sie dort eigentlich wollten?
12. Haben Sie jemandes Namen vergessen, obwohl es jemand ist, den Sie gut kennen oder oft sehen?
13. Sind Sie weniger belastbar, als Sie es einmal waren?
14. Müssen Sie häufiger Harn lassen?
15. Haben Sie häufig eine Blasenentzündung?
16. Ist Ihre Haut trockener als gewohnt?
17. Haben sich Ihre körperlichen Proportionen verändert?
18. Ist es für Sie schwieriger geworden, Ihr Idealgewicht zu halten?
19. Wissen Sie, wie alt Ihre Mutter war, als sie in die Wechseljahre kam?
20. Unterliegen Sie mehr Stimmungsschwankungen, als Ihnen lieb ist?
21. Sind Sie öfter weinerlich, gereizt oder ärgerlich?
22. Wachen Sie nachts schweißgebadet auf?
23. Sind Sie schon einmal durch eine Hitzewallung knallrot im Gesicht geworden?

24. Haben Sie Herzklopfen?
25. Liegen Sie nachts hellwach im Bett und schlafen erst eine Stunde, bevor der Wecker klingeln soll, ein?

Die Ergebnisse dieses Fragebogens sollten Sie beim nächsten Besuch bei Ihrem Frauenarzt ansprechen, um mit ihm mögliche weitere Behandlungsmöglichkeiten auszuloten.

Ausgehend vom Thema der Perimenopause möchte ich an dieser Stelle einen Bogen zur eigentlichen Menopause schlagen und zu der Frage, inwieweit dieses einschneidende Ereignis Auswirkungen auf Ihre sexuelle Beziehung hat. Die Art, wie Sie und Ihr Mann mit dem Thema umgehen, kann den Weg zu einem erfolgreichen Übergang von der gebärfähigen Zeit hin zu den mittleren Lebensjahren ebnen.

Klassische Symptome

Das plötzliche oder allmähliche Aufhören der Menstruation kann zu jeder Zeit in den frühen 40ern oder Anfang 50 erfolgen. Das Durchschnittsalter für die Menopause (die endgültig letzte Regelblutung) liegt jedoch bei 51,4. Wenn Sie sich fragen, wann die Menopause bei Ihnen eintritt, halten Sie sich einmal folgenden Zusammenhang vor Augen: Je früher bei Ihnen die Menstruation zum ersten Mal einsetzte, desto *älter* werden Sie sein, wenn Ihre Monatsblutung aufhören wird und nicht umgekehrt![3]

Wenn Sie Frauen danach fragen, was sie mit dem Wort Klimakterium oder Menopause assoziieren, dann verziehen viele das Gesicht und antworten mit Schlagwörtern wie diesen: »Hitzewallungen«, »depressive Verstimmungen«, »Schwindelgefühl«, »Gewichtszunahme«, »Kopfschmerzen«, »Schweißausbrüche« und »Reizbarkeit«. Kein Wunder, dass diese beschwerlichen Wechseljahrs-Symptome Frauen nicht gerade in Freudenjubel ausbrechen lassen. Tatsache ist, dass viele Frauen Hitzewallungen oder fleckige Hautrötungen erleben, die mit heftigen Schweißausbrüchen einhergehen, und in unterschiedlichem Maße in ihrem Wohlbefinden eingeschränkt sind. Einige Frauen leiden unter Rückenschmerzen, Übelkeit, Appetitmangel,

Schwindel oder einem plötzlichen Anstieg des Blutdruckes. Andere leiden unter Müdigkeit, Gereiztheit und Nervosität oder einer Reizung der Blase, wodurch sie häufig zur Toilette gehen müssen.[4] Solche Beeinträchtigungen sind jedoch eher dann anzutreffen, wenn die Beendigung der Eierstocksfunktion relativ schnell erfolgt. Wenn die Menstruation allmählich aufhört, kommt das so genannte Menopausensyndrom weniger stark oder gar nicht zum Tragen.

Unglücklicherweise müssen die meisten Frauen die größten Veränderungen an ihrem Körper selbst feststellen, die von schlaff herunterhängenden Brüsten, einer rauer werdenden Haut, einer Schwächung des Knochenbaus (Osteoporose) bis hin zur Umverteilung der Fettzonen am Körper reichen können. Das ist jedoch noch nicht alles. Wir wollen im Folgenden diese Symptome der Wechseljahre genauer beleuchten:

HITZEWALLUNGEN. Da der Ausdruck »Hitzewallungen« oder »fliegende Hitze« ein sehr anschaulicher Begriff ist, haben viele schon eine vorgefasste Meinung darüber, was Hitzewallungen sind. Medizinisch gesehen ist eine Hitzewallung ein Gefühl starker Wärme, das für gewöhnlich in der Brust oder Kopfhautgegend beginnt. Die Haut rötet sich und sondert sehr viel Schweiß ab. Das Herz rast und die Hände kribbeln. Hitzewallungen dauern selten länger als fünf Minuten und manchmal folgt auf sie ein plötzliches Kältezittern. Bei einigen Frauen sind die Hitzewallungen jedoch nur sehr schwach und sie »fühlen sich einfach nur etwas wärmer«.

Hitzewallungen treten zumeist nachts auf. Deshalb werden sie von manchen auch als nächtliche Schweißausbrüche bezeichnet. Sie können ein Jahr oder zwei Jahre lang periodisch wiederkehren, obwohl es auch einige Frauen gibt, bei denen sie bis zu fünf Jahre lang immer wieder auftreten. Nur 15 Prozent der Frauen haben jedoch wirklich Probleme mit Hitzewallungen.

UNREGELMÄSSIGE MENSTRUATION. Die Monatsblutung kann weiter auseinander oder enger zusammenliegen. Sie kann stärker, schwächer, schmerzhafter oder schmerzloser sein. Frauen, die nie unter PMS zu leiden hatten, fangen nun vielleicht an damit.

Diejenigen, die das prämenstruelle Syndrom hatten, weisen nun vielleicht noch eine schlimmere Symptomatik auf.

Probleme beim Harnlassen. Frauen in den Wechseljahren sind oft anfällig für Harnwegsinfekte, Inkontinenz oder extremen Harndrang.

Haut und Haare. Die Haut kann dünner und trockener werden – und mehr jucken. Haarausfall und eine Ausdünnung der Haare sind ebenso möglich und in einigen Fällen kommt es auch zum Verlust der Schamhaare. Bei anderen Frauen wiederum vermehren sich die Gesichtshaare.

Gedächtnis. Frauen fällt es schwer, sich zu konzentrieren und es kommt zu einer Verschlechterung des Kurzzeitgedächtnisses.

Schlaflosigkeit. Wer würde mit Hitzewallungen und nächtlichen Schweißausbrüchen nicht auch Schwierigkeiten beim Einschlafen haben und zu wenig Ruhe bekommen?

Gefühlswelt. Stimmungsschwankungen, erhöhte Reizbarkeit, ängstliche Verstimmung und Angstzustände, sogar Zeiten der Depression sind klassische Symptome der Wechseljahre. Wenn diese Aufzählung noch nicht ausreicht, um Frauen kreischend in die nächste Klinik einzuliefern, dann gibt es hier noch eine ganze Reihe weiterer Symptome, die dieser langen Liste hinzuzufügen wären: Kopfschmerzen – manchmal migräneartig –, Verstopfung, Wadenkrämpfe, Gelenkschmerzen, Blähungen, Brustschmerzen, Magenverstimmung, Schwindel- und Schwächegefühle und eine verminderte Libido.

Vaginalraum. Vielleicht wussten Sie das noch nicht, aber durch eine natürliche Geburt verändert beziehungsweise dehnt sich die schlauchförmige Vagina in positiver Weise. »Nach einer vaginalen Geburt bilden die Falten der Scheidenwand eine große und wellenförmige Oberfläche, die mit dem Inneren einer mehrblättrigen Nelke in etwa vergleichbar ist«, schreibt Dr. Winnifred B. Cutler. »Eine Scheide, die genügend Muskeltonus aufweist, kann dem männlichen Glied eine Reihe ausgezeichneter multipler Empfindungen verschaffen, die völlig anders sind und möglicherweise tief gehender als der glatte, wenn auch enge Schlauch der Frau, die noch keine Geburt hatte.«[5]

Wenn Frauen altern und der Östrogenspiegel sinkt, bildet sich allerdings der Scheidenkanal zurück und verliert meist seine Dicke, man spricht dann von einer atrophen Scheide. Dabei ist besonders im Hinblick auf den sexuellen Verkehr zu beachten, dass bei Frauen die Befeuchtung der Vagina während des Vorspiels nicht mehr sehr stark sein kann. Deshalb ist die auskleidende Schleimhaut der Vagina auch dünn, trocken und weniger elastisch und beim Eindringen des Penis kann es zu Jucken, Schmerzen, Entzündungen und sogar zum Bluten kommen.

Wenn Sie und Ihr Mann in Ihrer Ehe ein aktives und leidenschaftliches Sexualleben genossen haben, dann sind jedoch die Atrophie (Rückbildung, Schwund) der Scheide und deren Elastizitätsverlust abgeschwächt. Die genannten Symptome sind im Allgemeinen bei Frauen anzutreffen, die vor den Wechseljahren ein relativ inaktives Sexualleben hatten. Wenn jedoch durch die Trockenheit der Scheide beim Geschlechtsverkehr Schmerzen aufgetreten sind, sollten Sie dies mit Ihrem Mann besprechen und diesem Umstand dadurch entgegenwirken, indem Sie entsprechende rezeptfreie Gleitmittel verwenden. Manche Frauen brechen eine Vitamin E-Kapsel auf und reiben das Öl direkt in ihre Scheide. Diejenigen Frauen, die aber ihren Geschlechtsverkehr durch eine solch leidige Unterbrechung nicht behindern wollen, können ihren Mann bitten, während des Verkehrs ein Kondom zu tragen, auf das ein Gleitmittel aufgetragen wurde.

Für einige Paare kann diese größenmäßige Rückbildung der Vagina jedoch andererseits bedeuten, dass so verstärkt eine direkte Stimulation stattfinden kann, die zu einem befriedigenderen Geschlechtsverkehr beiträgt. Eine kleinere Scheide führt auch zu mehr Reibung und zu einem engeren Kontakt zu den Nerven, die beiden Partnern schließlich sexuelles Vergnügen verschaffen. Es sind gerade diese Nervenenden, die so genannten propriozeptiven Enden (ein Nerventyp, der auf Druck, Bewegung und Streckung reagiert), die in den Muskeln, die die Vagina umgeben, zu finden sind. Wenn diese während des Verkehrs stimuliert werden, reagieren diese Muskeln mit einer automatischen Kontraktion, was den Kontakt verstärkt und somit dazu beiträgt, die Spannung aufzubauen, die zum weiblichen Höhepunkt führt.

Dr. Arnold H. Kegel, ein amerikanischer Spezialist für Frauenkrankheiten in den 40er und 50er-Jahren, behandelte einmal eine Patientin namens Doris Wilson wegen eines störenden und peinlichen Problems, der so genannten Stressinkontinenz. Schon ein Lachen, Husten oder eine plötzliche Bewegung führten bei Mrs. Wilson dazu, dass sie unkontrolliert ein paar Tropfen Harn lassen musste. Sie musste gezwungenermaßen eine Windel für Erwachsene tragen, was für sie sehr beschämend war.

Dr. Kegel führte ihr Problem darauf zurück, dass sie im Beckenbereich besonders geschwächte Muskeln hatte. Bevor sie sich jedoch einem chirurgischen Eingriff unterzog, riet er ihr, eine neue Übung auszuprobieren, die er entwickelt hatte. Sie sollte von Zeit zu Zeit ihre Beckenbodenmuskeln anspannen, so als wolle sie ihren Urinstrahl einhalten. Diese Muskelanspannung sollte sie zehn Sekunden lang durchhalten. Mrs. Wilson ließ sich darauf ein, zunächst mit diesen speziellen Übungen zu beginnen, und innerhalb von zwei Monaten waren ihre Störungen beseitigt.

Aber der Schluss dieser Geschichte muss nun auch noch erzählt werden: Mrs. Wilson vertraute Dr. Kegel an, dass sie zum ersten Mal in den 15 Jahren ihrer Ehe beim Geschlechtsverkehr zu einem Orgasmus gekommen sei. »Hat das irgendetwas mit den Übungen zu tun, die Sie mir aufgetragen haben?«, fragte sie.

Bingo! Dr. Kegel war zunächst skeptisch gewesen, führte dann aber eine groß angelegte Studie durch, die in der Entwicklung eines sechs- bis achtwöchigen Übungsprogrammes zur Stärkung der Beckenbodenmuskulatur resultierte. Ihr Gynäkologe ist sicher in der Lage, Ihnen gezieltere Informationen über die Beckenbodenmuskulatur zu liefern beziehungsweise darüber, wie Sie Ihren Pubococcygeus-Muskel trainieren können. Der Pubococcygeus (Beckenbodenmuskel) bildet ein Muskelband, das die Harnröhre, die Vagina und die Analgegend umgibt. Je stärker diese Muskeln sind, desto einfacher kann die Frau durch Stimulierung der Vagina oder Klitoris zu einem sexuellen Höhepunkt gelangen.

Ein einfacher Test, um zu sehen, ob Ihre Beckenbodenmuskulatur beziehungsweise Ihr Pubococcygeus-Muskel stark genug ist – und das gilt sowohl für Frauen als auch für Männer –, besteht darin, einmal zu beobachten, ob Sie Ihren Harnstrahl einwandfrei halten und wieder loslassen, halten und wieder loslassen können. Wenn nicht, sind Ihre Pubococcygeus-Muskeln schwach und erschlafft. Sie sollten deshalb einen Arzt konsultieren. Ihr Gynäkologe kann Ihnen die Lage und Funktionsweise dieses Muskels erklären und Ihnen zeigen, wie Sie ihn richtig trainieren und kräftigen können. Darüber hinaus empfehlen viele Ärzte, Gynäkologen und Eheberater eine spezielle Trainingshilfe für die Frau namens »Femcon«, die dazu entwickelt wurde, die Kegel-Übungen zu verbessern und zu vereinfachen. Mit diesem preiswerten Hilfsmittel kann die Zeit der Übungen verkürzt werden. Nähere Informationen hierzu bekommen Sie auch in Ihrer Apotheke, die ein ganzes Set dieser Übungskegel für Sie bestellen können.

In meinem Buch *Wie schön ist es mit dir* habe ich den Kegel-Übungen ein ganzes Kapitel[6] gewidmet, weil ich fest davon überzeugt bin, dass sie der sexuellen Beziehung nutzen. Viele Paare, die ich beraten habe, ließen mich wissen, dass die Frau nun fähig war, einen Orgasmus zu erleben. Auch heute bin ich von den Kegel-Übungen immer noch sehr angetan und ich sehe darin einen Weg, sein Liebesleben zu bereichern, indem man insbesondere bei der Frau den Muskel trainiert und damit die Empfindsamkeit der Genitalorgane erhöht. Das trifft vor allem bei Frauen in den späteren Lebensjahren nach der Menopause zu. Normalerweise fangen bei ihnen die Beckenbodenmuskeln an, mit dem Alter etwas zu erschlaffen, wodurch für Mann und Frau das sexuelle Erleben weniger reizvoll wird.

Deshalb ist es spätestens dann an der Zeit, mit den Kegel-Übungen, die Sie übrigens in Ihrer Rückbildungsgymnastik nach der Geburt gelernt haben, zu beginnen. Bev und ich raten davon ab, diese Übungsmethode sofort abzubrechen, wenn sich der gewünschte Erfolg eingestellt hat. Es ist ratsam, sie wenigstens dreimal in der Woche während Ihres ganzen weiteren Lebens fortzusetzen. Dies erscheint sinnvoll, da selbst Fitnessexperten davon ausgehen, dass die besttrainiertesten Athleten ihren Muskelaufbau einbüßen, wenn sie ganz aufhören zu trainieren.

Alles, was Sie also tun müssen, ist, an Ihrem Übungsprogramm zur Straffung der Muskeln dreimal pro Woche festzuhalten.

Bei der Erarbeitung dieses Kapitels wurde mir deutlich, dass die Kegel-Übungen auch von Männern im Alter von 50 und darüber angewandt werden können. Ihre Muskeln fangen ebenfalls an, mit dem Alter nachzulassen, insbesondere diejenigen Muskeln, die ihnen helfen, ihre Erektion aufrechtzuerhalten und ihren Urinstrahl zu kontrollieren. In beiden Fällen, so haben Wissenschaftler festgestellt, kann es eine großartige Hilfe sein, wenn Männer ihren Sphinktermuskel (Schließmuskel) regelmäßig trainieren und kräftigen. Und auch hier zahlt sich Ausdauer aus.

Östrogen ja oder nein?

Bis in die 50er-Jahre hinein hatten Frauen keine andere Wahl, als auf natürlichem Wege, das heißt ohne Einnahme von Medikamenten, die Wechseljahre zu durchlaufen und sich mehr schlecht als recht mit den vorgenannten Symptomen herumzuschlagen. Dank der Fortschritte in der Medizin haben Ärzte und Forscher jedoch mittlerweile angefangen zu verstehen, wie eine Östrogenersatztherapie die Symptome der Wechseljahre wie Hitzewallungen, nächtliche Schweißausbrüche und Schüttelfrost lindern und einen möglichen Knochenschwund aufhalten kann. Und auch in punkto Sexualleben kann Östrogen wahre Wunder wirken. Dr. David Reuben beschreibt dies wie folgt:

Die Vagina ist in vielerlei Hinsicht faszinierend aufgebaut. Sie ist in ganz besonderer Weise ausgekleidet, und zwar mit (nichtverhornenden) Plattenepithelzellen, den gleichen Zellen, die auch den Mund auskleiden. Bei einer erwachsenen Frau sind mehrere Schichten dieser Zellen in der Scheide vorhanden und das Epithelgewebe ist dick und widerstandsfähig. Wenn jedoch das Östrogen im Blut abnimmt, wird das auskleidende Plattenepithel der Vagina immer dünner und ist schließlich nur noch einige wenige Schichten dick. Das ist insofern schlecht, als der Penis beim Eindringen sehr viel Bewegung und Unruhe in die Vagina hineinbringt. Wenn die Epithelschicht dünn ist, wird sie leicht abgekratzt und das kann schmerzhaft sein.[7]

Die Einnahme von Östrogen kann nun bewirken, dass sich die Vagina verlängert, die Scheidenwand befeuchtet wird und sich in der Genitalregion alles »richtig« anfühlt. Dies kann durch östrogenhaltige Cremes, die im Vaginalraum appliziert werden, geschehen. Sie nehmen in diesem Fall also etwas Vaginalcreme, führen sie mit einem oder zwei Fingern in die Scheide ein, massieren sie direkt in die Scheidenwand ein und verstreichen sie auch über die Klitoris.

Aber auch Ihr Mann kann die vaginale Östrogencreme bei Ihrem sexuellen Vorspiel auftragen, was für ihn außerdem eine Erinnerung sein kann, sachte mit Ihnen umzugehen. Allerdings sollte er ein Kondom tragen, denn Östrogen auf dem Penis ist nicht das Wahre. Wenn die Östrogencreme dann ein oder zwei Monate lang regelmäßig angewandt wurde, sollte die Scheidenwand wieder ihre normale Dicke erreicht haben. Wollen Sie keine leidigen Cremes auftragen, können Sie auch einen Östrogenring (zumeist Kunststoffring) einführen, der über einen Zeitraum von drei Monaten hinweg Östrogen abgibt (vaginale Östrogenzufuhr). Bevorzugen Sie jedoch ein Gleitmittel ohne Östrogen, können Sie auch zu einer rezeptfreien Intimfeuchtigkeitscreme greifen.

Neben Cremes und Vaginalringen kann eine Östrogenersatztherapie auch in einigen anderen Formen erfolgen: durch Pillen, Pflaster oder Implantate, die unter der Haut eingepflanzt werden. Ein Östrogenpflaster ist vergleichbar mit den Nikotinpflastern, wie sie überall in der Werbung angepriesen werden. Bringen Sie (ein- oder zweimal pro Woche) ein neues Pflaster auf Ihrem Oberarm an. Dabei wird kontinuierlich Östrogen an Ihren Körper abgegeben. So können Sie das Problem hormoneller Schwankungen beheben und müssen nicht immer daran denken, jeden Tag eine Pille einzunehmen. Hautpflaster wirken besonders gut bei Frauen, bei denen nach Einnahme von Östrogen in Pillenform Hitzewallungen oder Kopfschmerzen auftreten.

Tabletten stellen jedoch nach wie vor die bevorzugte Form für eine Hormonsubstitution dar. Anfang der 60er-Jahre entwickelten Wissenschaftler ein »Wundermittel« namens Presomen, eine Kombination natürlicher Östrogene, die aus dem Harn trächtiger Stuten gewonnen wird. Doch dieses Mittel ist lange nicht mehr das einzige, das auf dem Markt erhältlich ist. Mittlerweile ist eine

Vielzahl von Präparaten erhältlich, die individuell für Wechseljahrsbeschwerden verschrieben werden können. Östrogen bewirkt aber noch mehr, als nur die Dicke der Scheidenwand zu vergrößern und Hitzewallungen zu beseitigen. Das Hormon führt ebenso zu einer höheren Lebenserwartung. Bei Frauen, die zehn Jahre lang Östrogen einnahmen, war eine um 37 Prozent geringere Häufigkeit bei allen Todesursachen zu verzeichnen. Eine Studie der »Amerikanischen Krebsgesellschaft« an 400.000 Frauen ergab, dass 16 Prozent von ihnen länger lebten als ihre prognostizierte Lebenserwartung.

Östrogen vermindert das Risiko von Herzerkrankungen. Als Sie sich noch in Ihrem gebärfähigen Alter befanden, war Ihnen wahrscheinlich gar nicht bewusst, dass die Östrogene, die durch Ihren ganzen Körper wirbelten, Sie vor Arteriosklerose, zu hohem Blutdruck, Angina Pectoris und Herzinfarkten schützten. Wenn die Wechseljahre einsetzen, erhöht sich jedoch das Risiko, hieran zu erkranken. Nur in welchem Maße? Für Frauen über 50 stellen Herz-Kreislauf-Erkrankungen eine weit größere Bedrohung dar als Krebs.[8] Obwohl Frauen bekanntlich für einen Herzinfarkt nicht so anfällig sind wie Männer, vermindert Östrogen das Risiko eines Herzversagens um 50 Prozent.

Eine im Jahr 1998 durchgeführte Herz- und Östrogenersatzstudie (*Heart and Estrogen Replacement Study*) kam jedoch zu dem Ergebnis, dass Frauen, die anfingen, Östrogene einzunehmen, zunächst ein um 50 Prozent höheres Risiko eingingen, einen Herzinfarkt zu erleiden. Die Studie an 2.700 Frauen im Durchschnittsalter von 66 Jahren kam zu der Feststellung, dass Frauen im ersten Jahr der Hormoneinnahme 57 Herzattacken mit tödlichem und nicht tödlichem Ausgang erlitten, verglichen mit 38 Herzinfarkten bei Frauen, die ein Placebo einnahmen. Nach dem ersten Jahr war die Zahl der Herzinfarkte bei beiden Gruppen in etwa gleich. Die Forscher warten nun auf die Ergebnisse einer weiteren groß angelegten Studie an 27.000 Frauen, die unter dem Namen *Women's Health Initiative* (Gesundheitsinitiative für Frauen) läuft und im Jahr 2005 veröffentlicht werden soll.

Östrogen senkt nachweislich die schlechten Cholesterinwerte und erhöht die guten. Es vermindert das Risiko, an Alzheimer zu erkranken, und hilft bei Gedächtnisverlust. Was jedoch noch von größerer Bedeutung ist: Östrogen vermindert den Knochenschwund beziehungsweise die Osteoporose, ein Krankheitsbild, bei dem die Knochen dünn und brüchig werden. Beobachten Sie einmal, wie manche ältere Frauen gebückt gehen, und Sie werden an deren »Rundrücken« sehen, dass die Osteoporose ihren Tribut gefordert hat.[9]

Der von den *National Institutes of Health* gesponsorte so genannte *PEPI*-Test (*Postmenopausal Estrogen/Progestin Interventions Trial* – Postmenopausale Östrogen/Progestin [Gestagen]-Interventionstest) hat gezeigt, dass Frauen ohne die Einnahme von Hormonen innerhalb von drei Jahren zwei Prozent ihrer Knochendichte verloren, dagegen mit Einnahme von Hormonen im gleichen Zeitraum zwei bis fünf Prozent gewannen. Andere Studien belegen, dass sich bei Frauen, die für den Rest ihres Lebens Östrogene einnehmen, das Risiko, sich einen Knochenbruch zuzuziehen, um 70 Prozent verringert.

Die Kehrseite einer Östrogenersatzbehandlung liegt jedoch in dem Risiko, an Brustkrebs zu erkranken. Britische Forscher, die 160.000 Frauen untersuchten, die an 51 unterschiedlichen Östrogenersatzstudien teilgenommen hatten, fanden heraus, dass die Einnahme von Hormonen das lebenslange Risiko von Brustkrebs um zwei bis drei Prozent erhöhte. Die britischen Ärzte machten dabei eine weitere interessante Beobachtung: Frauen, die Hormone einnahmen und später an Brustkrebs erkrankten, stellten fest, dass die Krebserkrankung in ihrer Brust örtlich begrenzter war, wodurch der Brustkrebs leichter behandelt werden konnte. Letzten Endes erkranken also Frauen, die Hormone einnehmen, etwas häufiger an Brustkrebs, aber es sterben anteilsmäßig weniger Frauen daran. Studien, die *tatsächlich* einen Anstieg an Brustkrebserkrankungen aufzeigen, stellen die Vermutung an, dass Frauen, die Östrogen einnehmen und dazu noch regelmäßig Alkohol trinken, ihre Chancen erhöhen, einmal an Brustkrebs zu erkranken.

Um nochmals zu unserer grundlegenden Fragestellung zurückzukommen: Sollten Sie eine Östrogenersatzbehandlung durchführen oder nicht?

Meine Antwort lautet eindeutig Ja, aber nicht, bevor Sie darüber gebetet und Ihren Gynäkologen konsultiert haben. Meiner

Auffassung nach überwiegt der nachweisliche Nutzen einer Östrogeneinnahme gegenüber den geringen Risiken. Keine Medizin ist optimal, aber Medikamente wie Premarin können Paaren über die Wechseljahre hinweghelfen.

Da es bei der Östrogenersatztherapie bekanntlich zwei Seiten gibt, sollten Sie den Fünf-Punkte-Plan befolgen, der unter der Ägide des *Nationalen Instituts für Gesundheit* erstellt wurde. Diesem Leitfaden zufolge sollten Frauen in den Wechseljahren folgenden Rat beherzigen:

1. Sie sollten mit ihrem Arzt ausführlich über das Für und Wider einer Östrogenbehandlung sprechen.
2. Sie sollten Östrogen nur auf Rezept einnehmen, alle Gebrauchshinweise sorgfältig befolgen und in ständiger ärztlicher Behandlung bleiben.
3. Sie sollten auf Anzeichen möglicher Nebenwirkungen achten, die durch die Östrogentherapie verursacht sein könnten.
4. Sie sollten sich auf dem Laufenden halten, was das Thema Östrogene angeht, und sich die neusten Informationen besorgen.
5. Sie sollten sich einen Überblick über mögliche Alternativen zum Östrogen verschaffen. Dies schließt eine ausgewogene Ernährung, regelmäßige sportliche Betätigung, einen gesünderen Lebensstil, die Einnahme von Vitaminen und Mineralien und andere weniger riskante Abhilfen und Methoden wie etwa Gleitmittel zur Behebung einer trockenen Scheide mit ein.[10]

Bezüglich des letzten Hinweises gibt es »ganz natürliche« und rein pflanzliche Östrogene auf dem Markt, die so genannten Phytoöstrogene. Diese Produkte werden in den USA nicht von der nationalen Gesundheitsbehörde kontrolliert, weshalb ihr Anspruch, »einen gesunden Östrogenspiegel aufrechtzuerhalten«, argwöhnisch betrachtet werden sollte.[11] Pflanzliche Mittel, die zum Beispiel Traubensilberkerzenwurzelstock (*Cimicifuga racemosa*) enthalten, können jedoch bedingt helfen. Speziell bezüglich der Heilpflanze »Traubensilberkerze« hat Stephanie Bender festgestellt, dass sie bei lästiger vaginaler Trockenheit und Hitzewallungen Linderung verschaffen kann. Sie sollten also auf jeden Fall diesbezüglich Ihren Arzt konsultieren.

Obwohl sich bei pflanzlichen Nahrungsergänzungsmitteln die Geister immer noch streiten, empfehle ich uneingeschränkt alle Nahrungsmittel auf Soja-Basis, die reich an Isoflavonen, einer Art von Phytoöstrogenen, sind. Weniger als 25 Prozent aller japanischen Frauen, deren Speiseplan reich an sojahaltigen Nahrungsmitteln (Tofu, Tempeh[12] und andere Sojaprodukte) ist, klagen über Hitzewallungen – verglichen mit 80 Prozent der amerikanischen und europäischen Frauen in den Wechseljahren. Sollten Ihnen Soja-Produkte jedoch unter keinen Umständen schmecken, Sie aber nicht auf deren positiven Effekt auf Ihren Hormonhaushalt verzichten wollen, kann ich Ihnen das Fertigpräparat *Almased* empfehlen, das Ihnen hilft, diese Lücke zu schließen.

Die Autorin und Referentin Sandra Aldrich verweist auf den Vorschlag ihres Arztes, in den Wechseljahren vermehrt Tofu auf ihren Speiseplan zu setzen. »Ich machte einige abschätzige Bemerkungen darüber, schaute mir dann aber genauer an, was eigentlich darin enthalten ist«, meinte sie. »Tofu ist im Grunde genommen nicht anderes als Sojabohnenquark. Nun, ich esse Bohnen sehr gerne und so fing ich an, jedem Gericht, das ich kochte, Tofu beizugeben. Ich mischte es unter mein Rührei oder kochte es zusammen mit Rindfleisch. Ich gab einfach einen gehäuften Teelöffel davon in meinen Bratentopf. Und wissen Sie was? Tofu nimmt den Geschmack aller anderen Zutaten an, mit denen es gekocht wird.«

»Das Ergebnis war einfach umwerfend«, so fuhr Sandra fort. »Ich fühlte mich einfach besser. Ich fühlte mich rundherum wohl. Als mir bekannt wurde, dass japanische Frauen kein Wort für Klimakterium haben, wusste ich auch wieso. Nun erzähle ich meinen jüngeren Freundinnen immer, dass wir Frauen von heute keine Hitzewallungen haben, sondern Power-Schübe!«

Neben Östrogenersatztherapie und Nahrungsergänzung durch Tofu können auch sportliche Übungen für Frauen in den Wechseljahren sehr hilfreich sein. Regelmäßige Bewegung bewirkt einen Muskelaufbau, erhöht Ihre Kraft, Ausdauer und Ihr Durchhaltevermögen und vermindert damit Ihre Angst. Denn Sie können sicher sein, dass Sie durch Sport das Risiko minimieren, an Osteoporose oder einem Herzleiden zu erkranken.

Wenn Ihre Wechseljahre zum gleichen Zeitpunkt einsetzen, wie sich Ihr häusliches Nest leert, sollten Sie eigentlich jeden Tag mehr Zeit zur Verfügung haben, um ein leichtes sportliches Fitnessprogramm durchzuführen. Sie können dreimal pro Woche in einem Fitness-Studio trainieren oder eine Sportart ausüben, für die Sie bislang keine Zeit hatten (wie Tennis, Radfahren, ausgiebige Spaziergänge) und dadurch den Alterungsprozess in gewissem Maße aufhalten. Das Klimakterium ist jedoch *nicht* der richtige Zeitpunkt, um mit einer Radikalkur oder Crash-Diät zu beginnen. Am besten ist es deshalb, eine gesunde Ernährungsweise mit einem angemessenen Ausgleichssport zu kombinieren.

Noch ein Gedanke zum Schluss

Ein weiteres typisches Merkmal für die Wechseljahre ist, dass die Frau das Interesse am Sex verliert. Zunächst stellen die meisten Frauen im fortgeschrittenen Alter *tatsächlich* eine verminderte Libido fest. Dies kann auf den natürlichen Alterungsprozess und die geringere Östrogenproduktion bei der Frau zurückgeführt werden, was ein weiterer Grund dafür ist, dass ich die Einnahme von Hormonen befürworte.

Ich empfehle weiterhin, dass Sie sich darüber informieren, wie sich die Wechseljahre im Einzelnen äußern. Leihen Sie sich ein oder zwei Bücher zu diesem Thema in Ihrer Bibliothek aus. Nutzen Sie die Möglichkeiten des Internets. Fragen Sie ältere Freundinnen um Rat. Sprechen Sie Ihren Arzt an und fragen Sie ihn, welches Buch er Ihnen empfehlen kann. Je mehr Sie darüber wissen, was während des Klimakteriums in Ihrem Körper vor sich geht, desto mehr sind Sie auch darauf vorbereitet.

Stephanie Bender hat, wie wir zu Beginn des Kapitels gesehen haben, eine interessante Feststellung getroffen. Die Frau von heute möchte wissen, was in ihrem Körper vor sich geht. Sie zieht dabei einen Vergleich zum Verhalten der Frau in Bezug auf den Geburtsvorgang. In den 60er- und 70er-Jahren wollten Frauen bei der Geburt ein befriedigendes Erlebnis haben und baten sie deshalb: »Bitte erzählen Sie mir doch mehr darüber, was während meiner Schwangerschaft geschieht und was während der Geburt und bei den Wehen passiert!« Die gleiche Generation sagt heute: »Erzählen Sie mir doch bitte, was während der Wechseljahre abläuft. Sagen Sie mir, wie sich mein Körper verändert.«

Der Schlüssel dabei ist, proaktiv zu sein, sei es beim Beginn einer Östrogenersatztherapie oder bei der Einnahme von zusätzlichen Vitaminpräparaten, bei der Ergänzung der Nahrung mit Tofu oder anderen Nahrungszusätzen, auf die Sie gestoßen sind. Ein guter Ausgangspunkt ist, mit einem Gynäkologen ins Gespräch zu kommen, der die Wechseljahre ernst nimmt.

Das Klimakterium sollte gerade im Hinblick auf Ihr Sexualleben nicht als gute Ausrede herhalten müssen, um Ihren Sex-Garten mit Unkraut überwuchern zu lassen. Eine positive Einstellung ist auch hier der Schlüssel. Wenn Sie Angst haben, dass die Menopause Ihr Interesse am Sex mindern könnte, dann kann ich Ihnen nur versichern, dass Sie damit auch rechnen müssen. (Dabei ist natürlich Ihre Haltung zum Thema Sex *vor* der Menopause ein wichtiger Indikator dafür, wie Ihre Einstellung *nach* der Menopause aussehen wird.)

Wenn Sie jedoch die Menopause so angehen, dass Sie mental auf die Veränderungen eingestellt sind, die in Ihrem Körper vor sich gehen werden, können Sie Ihr Sexualleben aufrechterhalten oder sogar zu neuer, noch nie da gewesener Blüte bringen. Da eine Schwangerschaft dann nicht mehr möglich sein wird, verringert dies bei vielen Frauen die Angstschwelle beim Sex. (Da der Hormonspiegel an weiblichen Geschlechtshormonen jedoch nur langsam sinkt, sei hier darauf hingewiesen, dass Frauen noch bis zu einem Jahr nach ihrer letzten Monatsblutung schwanger werden können.)

Frauen, die den Übergang erfolgreich gemeistert haben, sagen, dass der wichtigste Grund, warum sie den Sex jetzt mehr genießen, vermutlich darin liegt, dass sie sich keine Gedanken mehr darüber machen müssen, dass sie schwanger werden könnten. Sie fühlen sich entspannter, was zu einer größeren Freude und Zufriedenheit beiträgt. Paare, die während der Menstruation auf Sex verzichtet haben, müssen sich nun auch keine Gedanken mehr über die einwöchige monatliche »Auszeit« machen. Betrachten Sie dies doch einmal von der positiven Seite!

3. Die »Wechseljahre« des Mannes

Gibt es sie überhaupt? Welche körperlichen Veränderungen durchläuft ein Mann in seinen 40ern und 50ern?

Wenn ich so auf sieben Jahrzehnte meines Lebens zurückschaue, finde ich es von meiner Warte aus recht amüsant und zugleich verständlich, dass einige Männer in den 40er-Jahren ihres Lebens den Beginn ihres langsamen körperlichen Verfalls sehen. Ich habe diese Sichtweise nie geteilt. Ich bin jedoch nach wie vor optimistisch – da Gott wollte, dass wir eine Reihe von Berggipfeln erklimmen und Täler durchwandern –, dass das Beste noch vor uns liegt. In unserer heutigen Zeit – und in der amerikanischen Gesellschaft – wird der 40ste Geburtstag allerdings oft mit schwarzen Luftballons, schwarzen Partyhüten und kilometerlangen schwarzen Kreppbändern gefeiert. Das Motiv, nun »jenseits von Gut und Böse« zu sein, spiegelt sich auch in albernen Glückwunschkarten wider wie zum Beispiel in Geburtstagswünschen wie diesen:

In unserem Alter kann ein schwerer Atem ein Zeichen ungezügelter Lust, sexueller Gefühle und wilder, animalischer Begierde sein ... oder aber auch ein Wink mit dem Zaunpfahl, der uns sagen will, dass wir keine zu knappe Unterwäsche mehr tragen sollten.

Lass dich nicht durch noch einen Geburtstag frustrieren, ... dafür haben wir doch die Frauen.

Ich kann Ihnen versichern, dass der männliche Körper in den Jahren und Jahrzehnten nach einem solchen »Bergfest« langsam aber sicher Zeichen des körperlichen Abbaus zeigen wird. Die 40er sind die Zeit, in der Männer noch einmal einen letzten Versuch der Ehrenrettung im Fußballteam ihrer Gemeinde starten, jedoch schon das Menetekel an der Bande lesen können. Sie wissen, dass sich ihre körperlichen Fähigkeiten nicht mehr mit dem spielerischen Können früherer ruhmreicher Jugendtage messen lassen. Wenn sie angestrengt versuchen, einen Steilpass zu schießen, dann spielen sie wahrscheinlich eher nur mit ihren Muskeln, als den Ball wirklich am Gegner weit vorbei zu schießen. Wenn sie sich einmal eingehender in einem lebensgroßen Spiegel betrachten, entdecken sie, wie ihr Bauch über die Gürtelschnalle herabhängt, und bemerken, dass ihr Haar auf dem Kopf aufgehört hat zu wachsen, aber in ihrer Nase und in ihren Ohren wie Unkraut im Frühling munter drauflos sprießt.

Und wie steht es mit dem Sex? Männer um die 40 müssen sich selbst gegenüber eingestehen, dass es für sie schwieriger ist, so problemlos wie in den früheren Jahren eine Erektion zu bekommen, und dass der Drang und das Bedürfnis, zu ejakulieren, einfach nicht mehr das sind, was sie einmal waren. Sie müssen sogar feststellen, dass ihr Penis anfängt zu schrumpfen, ein deutliches und unmissverständliches Zeichen für die hormonellen, physiologischen und chemischen Veränderungen, die im Alter von 40 bis 55 Jahren beim Mann ablaufen. Einige moderne Psychologen haben sogar einen Namen dafür: die »Wechseljahre des Mannes«.

Dr. Tu Nguyen, Endokrinologe an der angesehenen Mayo-Klinik in Rochester im US-Bundesstaat Minnesota, äußert sich allerdings abschätzig über den Ausdruck »Wechseljahre des Mannes« und meint, dass dies kein adäquater medizinischer Ausdruck für dieses Phänomen sei. Er ist vielmehr der Meinung, dass die Wechseljahre allein einen natürlichen Vorgang bei der Frau umschreiben, und zwar das Ende der Menstruationsblutungen. Schließlich erlischt bei den männlichen Geschlechtsdrüsen die Fortpflanzungsfähigkeit nicht allmählich wie bei den Eierstöcken, sondern die Hoden produzieren nach wie vor Spermien, die darauf warten, noch über viele weitere Jahre hinweg ausgestoßen zu werden.

Ich gehe jedoch davon aus, dass wir in Amerika bei 25 Millionen Männern im Alter zwischen 40 und 55 Jahren, von denen einige in einflussreichen Positionen bei den großen Medien beschäftigt sind, in den kommenden Jahren noch viel über das Phänomen der »Wechseljahre des Mannes« zu hören bekommen werden. Warum bin ich dieser Ansicht? Weil Männer sich sehr wohl der physischen Veränderungen bewusst sind, die ihre Vitalität und sexuelle Leistungsfähigkeit beeinträchtigen. Das Rad der Zeit steht auch hier nicht still. Andy Fletcher, ein Humorist um die 40 und stellvertretender Leiter von *Young Life International* mit Sitz in Colorado Springs, kommentierte diese Veränderungen auf ironische Weise wie folgt:

Vielleicht denken Sie, ich mache nur einen Spaß. Hier sitze ich nun mit meiner neuen Bifokalbrille und versuche, die Sonntagszeitung zu lesen. Vornüber gebeugt, als hätte ich von frühmorgens bis spätabends in einem Reisfeld gearbeitet. Trotz dieser Beeinträchtigung bin ich *überglücklich*. Ich kann schließlich wieder sehen.

Außer beim Autofahren. Dann befindet sich das gesamte Armaturenbrett in der falschen Hälfte des Brillenglases. Ich habe dann den Eindruck, als befände ich mich von der Mitte meines Augapfels abwärts unter Wasser. Und so kann ich nicht sehen, wie schnell ich fahre und ob ich noch Benzin im Tank habe oder nicht. Wenn ich also meine Geschwindigkeit kontrollieren will, muss ich meinen Kopf ganz nach unten neigen und dann könnte es durchaus passieren, dass ich auf einmal mitten im Grünen stehe, weil die Welt um mich und das Auto herum versinkt beziehungsweise sich komplett oberhalb des Brillenrandes befindet, wenn ich meinen Kopf ganz nach unten beuge.

Deshalb fahren wir alten Knacker – ich bin jetzt 46 – auch immer so langsam. Plötzlich ist das Leben für mich sonnenklar. Nun, zumindest so klar, wie die Dinge eben sind, wenn sich immer die Hälfte der sichtbaren Welt unter Wasser befindet. Darüber hinaus müssen wir mit fortschreitendem Alter auch ständig nach gewissen Örtlichkeiten Ausschau halten. Wie heißt es so schön, wenn man älter wird: Die Zeit vergeht umso schneller. Ja, die Zeit zwischen zwei Stopps an gewissen Örtchen verfliegt wirklich wie im Nu in diesem Alter. Manchmal müssen wir an jedem Ende der Stadt einen »Boxenstopp« (auf der Toilette) einlegen. Und dabei sind unsere Städte gar nicht mal so groß.

Zeit ist nicht das Einzige, was schnell verfliegt, wenn Sie wissen, was ich damit sagen will.

Außer, dass ich im letzten Jahr meine erste Bifokalbrille bekam, hatte ich auch meine erste Wurzelbehandlung und bekam meine erste Krone. Ich hatte meine erste Hautkrebsbehandlung. Ich bekam einen entzündeten Großzehenballen. Ich verstauchte mir den Knöchel bei einem Fußballspiel. Nein, nicht als Spieler, sondern als Linienrichter. Ich trat in ein Loch. Als ich das dem Trainer erzählte, schaute er mich an, als wäre ich schon ein alter Tattergreis.

Wenn ich heute so mit meinen Kindern im Auto die Straße entlangfahre, sind viele Blicke auf uns gerichtet. Die Jungs drehen sich nach meiner 15-jährigen Tochter Maren um und die Mädchen halten nach meinem 17-jährigen Sohn Dylan Ausschau. Und ich sitze wie das fünfte Rad am Wagen dabei.

Wir waren es gewohnt, dass die Kinder uns nachts wach hielten, kreischten, die Windel gewechselt haben wollten und was sonst noch so dazugehörte. Heute sind sie taktvoll genug, um uns aufzuwecken, wenn sie spät heimkommen, falls wir bereits seit dem Nachmittag schlafend auf der Couch sitzen.

Wissen Sie, was heute als Erinnerung an die guten alten Zeiten bei Schul-Feten gilt? Die *Achtziger*! Das ist kein bisschen nostalgisch! Das ist die Zeit meines eigenen Lebens! Und wissen Sie auch, was dabei als Golden Oldies gespielt wird? Die *Siebziger*! Unter den Golden Oldies verstehen wir eigentlich die Fünfziger! Und nostalgisch sind die Sechziger.

Mein bester Freund Doug und ich hingen während meines Abschlussjahres an der Highschool immer in seinem Zimmer herum und sangen die Lieder der Beatles nach, zum Beispiel »When I'm Sixty Four« aus dem *Sgt. Pepper's Lonely Hearts Club Band*-Album (1967): »*When I get older, loosing my hair, many years from now* …« (»Wenn ich älter werde und eines Tages meine Haare ausfallen …«). Ja, über diesen Text kann ich heute nur noch lachen. Wir haben gar nicht damit gerechnet, dass dies irgendwann einmal tatsächlich eintreffen würde. Zumindest würde es uns nicht betreffen.

Und dann ist da auch noch die Sache mit dem Sex. Ja, ja, ich bin bereits aufgeklärt und außerdem bin ich seit 20 Jahren mit

Kamilla verheiratet. Wir haben eine tolle Ehe, aber wir lieben uns etwa so oft, wie die Kinder uns anbieten, das Auto zu waschen. Unsere Vorstellung von Vorspiel sieht etwa wie folgt aus: »Willst du?« Letztes Mal antwortete sie: »Weck mich auf, wenn du fertig bist.« Dann habe ich einmal Folgendes ausprobiert. Ich habe tatsächlich jene Werbung (»Verbessern Sie Ihr Sexualleben!«), wie sie dreimal pro Woche auf den Sportseiten erscheint, gelesen: Sie wissen schon, jene Anzeigen, die bei Erektionsproblemen eine »98-prozentige Erfolgsquote« versprechen. »*Alles, was Sie dabei tun müssen, ist gebührenfrei anzurufen* ...« und »*separate Wartezimmer zum Schutz Ihrer Intimsphäre garantiert*«.

Da lese ich dann zum Beispiel auch in meiner »Sparte« etwas über Männer, die das »männliche Klimakterium« durchlaufen.

»Kamilla, glaubst du, dass ich gerade meine Wechseljahre habe?«

Dies fragte ich meine Frau, der die »Wechseljahre« noch bevorstanden.

»Kann gut sein«, antwortete sie. »Jedenfalls hast du schon eine kahle Stelle von der Größe einer Frisbee-Scheibe auf deinem Kopf.«

»Danke! Genau das wollte ich schon immer von dir hören.«

»Hör bloß auf damit! Du redest dir diesen ganzen Quatsch von den männlichen Wechseljahren nur ein. Das Gleiche hast du mir jedenfalls auch immer gesagt, wenn ich dich auf das Thema PMS angesprochen habe.«

Da hatte ich dann mein Fett weg. Also warf ich wieder einen Blick auf die Sportseiten und raschelte verstohlen mit der Zeitung. Das können ja wohl noch ein paar heitere Jahre meines Lebens werden.

Beeinträchtigte sexuelle Funktionen

Eine Verfechterin der Wechseljahre beim Mann ist Dr. Theresa Crenshaw, die sich in einem Buch namens *The Male Menopause* (»Die männliche Menopause«) von Jed Diamond wie folgt zu diesem Thema äußert:

Männer durchlaufen – physisch gesehen – eine »leichte« Form der Wechseljahre. Ihre Hormone und Neuropeptide nehmen ab, wenn auch nicht abrupt. Ihr Körper erschlafft und ändert die Form. Charakteristische medizinische Befunde wie eine vergrößerte Prostata entwickeln sich. Die sexuelle Funktion ist häufig beeinträchtigt durch ein hormonales Ungleichgewicht, Krankheit, Medikationen, gewisse Geisteshaltungen oder Stimmungen. Auf emotionaler Ebene können Männer genauso wie ihre weiblichen Gegenüber Auswirkungen von katastrophaler Größenordnung erleben wie etwa schwere Depressionen oder Selbstmordgedanken.

Die Zeit zwischen 40 und 55 ist sicherlich eine Wegstrecke, die mit viel Stress gepflastert ist. Die »Leeres-Nest-Jahre«, in denen die Kinder flügge werden und das Haus verlassen, um eine Ausbildung zu beginnen, zeichnen sich bereits ab. Die beruflichen Perspektiven und Karrierechancen sind immer mehr eingeschränkt. Freunde und Bekannte werden krank oder sterben; und die unausweichlichen steinigen und beschwerlichen Phasen in der ehelichen Beziehung rücken bedrohlich näher.

Wenn Männer in der Lebensmitte eine Art von Lethargie verspüren, depressive Anfälle und Stimmungsschwankungen erleben und Probleme beim Geschlechtsverkehr haben, zeichnen sich bei ihnen Symptome des Klimakteriums des Mannes ab, die auch als *Climacterium virile* oder *Andropause* bekannt sind.

Der Grund für die so genannten »Wechseljahre des Mannes« liegt darin, dass bei Männern im mittleren Lebensalter und älter die Testosteronproduktion stetig abnimmt. Diese Abnahme verläuft graduell und beläuft sich auf etwa ein Prozent im Jahr. Der Testosteronspiegel beim Mann erfährt seinen Höhepunkt im jungen Erwachsenenalter und fällt dann bis zum Alter von achtzig Jahren um ein Drittel bis die Hälfte seines Spitzenwertes ab.[1] Testosteron ist in der Pubertät verantwortlich für die Entwicklung der männlichen Geschlechtsmerkmale wie Bart und Körperbehaarung, den muskulären Körperbau sowie die männlichen Genitalien. Testosteron verstärkt den Geschlechtstrieb und ermöglicht es dem Mann, sexuell aktiv zu sein, angefangen von der Erregung bis hin zur Erektion und Ejakulation.

Ein geringerer Hormonspiegel an anderen Hormonen (an Dopamin, Oxytozin, Vasopressin, Wachstumshormon, Melatonin,

DHEA [Dehydroepiandrosteron], Pregnenolon und Schilddrüsenhormon) beeinflusst ebenfalls den Geschlechtstrieb des Mannes. Die gute Nachricht für den Mann ist dabei jedoch, dass eine Abnahme an Testosteron seine Sexualität nicht in dem Maße beeinflusst, wie dies beim Östrogenverlust der Frau der Fall ist. Bei den meisten gesunden Männern bleibt der Testosteronspiegel für den Geschlechtsverkehr ausreichend.

Der stetige Rückgang in der Hormonproduktion führt jedoch oft zu sechs Änderungen im Geschlechtsverhalten, die beim gesunden Mann auftreten können:

- Die Lust am Geschlechtsverkehr flaut ab.
- Es dauert länger, bis eine Erektion erfolgt.
- Männer brauchen oft eine direkte physische Stimulation, um erregt zu werden. Der Anblick der Partnerin, die sich gerade vor seinen Augen auszieht, erregt ihn nicht mehr in dem Maße wie zuvor.
- Die volle Erektion ist nicht mehr so beständig oder lange anhaltend, wie sie einmal war.
- Ejakulationen sind nicht mehr so stark und intensiv. Manchmal verspüren Männer vielleicht noch nicht einmal mehr den Drang, überhaupt zu ejakulieren.
- Die männlichen Geschlechtsdrüsen schrumpfen und der Hodensack erschlafft.

Und hier ein Wort an die Männer: Das ist nicht unbedingt nur schlecht. Natürlich werden Sie größere Schwierigkeiten haben, erregt zu sein und genauso oft wie vorher einen Höhepunkt zu erleben, aber Sie haben auf sexuellem Gebiet bereits mehr Erfahrung und Wissen, das Sie sinnvoll einsetzen können.

»Der Sex verändert sich mit dem Alter. Und das ist die gute Nachricht«, meint Joel Block, Psychotherapeut und Autor von *Sex Over 50* (»Sex über 50«). »Mit etwa 50 Jahren neigen Männer dazu, gefühlsbetonter zu werden, wenn es um den Geschlechtsverkehr geht, und sie fangen an, die Nähe und Intimität zu suchen, die sie vielleicht in ihrer unreifen Jugend verschmäht haben.«

Erektionen von heute sind die beste Verteidigung gegen Impotenz von morgen. Es ist ein alter Ausspruch, aber wahr: »Wer rastet, der rostet.« Dieser Rat gilt insbesondere Männern, die auf die Lebensmitte zusteuern. Ein erigierter Penis ist mit einer Hydraulikpumpe vergleichbar. Wenn dieses Organ nicht hin und wieder durch sexuellen Gebrauch »geölt« wird, ziehen sich die Blutgefäße zusammen und der Hodensack verengt sich.

Wenn Sie bislang von Erektionsproblemen, die in Kapitel 7 noch näher behandelt werden, verschont geblieben sind, können Sie sich glücklich schätzen. Wenn Sie jedoch in Ihrem Eheleben die mittlere Lebensphase erreicht haben, sollten Sie wissen, wie Sie den körperlichen Veränderungen an den männlichen Genitalien begegnen können, die sich mit dem Alter unweigerlich einstellen.

1. SIE WERDEN BEIM SEX JE LÄNGER JE MEHR »HAND ANLEGEN« MÜSSEN. Die Tage, in denen Ihr Glied schon beim Anblick des nackten Körpers Ihrer Frau in »Hab-Acht«-Stellung ging – und bis zur Ejakulation steif blieb –, gehören für Sie vielleicht längst der Vergangenheit an. Jedenfalls werden Sie länger brauchen, bis Ihr Penis erigiert ist, und die Vorfreude auf den gemeinsamen Sex wird nicht ausreichen, um ihn steif zu halten, selbst wenn Sie sich ausziehen und anfangen, Ihre Frau zu umarmen und zu küssen.

Manchmal, meine Damen, müssen Sie nur *manuell* etwas nachhelfen, und alles, was Ihr Mann braucht, ist etwas Unterstützung Ihrerseits. Vielleicht haben Sie in den Anfangsjahren Ihrer Ehe während des Vorspiels nie sein Glied gestreichelt. Vielleicht war es auch ohne Ihr Dazutun gleich ganz steif oder es erschien Ihnen nicht »damenhaft«, seine Geschlechtsteile zu berühren. Nun, wo es länger dauert, bis eine Erektion stattfindet (oder seltener von selbst passiert), müssen Sie schon mit Hand anlegen. Beugen Sie sich zu ihm hinüber und nehmen Sie seinen Penis in die Hand. Nehmen Sie dabei Ihren Daumen und Zeigefinger zu Hilfe, um seinen Penisschaft in der Mitte zu streicheln. Liebkosen Sie sanft mit Ihren Fingerspitzen die Gegend zwischen Hodensack und After. Die Hoden müssen zärtlich gestreichelt werden, denn sie sind der verletzlichste Teil des Mannes. Sie können dabei mit den Fingerspitzen an der unteren Seite des Penis entlangfahren, und wenn er steifer wird, das männliche Glied erregen, indem Sie mit den Fingerspitzen den wulstigen Eichelkranz am unteren Ende der Penisspitze umfahren. Umspielen Sie weiterhin den immer steifer werdenden Penisschaft, und widmen Sie sich dabei auch besonders der Eichel, einer äußerst empfindsamen Stelle der männlichen Geschlechtsteile.

Eine spielerische Stimulation für einige Minuten ist oftmals alles, was ein Mann braucht, damit die Gefäße des Schwellkörpers des Penis beginnen, sich mit Blut zu füllen und anschwellen und dadurch eine richtiggehende Erektion stattfinden kann. Sie können auch Ihre Brüste oder andere Teile Ihres Körpers einsetzen, um Ihren Mann erotisch zu stimulieren. Ihn zur Erektion zu bringen, könnte Teil Ihres neuen Vorspiels werden.

Meine Herren, wenn sie bislang Ihren Penis nicht bereitwillig berührt hat, können Sie ihre Hand dorthin führen, wo es Ihnen am besten gefällt. Wenn sie diesen Wink dann immer noch nicht verstanden hat, sollten Sie ihr erklären, warum Sie eine körperliche Stimulation brauchen, und dass spontane Erektionen, jetzt, wo Sie älter werden, eher der Vergangenheit angehören. Es ist durchaus möglich, dass Ihr Glied während des Vorspiels steif wird, jedoch in den zwanzig oder 30 Minuten, in denen Sie Ihre Frau verwöhnen, wieder erschlafft. In diesem Fall sollten Sie Ihrer Frau Ihr Bedürfnis nach physischer Stimulation mitteilen, damit Sie beide den Geschlechtsakt beenden und ein erfülltes Sexualleben genießen können.

2. Es gibt keinen Grund zur Beunruhigung, wenn Ihr Glied nicht hart wird. Wenn ein Mann älter wird, muss er unweigerlich Veränderungen an seinem Geschlechtsapparat feststellen und das betrifft auch die Härte seines Gliedes. Es dauert im Alter nicht nur länger, bis der Penis erigiert ist, sondern, sobald sich das Geschlechtsteil mit Blut gefüllt hat, ist es auch nicht mehr so hart wie in den Jahren zuvor – und der Penis ist auch nicht mehr so lang.

Die Länge sollte aber kein Problem sein. Egal, wie groß oder klein ein Mann ist, sein erigierter Penis ist fast immer fünfzehn bis zwanzig Zentimeter lang. Wenn er mit dem Alter vielleicht zwei Zentimeter kürzer wird, ist das kein Grund zur Besorgnis. Ein Glied von acht Zentimetern Länge reicht schon völlig aus, um der Frau Befriedigung zu verschaffen, und Ihre Erektion muss auch nicht unbedingt so sein wie in den »steinharten« alten Zeiten. Im Gegenteil: Ein weniger hartes Glied kann sogar ein ungeahnter Segen für Ihre Partnerin sein, denn Frauen in der Postmenopause haben oft Schwierigkeiten mit einer zu trockenen Vagina und damit auch mit der Gleitfähigkeit. Ein etwas weniger hartes Glied kann immer noch in die Scheide eindringen und Ihnen beiden sexuelle Befriedigung verschaffen.

3. Erektionen werden kommen und gehen. Vor zwanzig Jahren hat es Ihnen sicherlich keine Schwierigkeiten bereitet, während eines einstündigen »Liebes-Marathons« ein steifes Glied zu behalten. Heute dagegen macht Ihr Glied schon bei einer kurzen Pause schlapp oder wenn Sie Ihrer Frau bei der Stimulation ihrer Klitoris mit Ihren Fingern Vergnügen bereiten. Ist es dann an diesem Abend aus und vorbei mit Ihrer Erektion?

Natürlich nicht! Mit zunehmendem Alter werden Sie feststellen, dass Ihr Glied während des Liebesspiels drei-, vier- oder fünfmal steif und wieder schlaff wird. Das ist weiter nicht schlimm, lässt sich aber auch nicht ändern. Normalerweise haben die meisten Männer, wenn die Zeit dafür gekommen ist, dass sie ihr Glied einführen, kein Problem mehr damit, wieder erigiert zu werden, gesetzt den Fall, ihr Glied war während des Vorspiels bereits mehrmals steif. Wenn Sie also nicht »auf Knopfdruck« steif werden, seien Sie nicht beunruhigt. Bitten Sie Ihre Frau, Ihnen zu helfen, bis Sie wieder eine Erektion erlangen.

Ihre Frau kann Ihnen aber auch noch auf andere Weise helfen. Sie kann Sie darum bitten, ihre Klitoris manuell zu stimulieren, wodurch Sie von Ihren eigenen Belangen und Problemen abgelenkt und ermutigt werden, ein guter Liebhaber zu sein. Männer werden nämlich oft dadurch sehr erregt, dass ihre Frau erregt wird. Die Frau sollte sich auch nicht darüber lustig machen, dass das Glied ihres Mannes nicht steif bleiben kann. Wie das Glied des Mannes reagiert, hängt in sehr großem Maße von seiner Selbstachtung beziehungsweise Selbsteinschätzung als Mann ab.

4. Sie werden nicht mehr so oft einen Höhepunkt erlangen. In den Anfangsjahren ihrer Ehe wurden Männer unruhig und nervös, wenn sie sich nicht innerhalb von 72 Stunden Erleichterung

verschaffen konnten. Mit zunehmendem Alter verlängert sich diese Zeit, aber selbst wenn sie beim Geschlechtsverkehr eine gute Erektion haben, sind sie manchmal nicht fähig, »über den Höhepunkt hinauszukommen« und zu ejakulieren.

Wenn der Mann mit seinen stoßenden Bewegungen beginnt, kann in diesem Alter das Gefühl, dass die Ejakulation nahe bevorsteht, nicht so stark ausgeprägt sein. Wenn die Ejakulation dann schließlich stattfindet, verblasst das Gefühl im Vergleich zu den langen, intensiven Ejakulationen, als er noch 20 war. Das Abflauen der Erektion nach dem Orgasmus vollzieht sich dabei nicht nur schneller, sondern es braucht auch Stunden, wenn nicht sogar einen Tag oder zwei, bis sein Glied wieder ganz hart werden kann.

Wenn Sie versuchen, einen Höhepunkt zu *erzwingen*, kann das mehr schaden als nutzen, denn wenn Sie keinen Höhepunkt erreichen können, ist das eher ein frustrierendes Erlebnis, das nicht so schnell vergessen werden kann. Wenn Ihr Körper dabei streikt und nicht zum Orgasmus gelangen will, lassen Sie es lieber sein. Es bringt nichts, wenn Sie sich unter Stress setzen und dadurch später nur noch mehr Probleme haben. Es ist kein strenges Gesetz, dass Sie unbedingt einen Orgasmus haben *müssen*, damit es für Sie auch wirklich eine Liebesnacht gewesen ist. Sie sollten vielmehr weiterhin versuchen, sich darauf zu konzentrieren, Ihre Partnerin zum Höhepunkt zu bringen. Vielleicht ist es für sie ja eine seltene Gelegenheit, einen weiteren Orgasmus zu bekommen, wenn sie bereits zuvor durch manuelle Stimulation ihrer Klitoris einen Höhepunkt erreicht hat. Frauen sind im Gegensatz zu Männern nämlich zu multiplen Orgasmen fähig.

5. WENN ALLE STRICKE REISSEN, KÖNNEN SIE SICH AUCH MIT EINER GEZIELTEN TECHNIK BEHELFEN UND DEN PENIS IHRES MANNES IN IHRE SCHEIDE »EINFÜHREN«. Meine Damen, das können Sie dann tun, wenn Sie auf Ihrem Mann sitzen oder liegen und seinen schlaffen oder halbwegs erregten Penis in die Hand nehmen und ihn in Ihre warme, feuchte Scheide »stecken«. Ihre Hüftbewegungen sollten dann ausreichen, um eine volle Erektion auszulösen. Und von da an können Sie beide den Geschlechtsverkehr fortsetzen. Wenn Ihre Scheide nicht feucht genug ist, nehmen Sie am besten

eine Vaginalcreme oder ein anderes Gleitmittel, damit Sie den Penis in Ihre Scheide einführen können.

Ein nur teilweise erigiertes Glied kann Ihrer Frau immer noch sexuelles Vergnügen bereiten, weil Sie ihn dazu benutzen können, mit der Spitze des Penis an der Klitoris der Frau zu reiben und sie auf diese Weise zum Orgasmus zu bringen. Wenn Sie ihre anderen erogenen Zonen (Brüste, Innenseite der Oberschenkel) mit Ihrem teilweise erigierten Penis streicheln, könnte dies schon ausreichen, um Sie selbst zu einer vollen Erektion zu führen. Haben Sie keine Angst davor, verschiedene Arten der Stimulation mit Ihrem Penis auszuprobieren. Vielleicht sind Sie in Ihrem Sexualleben schon viel zu eingefahren.

6. Wenn Ihre Erektion nachlässt, sobald Sie in die Scheide eindringen, ist das ein Zeichen dafür, dass etwas anderes nicht stimmt. Man spricht dann von einer Versagensangst, die möglicherweise auf einen seelischen Konflikt hindeutet. In diesem Fall ist eine urologische Untersuchung angesagt. Ihr Arzt kann zunächst mögliche körperliche Ursachen ausschließen, bevor Sie sich weiter um die Bewältigung Ihrer persönlichen Konflikte kümmern. Sie müssen sich jedoch keine Sorgen machen, wenn Ihre Erektion nach einigen Minuten des Geschlechtsverkehrs schon wieder abnimmt. Dies könnte auch einfach daran liegen, dass Sie müde sind. Gönnen Sie sich in diesem Fall einen ausgiebigen Schlaf und Ruhepausen von Ihrer Arbeit.

Kein Grund zur Besorgnis

Nachdem Sie nun die ganze lange Liste gelesen haben, wie sich die männlichen Sexualorgane mit zunehmendem Alter verändern, sind Sie vielleicht nicht sehr erfreut über das, was Sie zukünftig noch von Ihrem sexuellen Können zu erwarten haben. Lassen Sie mich diese Bedenken etwas »geraderücken«. Ja, es kann beunruhigend sein, dass unser Penis nicht mehr in der Lage ist, das zu leisten, was wir früher gewohnt waren. Aber geht es hier beim Liebesspiel wirklich um Leistung beziehungsweise Leistungsfähigkeit? Ich denke nicht. Sex im späteren Lebensalter ist ein Weg, die Liebe Ihres Lebens – die Frau, die Gott Ihnen in dieser Zeit und an diesem Ort gegeben hat – zu bekräftigen.

Was Sie tun können, ist, Ihre Einstellung entsprechend zu ändern und sich einzugestehen, dass es ganz normal ist, dass Ihre Fähigkeit zur geschlechtlichen Liebe mit dem Alter abgenommen hat. Sie können diese Entwicklung von der positiven Seite aus betrachten. Versuchen Sie einmal, diese graduellen Veränderungen von der guten Seite her zu sehen: Sie sind auf sexuellem Gebiet bereits erfahrener und Sie können diesen Erfahrungsschatz nutzen, um Ihre Frau auf eine Art zu erfreuen, die Sie in den früheren Jahren Ihrer Ehe nie für möglich gehalten hätten. Die Veränderungen an Ihrem Penis beeinträchtigen in keiner Weise Ihre männliche Potenz, sie verändern sie lediglich. Der Alterungsprozess lässt sich dabei so wenig vorherbestimmen wie die Menschen, die daran beteiligt sind. Folglich kommt es bei einigen zu Fehlfunktionen und bei anderen nicht. Wenn unsere Lebensvitalität im reiferen Alter abnimmt, kann das dazu führen, dass viele jugendliche Aktivitäten weniger zielstrebig verfolgt werden können. Aber das muss noch nicht so sein, wenn Sie ins mittlere Lebensalter eintreten. Und denken Sie daran: Wir sprechen hier nicht vom hohen, sondern vom mittleren Alter!

In Kapitel fünf (»Ein Auffrischungskurs«) erfahren Sie mehr darüber, wie Sie Ihren Erfahrungsschatz und Ihre Reife im Bereich der sexuellen Liebe einsetzen können. Bis dahin sollten Sie in Bezug auf Ihre künftige Sexualität optimistisch bleiben. Der Ausdruck Ihrer sexuellen Liebe kann und wird sicherlich in diesen Jahren intensiver sein und Ihre Liebesbeziehung bereichern.

4. Endstation Sehnsucht

Frauen verlieren in der Lebensmitte oft das Interesse an Sex. Wie lässt sich das ändern?

Sandy war zu Anfang sehr beglückt über die Nachricht, dass ihr Mann Brian seine hart erarbeitete Beförderung zum Top-Manager einer großen Versicherungsgesellschaft erlangt hatte. Seine neue Position machte jedoch einen Umzug nach San Francisco notwendig, wo er im 47. (und damit vorletzten) Stock des pyramidenförmigen Versicherungsgebäudes ein eigenes Büro haben sollte.

Brian und Sandy fielen aus allen Wolken, als sie in Sausalito, einem Städtchen in exklusiver Wohnlage nördlich der Golden Gate Bridge, auf Wohnungssuche gingen. Sie mussten einmal kräftig schlucken und nahmen schließlich ein Angebot zum Kauf eines 170 Quadratmeter großen viktorianischen Hauses an, das über drei Schlafzimmer verfügte und nach Aussage des Maklers für seine 665.000 Dollar fast geschenkt war.

»Ich kann das einfach nicht glauben«, meinte Sandy. »Wir bezahlen zweimal so viel wie für unser Haus in Texas und bekommen dafür nur die Hälfte der Wohnfläche.«

»Ich weiß«, sagte Brian, »aber du wolltest doch näher bei deinen Eltern in Santa Rosa wohnen.«

»Ja, schon«, räusperte sich Sandy. »Für mich erfüllt sich damit ein Traum, näher an zu Hause zu wohnen.« Etwas an dem renovierten Haus störte sie jedoch. Und Sandy fand es gleich am ersten Samstagabend heraus, an dem Brian mit ihr schlafen wollte. Alle drei Schlafzimmer befanden sich im ersten Stock und neben ihrem begehbaren Wandschrank lag das Zimmer ihrer 16-jährigen Tochter Carrie. Schräg über den Flur lag Brents Zimmer. Er war schon etwas älter und stand kurz vor seinem Schulabschluss. Er malte gerne und hörte dabei moderne christliche Popmusik. Zum Glück war Amberlin, ihr ältestes Kind, 500 Kilometer weiter südlich im Westmont College in Santa Barbara gut untergebracht.

Für Sandy war Sex noch nie so unangenehm gewesen wie an diesem Abend. Klar, sie war müde nach einer Woche des Auspackens und nach all den Besorgungen, die sie zu erledigen hatte. Aber schon der Gedanke, dass ihre Kinder durch die hauchdünnen Wände hindurch etwas mitbekommen könnten, erstickte bei ihr jegliche Freude im Keim.

Deshalb wies sie im Laufe der nächsten sechs Monate fast alle Annäherungsversuche von Brian zurück. Der eheliche Liebesakt wurde die wenigen Male, die sie sich fügte, zu einer reinen Formsache. Das Ganze dauerte dann selten länger als drei Minuten, so lange, wie man ein Ei kocht. An einem Wochenende jedoch waren beide Kinder mit der Jugendgruppe ihrer Gemeinde unterwegs zu einer Skifreizeit. Einmal ein Wochenende ganz für sich allein im Haus, genoss das Paar ein Abendessen bei Kerzenschein in einem romantischen französischen Restaurant. An diesem Abend gab sich Sandy Brian ganz hin, der sich mehr als sonst darum bemühte, sie zu verwöhnen.

»Wenn wir es nur jedes Mal so tun könnten«, flüsterte Brian anschließend.

»Wir könnten, wenn wir das Schlafzimmer nicht direkt neben Carries Zimmer hätten.«

Da ging Brian plötzlich ein Licht auf ...

Es ist eine Tatsache, dass Frauen (und Männer) sich auf sexuellem Gebiet verändern, wenn sie um die 40 sind. Aber viele vergessen dabei, dass sich die Lebensumstände ebenfalls verändern können. Das sexuelle Gleichgewicht, das sich bei Frauen in über zehn, zwanzig Jahren Ehe eingependelt hat, kann sich über Nacht ändern. Der Umzug in ein neues Haus, die Entscheidung, künftig ganztags zu arbeiten, gesundheitliche Beeinträchtigungen wie ein Bandscheibenvorfall, die Sorge um eigenwillige Kinder: Das sind nur eine Hand voll »äußerer« Gründe, die dafür genannt werden können, dass Frauen plötzlich oder allmählich ihr Interesse am Sex verlieren. Daneben gibt es aber auch noch »innere« beziehungsweise physische Gründe, die hauptsächlich in den Wechseljahren der Frau begründet liegen und die ihre Libido, ihr geschlechtliches Bedürfnis, verringern können.

Im Laufe einer Ehe stellen viele Frauen fest, dass ihre sexuelle Erregung durch Gedanken gestört ist, die sie ablenken und davon abhalten, erstens in Stimmung zu kommen und zweitens in

Stimmung zu bleiben. Wenn eine Frau schließlich nach einem langen arbeitsreichen Tag ihre Nachttischlampe ausknipst, gehen ihr noch zig Gedanken im Kopf herum. Für den Mann sind das eher flüchtige Gedanken, aber für eine Frau sind das zumeist Gedanken, die sie sorgsam hegt und pflegt:

- Es ist heute Abend kalt.
- Mein Rücken tut weh.
- Hat Melissa ihre Matheaufgaben gemacht?
- Wann beginnt morgen im Kaufhaus der große Ausverkauf?

Wenn ihr Mann sich dann nach ihr ausstreckt, richten sich ihre Gedanken auf sie selbst:

- Ich bin zu dick.
- Ich habe mir heute noch nicht die Beine rasiert.
- Er findet mich bestimmt nicht attraktiv.
- Ich bin zu müde.

Das sexuelle Bedürfnis kann mit einem Sturm im Wasserglas verglichen werden: mit einem Gefühl der Hochspannung, das sich plötzlich entlädt, einem nebulösen Zufall, der nicht durch Lehrvorträge an der Tafel erklärt oder schematisiert werden kann. Dieses Bedürfnis kann einen vollkommen überwältigend und ohne Vorwarnung überfallen oder sich wie ein gewittriger Schauer im Herbststurm von selbst wieder verflüchtigen, ohne dass jemand so richtig weiß, warum. Um ehrlich zu sein, das sexuelle Erleben hat noch nie sehr weit oben auf der Liste der Bedürfnisse einer Frau gestanden. Zärtlichkeit ist das Hauptbedürfnis einer Frau, so Willard F. Harley, Autor des Buches *Meine Wünsche, deine Wünsche*. Und er fügt hinzu, dass das Hauptbedürfnis des Mannes ein erfülltes Sexualleben ist. Das erstaunt nicht allzu sehr. Für Frauen hingegen steht Sex erst weiter unten auf Platz sechs der Rangliste. Wie der bekannte US-Filmschauspieler Billy Crystal (u. a. bekannt durch den Film »Harry und Sally«) einmal bemerkte: »Frauen brauchen einen Grund, um Sex zu haben. Männer brauchen nur einen Ort dazu.«

In Bezug auf die sexuellen Vorlieben und Bedürfnisse gibt es selbst unter Frauen enorme Unterschiede, die sich auch Fachleute nicht so recht erklären können. Männer machen gerne Witze darüber, dass Frauen beim Bügeln an Sex denken und beim Sex ans Bügeln denken. Das zeigt bereits, wie wenig Männer darüber wissen, wie Frauen zu ihrer sexuellen Erlebnisfähigkeit stehen. Was wir jedoch wissen, ist, dass die grafische Darstellung des sexuellen Bedürfnisses der Frau in unserer Bevölkerung einer klassischen Gauß'schen Glockenkurve vergleichbar ist. Bei dieser ist die überwiegende Anzahl an Frauen durch den breiten mittleren Abschnitt der Kurve repräsentiert, der ein durchschnittliches sexuelles Interesse der weiblichen Bevölkerung widerspiegelt.

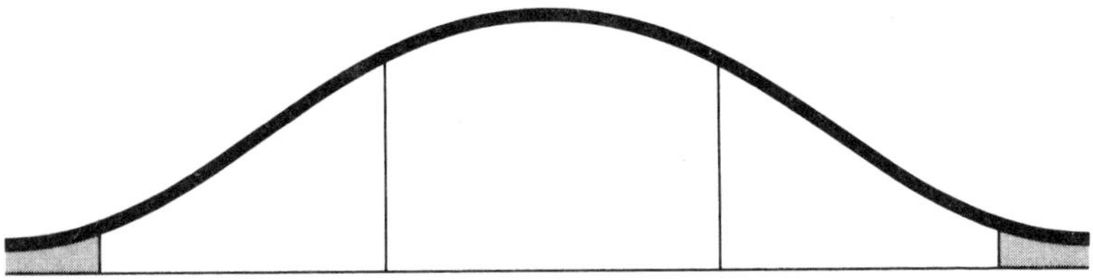

Bitte beachten Sie, dass der schraffierte Bereich auf der linken Seite zwei Prozent der erwachsenen weiblichen Bevölkerung darstellt, der ein geringes sexuelles Interesse bescheinigt wird, beziehungsweise aus den sexuell frigiden Frauen zu Stande kommt. Ich wünsche allen Männern, deren Frauen wenig oder gar kein Interesse an Sex zeigen, Gottes Segen. Letztere stehen dem Geschlechtsverkehr distanziert gegenüber. Sie würden lieber Schwerstarbeit verrichten, als mit ihrem Ehemann ein Schäferstündchen zu verbringen. Bei solchen Paaren empfiehlt sich eine Beratung, damit wenigstens beide Seiten verstehen lernen, was im Anderen vor sich geht.

Am anderen Ende der Verteilungskurve stehen Frauen mit einer großen Geschlechtslust, die wiederum mit einer Häufigkeitsverteilung von rund zwei Prozent der weiblichen Bevölkerung vertreten sind. Ich bin mir ziemlich sicher, dass sich sehr viele Männer vor ihrer Hochzeit insgeheim eine christliche Nymphomanin zur Frau gewünscht haben. Ich habe einmal von einem Mann namens Jay gehört, dessen Lebensziel wohl darin bestand, einmal eine heilige Marilyn Monroe zu heiraten. Ihm wurde jedoch sehr bald bewusst, dass er keine Sexbombe geheiratet hatte. Seine attraktive Frau Donna machte ihm schon bald klar, nachdem er ihr ein übertrieben sexy Negligé gekauft hatte, dass sie nicht in die Rolle eines Pin-up-Girls gedrängt werden wolle. Als Donna die Schachtel auspackte und das knappe Dessous hochhielt, dachte sie, er wolle nur einen Scherz mit ihr machen. Als sie jedoch merkte, dass er es ernst damit meinte, schlug sie ihm die Schachtel um die Ohren. Dadurch kam es zur ersten großen Ehekrise zwischen den beiden, denn Jay hatte ihr, die sonst nur rosa Flanellpyjamas trug, eine schwarze Spitzenunterwäsche gekauft.

Donna zeigte ein durchschnittliches Interesse an Sex, so wie es der größte Teil der weiblichen Bevölkerung tut. Ein beträchtlicher Teil der weiblichen Bevölkerung jedoch, – der schätzungsweise zwischen 20 und 25 Prozent liegt –, weist ein »gehemmtes« Verhältnis in Bezug auf das Intimleben auf und betrachtet den Geschlechtsverkehr als eine eheliche Pflicht der Frau beziehungsweise ein lästiges Samstagabend-Pflichtprogramm. Diese Frauen erleben selten einen Orgasmus und, würde man sie fragen, würden sie sich negativ zum Thema Sex äußern. Dr. James Dobson, Leiter des bekannten amerikanischen Familienwerkes »Focus on the Family« (»Brennpunkt Familie«), beschrieb die Gefühle einer sexuell gehemmten Frau einmal folgendermaßen:

Eines ist sicher: Sie ist sich der erotischen Feuersbrunst, die quer durch unsere Gesellschaft wütet, sehr wohl bewusst. Konnte ihre Großmutter ihre persönlichen Hemmungen noch hinter der Mauer des verbalen Tabus verstecken, so wird die Frau von heute beinahe stündlich an ihre Mängel erinnert. Rundfunk, Fernsehen, Bücher, Zeitschriften und Filme vermitteln ihr die Vorstellung, die gesamte menschliche Rasse würde sich 365 Nächte im Jahr in die wildesten Orgien sexueller Ekstase stürzen. Eine gehemmte Frau muss daraus den Eindruck gewinnen, dass die restliche Welt auf der Potenzpromenade im malerischen Lustgarten der Leidenschaften residiert, während sie in der einsamen Graupelgasse haust. Diese beispiellose Überbewertung der Genitalgymnastik erzeugt einen schier unerträglichen seelischen Druck. Wie schrecklich, sich in einer Zeit weltweiter Erotik sexlos vorzukommen!

Sexuelle Fehlzündungen – diese frostigen Schlafzimmereinlagen, die beide Partner unbefriedigt und verunsichert zurücklassen – haben den Charakter eines Teufelskreises. Jeder Orgasmus, der nicht von einem Feuerwerk begleitet wird, lässt die an Leib und Seele nagende Angst vor dem Versagen wieder ein Stückchen größer werden. Jedes enttäuschende Erlebnis mindert sehr wahrscheinlich die Fähigkeit, beim nächsten Mal zu entspannen und die Begegnung zu genießen, was wiederum allen nachfolgenden Begegnungen eine doppelte Belastung auferlegt. Es ist unschwer zu erkennen, wie diese Kettenreaktion der Ängste selbst das kleinste anfängliche Verlangen zu ersticken imstande ist. Und wenn Sex schließlich seinen Reiz verliert, brechen gewaltige Emotionen über die liebesunfähige Partnerin herein. Eine Frau, die zum Geschlechtsverkehr keine Lust verspürt, meint gewöhnlich, auch als Frau ein Versager zu sein. [1]

Die meisten Paare sind normalerweise extrem zurückhaltend, miteinander das Gespräch zu suchen, wenn es im Bett nicht klappt; und der Gedanke, fremde Hilfe in Anspruch zu nehmen, ist für ihn beschämend und für sie unverständlich. Warum sollte er jemand anderem (insbesondere einem anderen Mann) erzählen wollen, dass seine Frau im Bett nichts von ihm will? Warum sollte sie ihre intimsten Gedanken und persönlichsten Handlungen einem völlig Unbekannten preisgeben wollen?

Oder warum sollte sie auch mit einem Seelsorger zusammensitzen wollen, den sie *kennt* und der für gewöhnlich ihr Pastor ist? Viele Eheberater würden indessen mit mir darin übereinstimmen, dass der Verlust an sexuellem Interesse heutzutage die häufigste Form der sexuellen Störung ist. Vielfach liegen die sexuellen Probleme noch nicht einmal am Sex als solchem, sondern rühren von anderen Konfliktfeldern in der Ehe her. Ehepaare mit Geldproblemen, aufmüpfigen Teenagern, schwierigen Vorgesetzten und – jawohl – geistlichen Differenzen (einer ist Christ, der andere nicht) können ihre sexuelle Lust bremsen. Ein beiderseits zufrieden stellendes Sexualleben wiederherzustellen, beansprucht dann viel Zeit und Arbeit.

Einige Pastoren beraten solche Paare sehr ungern und dies aus zwei Gründen. Erstens könnten sie dabei einer Frau »zu nahe treten«, die ihnen ihre geheimsten Nöte anvertraut, und in Versuchung geraten. Zweitens meinen viele Männer und Frauen, die ihre Seele beziehungsweise seelischen Probleme offen gelegt haben, sie müssten die Gemeinde verlassen. Die Seelsorge war ein solch wichtiger Teil meines Dienstes als Pastor, dass ich selbst nie gezögert habe, unsere Gemeindeglieder seelsorgerlich zu beraten. Gott bewahrte mich vor Versuchungen und wenn aufgeregte Hilfesuchende ihre intimsten Geheimnisse preisgaben, versicherte ich ihnen, dass das Gesagte nicht nach außen dringen würde. Ich fand, dass die Ratsuchenden sehr dankbar waren für die Hilfe, die ihnen zuteil wurde, selbst wenn das Problem in einer sexuellen Störung bestand.

Einmal kam eine sehr unzufriedene und unerfüllte Frau – ich nenne sie hier Frau Grau – zu mir in die Sprechstunde. Die Verzweiflung stand ihr schon ins Gesicht geschrieben. Ihr jüngstes Kind war gerade von zu Hause ausgezogen, um aufs College zu gehen, und obwohl sie und ihr Mann treue Kirchgänger waren, kamen sie in ihrer ehelichen Beziehung nicht besonders gut miteinander zurecht.

»Herr Pastor, seit unser letzter Sohn nun auch aufs College gegangen ist, schläft mein Mann in seinem Zimmer«, fing sie an. »Wir hatten in den letzten zwei Monaten keinen Sex mehr miteinander.«

Anhand ihrer weiteren Erzählungen schätzte ich Frau Grau als eine Frau ein, deren Sinn sehr wenig nach Sex stand, und ich nahm weiter an, dass ihr Mann wegen ihres Verhaltens sehr frustriert sein musste.

»Was genau treibt Sie nun hierher?«, fragte ich sie.

»Kennen Sie Frau Cunningham? Sie wohnt in unserer Nachbarschaft. Ich habe gehört, dass ihr Mann mit einer jungen Frau durchgebrannt ist, die nur halb so alt ist wie er. Ich möchte nicht, dass mir das Gleiche passiert.«

Ein sanftes Lächeln machte sich um meine Mundwinkel breit. Hier war also eine Frau, die bereit war, alles zu geben, damit ihre Ehe nicht auseinander brach. Was für eine tolle Motivation!

»Bevor ich Ihnen weiterhelfen kann, möchte ich Ihnen gerne ein paar Fragen über Ihre sexuelle Beziehung zu Ihrem Mann stellen. Wie stehen Sie zum Thema Sex?«, bohrte ich nach.

Sie rutschte unruhig auf ihrem Sessel hin und her. Da ich mich mit Körpersprache auskenne, war ihre Abneigung gegenüber Sex für mich leicht zu erkennen.

»Für mich ist Sex eine Art lästige Pflicht, die ich meinem Mann gegenüber erfülle, so oft er es will.«

Ihrem Mann hatte sie offensichtlich die gleiche Botschaft signalisiert. Und er hatte sie verstanden. Die meisten Frauen sind sich offenbar gar nicht bewusst, dass ihr Mann so etwas wie ihre Gedanken lesen kann, und ihnen ist auch nicht bewusst, wie wichtig eine gute sexuelle Beziehung für beide von ihnen und für ihre Ehe ist. Ich habe festgestellt, dass ein gutes und regelmäßiges Sexualleben für alle Männer gleich wichtig ist und ihnen in den Belastungen des Lebens »durchhelfen« kann, wenn sie beispielsweise bei einer Beförderung übergangen werden, feststellen, dass sich ihre beruflichen Träume nie realisieren lassen, wenn sie ihre Arbeitsstelle verlieren oder älter werden. Bei diesen erschütternden Erfahrungen bedarf es oft eines starken und lebendigen geistlichen Lebens und der selbstlosen Liebe einer dynamischen und tatkräftigen Frau, damit der Mann nicht »mit seinen Augen umherwandert«, wodurch eine Ehe für immer zerstört werden kann.

Den meisten Ehepaaren ist gar nicht bewusst, dass der Liebesakt nicht etwas ist, das wir tun, wenn wir beide gerade mal »in Stimmung« dazu sind. Es ist vielmehr etwas, das wir aus Liebe tun, wenn wir merken, dass der andere in Stimmung dazu ist. Wenn der Mann mit der Frau schlafen möchte und sie dann sagt: »Mir ist aber heute Abend nicht danach« oder immer die gleiche Ausrede parat hat: »O Schatz, ich habe heute Migräne«, kann sie seine Antriebskraft auf der Stelle bremsen. Ich kann Ihnen aber versichern, wenn sie ihn des Öfteren abweist, wird dies unweigerlich ihre Beziehung zerstören.

Es ist aber viel besser für eine Frau, wenn sie seine Zärtlichkeiten erwidert. Wenn sie dies tut, wird es nicht lange dauern und ihre Stimmung wird sich seiner angleichen, und beide werden von der gottgegebenen Möglichkeit, einander Vergnügen zu bereiten, überwältigt sein. Abgesehen von dem außergewöhnlichen orgastischen Erlebnis, dem sie beiwohnt, wenn er bei der Ejakulation förmlich vor Lust explodiert, teilt sie anschließend auch die wohlige Wärme dieser Erfahrung mit ihm. Ich glaube nicht, dass Leute »mit dem falschen Fuß aufstehen«. Sie stehen vielmehr mit dem Fuß auf, mit dem sie ins Bett gegangen sind. Der Mann oder die Frau, die sexuell frustriert ins Bett gegangen ist, wird am nächsten Morgen auch nicht gut gelaunt aufwachen.

Doch nun zurück zu Frau Grau. Ich hörte ihr andächtig zu, als sie mir erzählte, dass sie nach der Geburt ihres ersten Kindes keinen Sex mehr haben wollte und dass sie ihrem Mann zu verstehen gegeben hatte, dass es für sie in Ordnung sei, wenn sie nie wieder Sex miteinander hätten. Als dann aber der Mann ihrer Freundin mit einer Frau durchbrannte, die genauso gut seine Tochter hätte sein können, interessierte sie dieses Thema dann doch plötzlich wieder.

In den darauf folgenden 20 Minuten widmete ich mich dem von mir oft zitierten Loblied auf die Schönheit der geschlechtlichen Liebe und darauf, wie wichtig diese für eine lang anhaltende Ehe sei. Ich gab ihr daraufhin ein Exemplar meines Buches *Wie schön ist es mit dir* und bat sie, es zu lesen.

»Was soll ich jetzt bloß tun?«, fragte sie mich.

»Es lesen!«, zwinkerte ich.

»Nein. Das meine ich nicht. Ich meine in Bezug auf meinen Mann. Wie kann ich ihn in unser Schlafzimmer zurückholen?«

»Verführen Sie ihn!«

»Ihn verführen?«

Es war offensichtlich, dass sie während ihrer ganzen Ehe noch nie versucht hatte, sich an ihn »ranzumachen«.

»Ja, verführen Sie ihn! Tragen Sie etwas, was sexy aussieht, und geben Sie ihm zu verstehen, dass Sie mit ihm ins Bett möchten. Damit holen Sie ihn garantiert in Ihr Schlafzimmer zurück.«

Sie nickte und fing an, ihre Sachen zusammenzupacken.

»Frau Grau, bevor Sie jetzt gehen, würde ich gerne noch für Sie beten«, sagte ich. Ich bat Gott darum, dass er ihr Kreativität für ihr Liebesleben schenken möge und dass ihr Mann wieder Feuer für sie fangen würde. Wenn ich so zurückblicke, bin ich über meine Offenheit immer noch perplex, aber es half.

Am darauf folgenden Sonntag, nachdem der Gottesdienst vorbei war, blieb sie ein wenig hinter ihm zurück und zog an meinem Ärmel. »Wir sind zurück im gleichen Schlafzimmer«, flüsterte sie mir wie ein Schulmädchen zu.

Ich klopfte ihr anerkennend auf die Schulter und wünschte ihr alles Gute. Zwei Wochen später sah ich, wie sie während des Gottesdienstes Händchen hielten. Das hatte ich noch nie bei den beiden gesehen. Ich bemerkte, wie sie enger beieinander liefen, dass er sie am Arm nahm, um ihr am Ausgang einen Weg durch die Menge zu bahnen. In nur wenigen Monaten wurde aus Herrn Grau Herr Sonnig, denn er behandelte seine Frau sehr zuvorkommend. Heute sind sie eines der liebevollsten Paare in der Gemeinde. In den vergangenen Jahren hat sie mich immer wieder einmal kurz angehalten, um mir für den Rat zu danken, den ich ihr gegeben habe und der ihre Ehe total verändert hat.

Mehr Lust auf Sex

Der christliche Psychologe Dr. Archibald Hart, Autor des Buches *Lust oder Last*, wirft in dem Buch *Secrets of Eve: Understanding the Mystery of Female Sexuality* (»Die Geheimnisse Evas: Vom Verständnis der geheimnisvollen Sexualität der Frau«), dessen Mitautor er ist, die Frage auf, was die weibliche sexuelle Erlebnisfähigkeit maßgeblich beeinflusst. Nachdem er angibt, dass ihm fast jede dritte Frau in seiner Studie anvertraute, dass für sie eine geringe sexuelle Lust ein Problem war, und sie sich wünschte, ein größeres sexuelles Verlangen zu haben, kommt Dr. Hart zu folgender Feststellung über Frauen:

Das sexuelle Verlangen beginnt im Kopf, was wiederum von inneren wie von äußeren Faktoren beeinflusst wird. Innere Faktoren schließen Ihren Menstruationszyklus ein, wie Sie Ihren Körper, Ihr Energiepotenzial und Ihre Gesundheit sehen. Äußere Faktoren schließen die Gewohnheiten Ihres Partners ein (viele Frauen beklagten sich darüber, wie unangenehm es für sie war, wenn ihr Partner sich vor dem Verkehr nicht badete), die Anzahl der Kinder, die im Zimmer nebenan herumrannten, ob das Ambiente romantisch war und wie er Sie in letzter Zeit behandelt hat.

Ihr Gehirn ist intelligent und es kann all diese Dinge zusammenzählen, bevor es Ja oder Nein sagt. Die Gesamtsumme all dieser Faktoren bestimmt den Grad Ihres sexuellen Verlangens. Es kann sich zwi-

schen geringem und großem Interesse bewegen oder irgendwo in der Mitte liegen.[2]

Dr. Hart zufolge gibt es einige Faktoren, die das sexuelle Begehren der Frau fördern beziehungsweise beschleunigen können wie zum Beispiel:

- Liebe
- Romantik
- körperliche und/oder emotionale Nähe
- Vorstellungskraft (Tagträume oder Phantasien wie das Beispiel vom Bügeln)
- attraktiver Partner
- Testosteron
- erotische Stimulation
- das Lob des weiblichen Körpers von Seiten des Partners

Die folgenden Faktoren können die eheliche Liebe rasant abbremsen:

- Müdigkeit
- Depression
- Stress und Ärger
- Unzufriedenheit mit dem eigenen Körper
- negative Gedanken
- unattraktiver Partner
- Kritiksucht
- Medikamente mit Nebenwirkungen auf das Sexualleben
- Krankheit oder Schmerzen
- vorangegangene sexuelle Traumata

Im Gegensatz zu denjenigen mit einem geringen geschlechtlichen Bedürfnis, so Dr. Hart, *konzentrieren sich Frauen mit einem normalen Geschlechtstrieb in der Regel auf die positiven Seiten ihres Partners, sehen vorwiegend dessen gute Eigenschaften und übersehen dabei seine negativen Charakterzüge. Frauen, die verliebt sind, »machen sich dadurch scharf«, dass sie darüber nachdenken, wie sie Zeit mit ihrem Partner verbringen können, und dadurch, dass sie (in ihren Tagträumen und Phantasien) an die gemeinsam verbrachte Zeit denken, in der sie miteinander Zärtlichkeiten ausgetauscht und einander körperliches Vergnügen bereitet haben. Sie haben beständig eine hohe Erwartungshaltung in Bezug auf das gemeinsame Vergnügen mit ihrem Partner.*[3]

Mehr Lust auf Sex in den mittleren Lebensjahren stellt sich nicht per Knopfdruck ein. Außerdem habe ich festgestellt, dass die Lust auf Sex oft eine Straße mit Verkehr in beide Richtungen ist, die geradewegs ins Schlafzimmer führt. Frauen sind oftmals nicht geneigt, mit ihrem Mann »in die Kiste zu springen«, wenn dieser keinerlei Anstalten macht, mit ihr zu reden, sich vor dem Zubettgehen zu duschen oder keine romantische Ader hat. Wenn Sie bei sich ein fehlendes sexuelles Interesse feststellen, überlegen Sie einmal, was Sie und Ihr Mann in den folgenden Fällen tun könnten:

Dilemma Nr. 1: Ihnen ist nicht oft nach Sex zu Mute – vielleicht nur alle paar Monate einmal

Vorschlag zur Lösung: Ich habe eingangs darauf hingewiesen, dass Gott uns im ersten Korintherbrief dazu auffordert, jeweils die körperlichen und sexuellen Bedürfnisse des Anderen zu befriedigen. Alle paar Monate einmal miteinander Sex zu haben, reicht den meisten Männern eben nicht. Natürlich wäre es für mich ganz einfach zu sagen: »Dann haben Sie eben etwas mehr Sex.« Aber mir ist auch sehr wohl bewusst, wie verzwickt und kompliziert die Sache mit dem Sex in der Ehe werden und welche Eigendynamik er entwickeln kann, besonders wenn Sie schon einige Jahrzehnte miteinander verheiratet sind.

Gibt es denn von wissenschaftlicher Seite her einige Belege, dass Sex – zumindest einmal pro Woche – gut für Sie und Ihren Körper ist? Dr. Winnifred B. Cutler widmete ihrer These ein ganzes Buch, dass die Häufigkeit des weiblichen Sexualverhaltens das hormonelle Gefüge einer Frau und ihr allgemeines Wohlbefinden – insbesondere in den Jahren vor den Wechseljahren – beeinflusst. »Meine Forschungsstudien an mehr als 700 Frauen bestätigen die Bedeutung des wöchentlichen Sexualkontaktes beziehungsweise eines wöchentlichen Liebeszyklusses«, so schreibt Dr. Cutler. »Regelmäßiger wöchentlicher Sex ist geradezu gut und wichtig für Frauen und hilft dabei, den Hormonspiegel zu halten, der einer guten Gesundheit förderlich ist, den Alterungsprozess verzögert und die Fruchtbarkeit erhöht. Mit einer Zeit der Enthaltung während der Monatsblutung ist regelmäßiger Sex geradezu optimal.«

Dr. Cutler trifft die Aussage, dass Frauen in den späten 40ern, die regelmäßig jede Woche Sex hatten, fast zweimal so viel Östrogen im Blutkreislauf aufweisen wie diejenigen, die enthaltsam oder nur sporadisch aktiv waren. »Bei Frauen, die regelmäßig jede Woche sexuell verkehrten, machten sich auch noch andere positive Auswirkungen bemerkbar«, so Dr. Cutler.

Sie klagten über weniger symptomatische Beschwerden. Hitzewallungen waren bei ihnen selten und wenn sie doch einmal auftraten, waren sie meist weniger stark als bei Frauen, die nur hin und wieder sexuell tätig waren. Ich schloss meine wissenschaftliche Abhandlung über Sexualität in der Perimenopause mit der Schlussfolgerung, dass Frauen in ihren späten 40ern sexuell voll funktionsfähig sind, ein hohes Maß an sexueller Lust, sexueller Reaktionsfähigkeit und sexueller Zufriedenheit aufweisen, wenn sie mit ihrem Partner intim waren. Diese Frauen, die ihre Sexualität regelmäßig einsetzten, verloren diese Fähigkeit auch nicht.[4]

Wenn Sie sich nicht von selbst dazu bewegen *können*, häufiger Sex zu haben, müssen Sie vielleicht in den sauren Apfel beißen und eine christliche Eheberatung – entweder einen Therapeuten oder Pastoren Ihres Vertrauens – aufsuchen. Die meisten Paare können aus meiner Erfahrung heraus betrachtet ihre Probleme im Bett selbst lösen, wenn sie Paulus' Rat beherzigen, sich einander nicht zu entziehen. *Gegenseitigkeit* ist hier das Schlüsselwort, und damit meine ich, bestimmte Dinge füreinander zu tun.

Für den Mann heißt das, das größte Bedürfnis der Frau, ihren Wunsch nach Zärtlichkeit, zu erfüllen. Dabei geht es hier nicht darum, sie einmal im Jahr in ihr französisches Lieblingsrestaurant auszuführen. Es geht hier vielmehr darum, dass Sie bei sich zu Hause eine Atmosphäre schaffen, die von Liebe und Zärtlichkeit geprägt ist, dass Sie ihr beispielsweise freitagabends Blumen mitbringen, mit ihr beim Spazierengehen Händchen halten, dass Sie ihren Rücken massieren, sie mit einer kleinen Aufmerksamkeit überraschen, sie morgens küssen, dass Sie sie zwischendurch immer mal in die Arme nehmen und sie zuerst zum Höhepunkt kommen lassen.

Meine Herren, ich möchte hier in Bezug auf die sexuellen Wünsche Ihrer Frau ein Bild vor Augen malen. Nehmen wir einmal an, Sie haben zwei Autos in Ihrer Garage stehen. Das eine ist eine rot-weiß lackierte 56er Corvette, die Sie in den Tagen, in denen Sie frisch verliebt waren, gekauft und mit der Sie Ihre Freundin ausgeführt und »eine Panne vorgetäuscht haben«. Zu Beginn Ihrer Ehe fuhren Sie beide noch mehrmals in der Woche in Ihrer Corvette aus, aber mit den Jahren gab Ihre Frau Ihnen zu verstehen, dass sie keine Lust mehr daran hatte, samstagabends mit Ihnen im Auto wegzufahren ... Ihr sexuelles Interesse hatte nachgelassen und Ihr Sportwagen staubte allmählich in der Garage ein.

In der Zwischenzeit fingen Sie beide an, mit dem anderen Auto – einem Familienwagen – zu fahren. Der Van verkörpert die profaneren Belange der Ehe und Kindererziehung. Ihr Sieben-Sitzer lief im Laufe der 25 Jahre viele Kilometer, fuhr Sie aber nur wenige Male zur »Potenzpromenade«.

Wie bekommen Sie nun Ihre Frau dazu, Sie wieder in Ihrer 56er Corvette zu begleiten? Sie wartet darauf, dass Sie sie noch einmal wie einst umwerben. Der amerikanische Redner und Bestsellerautor Zig Ziglar, der schon über 50 Jahre mit seiner Frau Jean verheiratet ist, die er liebevoll »meinen Rotschopf« nennt, gibt an, dass seine Frau im Laufe ihrer Ehe, wenn sie gemeinsam irgendwohin fuhren, ihre Autotür nicht mehr als ein Dutzend Mal selbst geöffnet hat. Sie wäre – physisch gesehen – dazu durchaus in der Lage, aber Zig Ziglar legt großen Wert darauf, ihr diesen Gefallen zu tun, um sie – durch die einfache Geste, ihr die Tür zu öffnen, – daran zu erinnern, dass sie immer noch wichtig für ihn ist.

Wenn Sie ähnliche Schritte unternehmen, um Ihre Frau daran zu erinnern, dass Sie sie lieben, werden Ihre Chancen weitaus besser stehen, dass sie Ihre Einladung annimmt, mit Ihnen am nächsten Samstagabend eine Spritztour in Ihrem rot-weißen Sportwagen zu machen.

Und meine Damen, wenn er Ihnen die Wagentür aufhält, nehmen Sie seine Bemühungen an. Er unternimmt den Versuch, besonders liebevoll mit Ihnen umzugehen und Ihre Ehe glücklicher zu machen. Auch wenn Sie kein ausgesprochenes Interesse an Sex haben, werden Sie doch den Sex für Sie selbst als wichtig erachten, weil er wichtig für ihn ist.

Dilemma Nr. 2: Sie haben stark zugenommen

Vorschlag zur Lösung: Sehr, sehr wenige Frauen bringen es fertig, schwanger zu werden, mehrere Kinder zur Welt zu bringen, das stolze Alter von 40 oder 50 zu erreichen und immer noch in ihr Hochzeitskleid zu passen. Das funktioniert einfach nicht. Der physische Abbauprozess ist unaufhaltsam, auch wenn einige Frauen mit großartigen Erbanlagen und einem schmalen Körperbau ausgestattet sind. Andere sind mit einem Körper gesegnet, der auf ein rigoroses sportliches Trainingsprogramm und eine ausgewogene Ernährungsweise anspricht. Doch nur allzu viele Frauen nehmen schon allein beim Anblick von Essen zu.

Darf ich Ihnen hier eine Beobachtung weitergeben? Ihr Mann schert sich womöglich nicht allzu sehr darum. Schließlich ist er ja auch älter geworden und eine der ehelichen Freuden besteht darin, das Älterwerden gemeinsam zu erleben. Ich möchte hier auf eine verblüffende Statistik aus einer großen Umfrage verweisen, die 1999 die Zeitschrift *Modern Maturity* durchgeführt hat. Wenn man der Statistik glauben will, gaben 60 Prozent der Männer im Alter von 45 bis 59 Jahren ihren Frauen für ihre »körperliche Attraktivität« zehn Punkte, die höchstmögliche Bewertungszahl. Schönheit liegt also *tatsächlich* in der Sichtweise des Betrachters begründet.

Niemand ist körperlich anziehender und begehrenswerter für Ihren Mann, als Sie selbst es sind, und so sollte es auch sein. Es sei denn, dass Ihr Mann einen Waschbrettbauch und einen strammen Hintern vorzuweisen hat, während Sie die »Festigkeit« eines Wackelpuddings oder wabbeligen Marshmallows besitzen. Wenn dem so ist, empfehle ich, dass Sie mit irgendeinem sportlichen Übungsprogramm beginnen und einen ernsthaften Versuch unternehmen, sich richtig zu ernähren und die Naschereien und den Nachtisch einmal wegzulassen. Wenn die Pfunde purzeln, erhöht dies zudem Ihre Lebensdauer.

Dilemma Nr. 3: Wenn Sie zu Bett gehen, sind die Kinder noch wach

Vorschlag zur Lösung: Vielleicht haben Sie den Eindruck gewonnen, als ob die Zimmer Ihrer inzwischen schon größer gewordenen Kinder mit Weckern ausgestattet sind, die jedes Mal dann Alarm schlagen, wenn Ihnen gerade nach Sex zu Mute ist. Oder Ihre Kinder klopfen ständig an Ihre Schlafzimmertür, um Sie zu fragen, was sie zum Ehemaligentreffen im College anziehen sollen oder ob sie am nächsten Wochenende das Auto haben können.

Oder vielleicht tauschen Ihre Kinder verstohlene Blicke untereinander aus, wenn Ihr Mann einmal besonders zuvorkommend zu Ihnen ist, Ihnen ohne ersichtlichen Grund Blumen mitgebracht oder wieder einen »Rendezvous-Abend zu zweit« eingeführt hat. Kinder haben in der Regel ein besonderes Gespür dafür, wenn etwas in Sachen Sex im Anzug ist, obwohl sie es vorziehen, sich ganz cool und locker zu geben und keinen Ton darüber zu verlieren.

Sicher können Sie sich noch gut an die Zeit erinnern, als Sie noch ungehemmt und ohne Rücksicht nehmen zu müssen, Sex hatten, als Ihre kleinen Kinder noch tief und fest in ihren Hochbetten am anderen Ende des Flures schliefen. Aber heute können Sie nun nicht mehr so laut sein und nicht mehr so ungestüm zum Orgasmus vorstoßen. Und Sie reagieren in Sachen Sex genervt und frustriert.

Die beste Antwort, die ich Ihnen anbieten kann, ist die, dass Sie nun *sehr* kreativ werden müssen, wenn es um Ihr Sexualleben geht. Nutzen Sie die Zeiten, wenn die Kinder nicht zu Hause sind. Wenn Ihre Teenies zum Beispiel mittwochabends für zwei Stunden in ihrer Jugendgruppe sind, widmen Sie sich eben in dieser Zeit Ihrem Partner und nicht erst, wenn die Kinder heimkommen. Wenn diese an einem Samstagnachmittag einmal zu einem

Football-Spiel ihrer Schule weggegangen sind, nehmen Sie einfach als Auftakt Ihrer sexuellen Begegnung zusammen ein Schaumbad. Wenn Ihre Kinder am Samstagmorgen um sieben Uhr noch tief und fest schlafen, während Sie beide bereits wach sind, dann gehen Sie ins Badezimmer, putzen Sie Ihre Zähne und springen zurück in die Kiste.

Dilemma Nr. 4: Sie fühlen sich immer unter Druck gesetzt, Sex zu haben

Vorschlag zur Lösung: Wenn Sie nicht die Energie für romantische, leidenschaftliche Liebesnächte haben wie in den Tagen »vor den Kindern«, dann ist das völlig verständlich. Es gibt nun einmal diese Zeiten, in denen Sie einfach nur seine sexuellen Bedürfnisse befriedigen. Versuchen Sie nicht, ihm ein schlechtes Gewissen einreden zu wollen, weil er Sie deswegen gefragt, genervt oder was auch immer hat (das männliche Ego ist in diesem Fall sehr empfindlich). Aber hin und wieder können Sie ihn aus der Fassung bringen, indem Sie einmal den Anfang beim Sex machen.

Vergessen Sie nicht, dass Gott Ihnen von Natur aus den empfangenden, reagierenden Part zugedacht hat. Er hat in Ihr weibliches Herz eine erstaunliche Fähigkeit hineingelegt, auf Ihren Mann einzugehen beziehungsweise zu reagieren. Die meisten Frauen berichten, dass sie ganz erregende Erfahrungen gemacht haben, die sie sonst nie gehabt hätten, wenn sie nicht auf etwas reagiert hätten, was ihr Mann initiiert hatte. Dies kann ebenso auf Ihre sexuelle Beziehung zutreffen.

Ja, es ist der Mann, der meistens den Anstoß zum Liebesakt gibt; und ja, seine unbeholfenen Annäherungsversuche unternimmt er meist nur dann, wenn Sie mental am wenigsten darauf eingestimmt sind. Wie Sie darauf reagieren, hat selbstverständlich Einfluss darauf, wie das Ganze endet. Wenn Sie vielleicht wie so oft sagen: »Schatz, aber bitte nicht heute Abend«, dann endet die Sache auch meistens damit. Wenn Sie sich hingegen für ein paar Minuten eng an ihn schmiegen und auf seine Annäherungsversuche eingehen – wenn auch zunächst recht passiv –, wird sich Ihre Stimmung allmählich der seinen angleichen. Viele Frauen haben sich und ihren Mann schon um zahlreiche sexuelle Erfahrungen gebracht, weil sie nicht die einzigartige und einfühlsame Fähigkeit der Frau zu reagieren, verstanden haben. Und wer weiß? Vielleicht kann dies der Beginn einer sexuellen Renaissance sein und Sie tauschen gerne jenes pinkfarbene Flanellnachthemd gegen eine schwarze Satin-Unterwäsche ein?

Dilemma Nr. 5: Sie leiden unter andauernder Müdigkeit

Vorschlag zur Lösung: An einigen Abenden sind Sie vielleicht so müde, dass der Schlaf Sie wenige Minuten übermannt, nachdem Ihr Kopf in Ihr Kissen gesunken ist. Es fällt Ihnen dann schwer, sich mental auf den Geschlechtsverkehr einzustellen, wenn Sie noch nicht einmal Ihre Augen offen halten können.

Die Antwort auf diesen Zustand liegt darin, dass Sie mit dem bereits erwähnten Trainingsprogramm beginnen. Vielleicht denken Sie, dass das Training mit einem dreimal pro Woche oder der Beitritt in einem Tennisclub Sie sogar *noch müder* sein lassen, aber das Gegenteil ist der Fall. Ein ausdauerndes Training wird die Ausschüttung von Endorphinen und wirkungsvollen Enzymen in Ihre Muskeln und Ihr Herz-Kreislauf-System anregen und Ihnen dadurch zu mehr Energie verhelfen, den Tag anzugehen und Ihnen für die Schlafenszeit noch einige Kraftreserven übrig lassen.

Frauen in der Lebensmitte bietet sich oftmals die großartige Gelegenheit, zum ersten Mal seit Jahren mit einem Fitnesstraining zu beginnen. Die Kinder sind aus dem Gröbsten raus oder bereits flügge geworden. Fitness-Studios sind fast überall vorhanden und sie bieten eine Vielzahl an Trainingsmöglichkeiten, angefangen beim Muskelaufbau- und Krafttraining über das Steppen, Spinning an Fitness-Rädern bis hin zu Aerobic-Kursen durch ausgebildete Trainer. Außerdem stehen in solchen Fitness-Studios eine Reihe von Geräten zur Verfügung wie Kraftmaschinen, an denen man sich hochziehen und Klimmzüge üben kann, Laufbänder, StairMaster oder Beinhebe-Stationen, an denen die Kondition trainiert werden kann. Dreimal pro Woche 30 bis sechzig Minuten Training reichen aus, um Körper und Geist zu beleben und Ihnen mehr Schwung und neuen Pep zu verleihen. Eine kostengünstigere Alternative ist es allerdings, wenn Sie sich in der örtlichen Bibliothek Videos mit Fitnessübungen ausleihen und sich vor Ihrem Fernseher in Form bringen.

Lassen Sie nicht zu, dass eine Ganztagsbeschäftigung Sie von dem Entschluss abbringen kann, sich fit zu halten. Wenn Sie in Ihrem Büro eine gute Waschgelegenheit oder Dusche haben, joggen Sie doch um den Block oder laufen Sie in der Mittagspause immer wieder im Treppenhaus rauf und runter. Nehmen Sie danach eine leichte Mahlzeit zu sich. Wenn Sie sich an der Arbeit nicht umziehen können, nehmen Sie sich am besten passendes Schuhwerk mit und unternehmen einen zügigen Spaziergang (Walking). Nehmen Sie statt des Fahrstuhls lieber die Treppen. Bleiben Sie an der Arbeit immer in Bewegung und nicht an Ihrem Schreibtisch kleben.

Dadurch, dass Sie sich in Form bringen und Ihre Chancen erhöhen, länger auf dieser Erde zu leben, werden Sie unter Umständen viel Zeit haben, Ihre Enkelkinder noch zu erleben. Wer weiß? Die Zeit, die Sie noch mit den Kindern Ihrer Kinder verbringen, könnte einen entscheidenden Einfluss darauf haben, ob diese Christus kennen lernen oder nicht.

Dilemma Nr. 6: Sie halten sich fit und sind trotzdem noch müde

Vorschlag zur Lösung: Schalten Sie den Fernseher aus! Es gibt bestimmt immer noch ein Programm, das man gerne sehen würde, immer noch eine Reportage oder Nachrichtensendung zum Anschauen. Und ehe Sie sich's versehen, ist es schon nach 23 Uhr. Können Sie nicht vielleicht das Fernsehprogramm auf die Abende am Wochenende beschränken? Ist das Fernsehen nicht ein »Zeitfresser« mehr, der leicht aus Ihrem vollen Terminkalender verbannt werden könnte? Wenn es 21 Uhr ist und Sie das Geschirr noch nicht abgewaschen, die Post noch nicht sortiert und die Zeitung noch nicht weggelegt haben, dann würden Sie sich vielleicht besser fühlen, wenn Sie noch ein halbes Stündchen oder Stündchen vor dem Zubettgehen bei einem guten Buch entspannen könnten. Noch besser wäre es, wenn Sie mit Ihrem Partner gemeinsam im Bett lesen würden.

Der Fernseher beraubt Sie der Liebe und wenn das Fernsehen zur allabendlichen eingefleischten Gewohnheit wird, ist zumindest einer der Partner zu erschöpft, um mit Enthusiasmus Sex zu haben. Deshalb geht mein Vorschlag dahin, dass Sie den Fernseher am besten ausgeschaltet lassen oder zumindest den Fernsehkonsum einschränken. Wenn Mann und Frau es sich zur Gewohnheit machen könnten, regelmäßig um oder vor 22 Uhr zu Bett zu gehen, würde dies die Häufigkeit des Verkehrs bei nahezu jedem Paar erhöhen und aller Wahrscheinlichkeit nach auch die Qualität dieser Erfahrung verbessern.

Wenn alle Stricke reissen, beten Sie!

Ja, es mag vielleicht absolut seltsam klingen, dafür zu beten, dass sich Ihre sexuelle Lust steigert, aber ich bin davon überzeugt, dass Gott nie wollte, dass ein christliches Paar Jahrzehnt um Jahrzehnt in einer Ehe ohne Sex verbringt. Ich glaube, dass er in jede Frau die Fähigkeit hineingelegt hat, den Sex so zu genießen, wie er ihn erschaffen hat. Das einzige Tabu, das er auferlegt hat, bezieht sich auf den sexuellen Kontakt außerhalb der Ehe. Wenn er innerhalb der Grenzen dieser heiligen Institution verwahrt wird, sollte diese Fähigkeit eine vergnügliche Erfahrung bereiten – und nicht eine, vor der man sich ängstigen muss. Wenn der Umgang mit der sexuellen Lust für Sie nach wie vor ein ungelöstes Thema ist, beten Sie darüber und erwarten Sie, dass er Sie zu einer angemessenen Lösung führt. »Bisher habt ihr in meinem Namen nichts von Gott erbeten. Bittet ihn, und er wird es euch geben. Dann wird eure Freude vollkommen sein« (Johannes 16,24 HFA).

Ich mag dieses Wort »Freude«. Wenn es eine Sache gibt, die der Liebesakt bei einem Ehepaar hervorbringt, dann ist es die Freude.

Die zehn wichtigsten Gründe, warum Sex in der Lebensmitte besser ist

10. Wenn die Kinder jetzt des Öfteren aus dem Haus sind, können Sie sehen, wie Ihre Frau bei Tageslicht aussieht.
9. Ihre Körper haben mehr zu »geben«.
8. Die späte Rasur am Abend ist zur Gewohnheit geworden.
7. Sie sind nicht zu stolz zuzugeben, dass Sie auf halbem Wege beinahe schlapp gemacht hätten.
6. Bevor er 50 wurde, hat Mann endlich gelernt, dass es noch bessere Möglichkeiten gibt, Frau in Stimmung zu bringen, als zu betteln, zu schmollen oder zu feilschen.
5. Anfängerglück hat ausgedient.
4. Sie können sich ein Wochenende im Hotel leisten.
3. Sie weiß endlich, was Sie wollen.
2. Er hat endlich kapiert, was Sie wollen.
1. Sie haben sich daran gewöhnt, dass sie nicht mehr die Strümpfe dabei auszieht.

5. Ein Auffrischungskurs

Ist Ihr Liebesleben in einen zwanzigjährigen Trott geraten? Wenn ja, hier können Sie sich einige Tipps holen!

Tommy Nelson, ein dynamischer Pastor einer großen Gemeinde in der Gegend von Dallas, hat einmal die Geschichte von einer Frau erzählt, die eines Morgens ihren Mann darum bat, ihr den Reißverschluss hinten am Kleid zu schließen. Er fing an, etwas flirtend mit dem Reißverschluss herumzuspielen, ihn hoch- und runterzuziehen, und dabei riss der Reißverschluss entzwei. Die Frau hatte das Kleid gerade erst aus der Reinigung geholt gehabt und sie war für ihre Besprechung bereits zu spät dran. Nun stand sie da mit einem kaputten Kleid. Sie war außer sich vor Wut.

An diesem Abend, als sie von der Arbeit kam, rief sie, als sie das Haus betrat: »Halli, hallo, mein Schatz, ich bin wieder zu Hause.« Als sie keine Antwort vernahm, ging sie durch das ganze Haus, um nach ihm zu suchen. Sie öffnete das Tor zur Garage und erspähte ihren Mann, der gerade das Auto reparierte. Er lag unter der Limousine, unter der nur seine Beine hervorragten.

Das ist jetzt meine Chance, es ihm heimzuzahlen, dachte sie. Sie beugte sich über ihn und packte ihn vorne am Reißverschluss seiner Jeanshose und fing an, diesen ganz wild hoch- und runterzuziehen, genauso wie dieser Flegel es am Morgen bei ihr getan hatte. Nachdem sie dies eine Weile lang getan hatte, klopfte sie sich zufrieden auf die Schulter, rieb sich vergnügt die Hände und ging zurück ins Haus.

Zu ihrem großen Erstaunen fand sie dort ihren Mann in der Küche stehend vor. Es war ein Ding der Unmöglichkeit, dass er so schnell unter dem Auto hervorgekrochen und in die Küche geeilt sein konnte.

»Was machst du denn hier in der Küche?«, sprach sie ihn an und wurde dabei kreidebleich.

»Was soll das denn heißen?«, fragte er zurück. »Das ist doch unsere Küche.«

»Vor zwei Sekunden lagst du doch noch unter dem Auto.«

»Nein, das war ich nicht. Das war Bill, unser Nachbar von nebenan. Er hat sich angeboten, mir den Auspuff zu reparieren.«

Die Frau wurde beinahe ohnmächtig.

»Oh, oh! Ich habe ihn gerade am Hosenlatz gepackt und ihm den Reißverschluss auf- und zugezogen, weil ich es dir mit deinen eigenen Waffen heimzahlen wollte.«

»Oh, nein!«

»Oh, doch!«

Die beiden lachten schallend und rannten hinaus in die Garage. In der Garage angekommen, sahen sie, wie Bill ganz ruhig dalag.

»Bill, Bill, ist mit dir alles in Ordnung?«

Ihr Nachbar war noch immer ganz benommen und noch nicht richtig bei sich. Nachdem sie ihn unter dem Auto hervorgezogen hatten und er wieder ganz zu sich gekommen war, stellten sie fest, dass Bill das getan hatte, was jeder andere Mann auch getan hätte, wenn ihn jemand plötzlich am Reißverschluss seiner Hose angepackt hätte. Er war zusammengezuckt und hatte seinen Kopf reflexartig nach oben gezogen, und bumm, sich den Kopf mit solch einer Wucht an der Unterseite des Wagens angeschlagen, dass er sich damit selbst außer Gefecht gesetzt hatte.[1]

Wer kommt zuerst beim Sex?

Auch wenn Tommy Nelsons Geschichte hier endet, können wir annehmen, dass dieses Paar beim Zubettgehen an diesem Abend über den Vorfall dieses Tages noch herzhaft lachen musste. Ihre Heiterkeit und ihr Gelächter führten dann dazu, dass sie sich umarmten und küssten, was wiederum dazu führte, dass sie sich streichelten und auszogen, was dann dazu führte, dass sie miteinander schliefen. Während sie sich danach lang und innig umarmten, fanden sie einstimmig, dass ihr unerwartetes Dienstagabend-Stelldichein etwas Pep in ihre Ehe gebracht hatte. Machten sie nun Liebe oder hatten sie Sex miteinander?

Darin besteht ein kleiner, feiner Unterschied. Liebe zu machen, ist eine zweiseitige Angelegenheit, bei der man sehr viel Geduld, Uneigennützigkeit, Konzentration und Ausdauer walten lässt. Sex zu haben, ist hingegen eine einseitige Sache, bei der es darum geht, dass der andere die eigenen sexuellen Bedürfnisse sofort befriedigt.

Der Idealfall wäre jedoch der, dass der Mann sich bewusst ist, dass seine Frau vor ihm zum Höhepunkt kommen sollte, noch bevor er sich Erleichterung verschaffen kann. Manchmal wachen wir aber morgens auf und stellen fest, dass wir in einem zwanzigjährigen Trott gefangen sind und uns in der Art, wie wir Liebe machen, in eingefahrenen Gleisen bewegen. Darum wäre ein Auffrischungskurs vielleicht ganz nützlich.

Zunächst einmal durchläuft sowohl der Mann als auch die Frau vier Phasen der sexuellen Erregung:

- die Erregungsphase
- die Plateauphase
- die Orgasmusphase
- die Entspannungsphase

Das Empfinden der Männer beim Sex wird fast ausnahmslos in Abbildung 1 widergespiegelt. Der Penis des Mannes nimmt an Länge und Umfang zu – er erigiert – und von da aus ist es nur noch eine aufstrebende Linie bis zur Ejakulation beziehungsweise bis zum Orgasmus. Dies ändert sich jedoch, wenn der Mann ins mittlere Alter kommt. Beim Verkehr braucht er dann vielleicht eine direkte Stimulation seines Penis, um eine Erektion zu bekommen, und danach eine dauernde Stimulation, um erigiert zu *bleiben*.

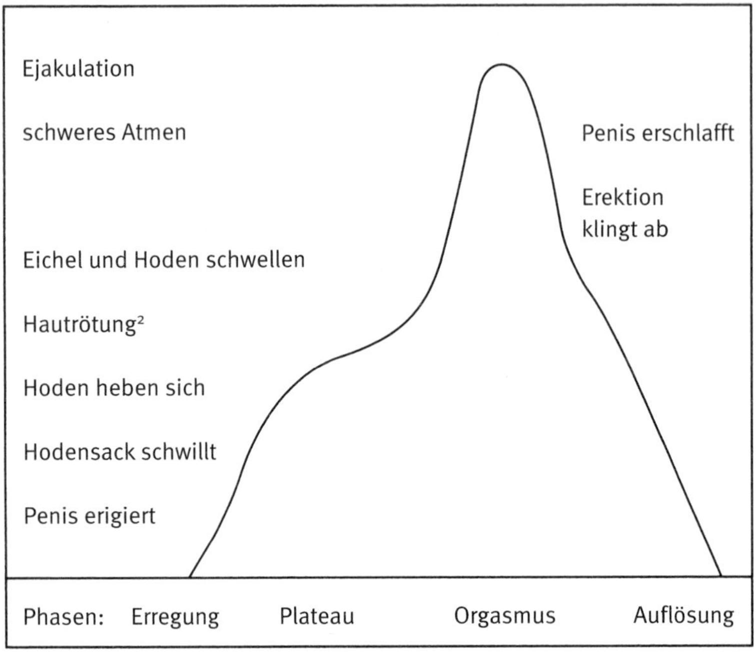

Abb. 1: Sexueller Reaktionszyklus des Mannes

Für Frauen beginnt die Erregungsphase für gewöhnlich mit der Erregung im Kopf. Sie muss *mental* dazu bereit sein, Geschlechtsverkehr zu haben. Deshalb ist es möglich, dass sie durch häusliche Probleme oder Gedanken, die sie umtreiben, daran gehindert wird, das Liebesspiel zu initiieren. Eine körperliche Stimulation kann die psychische Erregung verstärken, wobei die Klitoris, die Schamlippen und das untere Drittel der Scheide die erektionsfähigen beziehungsweise erektilen Zonen bilden, die dabei erregt werden. Damit einhergehend sollte auch die Befeuchtung der Scheidenwände einsetzen, es sei denn, ein verminderter Östrogenspiegel als Begleiterscheinung der Wechseljahre würde diese natürliche Gleitfähigkeit verhindern. Paare können in diesem Fall Gleitmittel auftragen, um den sexuellen Verkehr ungestört fortzusetzen.

In der Plateauphase erweitern und verlängern sich die oberen zwei Drittel der Vagina, der Gebärmutterhals ist erhöht und die Brüste können sich verändern, wobei die Brustwarzen hart wer-

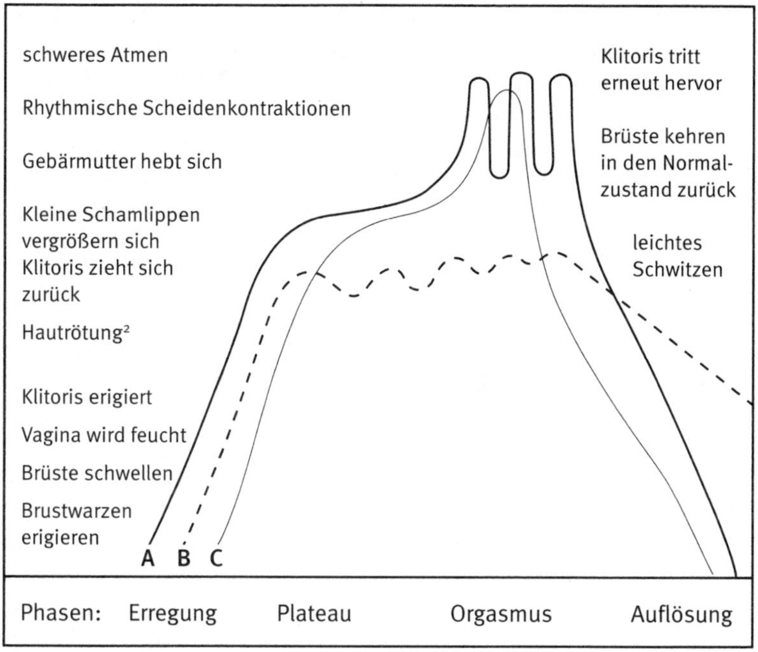

Abb. 2: Sexueller Reaktionszyklus der Frau

den beziehungsweise eine Erektion der Brustwarzen stattfindet. Dieser Zustand erhöhter Erregung kann bis zum Orgasmus anhalten oder durch verschiedene Ablenkungen und auch Müdigkeit nachlassen.

Die Orgasmusphase der Frau besteht in rhythmischen Muskelkontraktionen im weiblichen Becken, die von einem tiefen Gefühl der Zufriedenheit begleitet werden. Es kommt dabei nicht immer zum Orgasmus, aber Frauen sind im Gegensatz zu Männern während einer einzigen sexuellen Begegnung zu mehrfachen Orgasmen fähig. Nach dem Orgasmus nimmt die sexuelle Erregung in der Entspannungsphase bei Frauen wieder langsamer ab als bei Männern.

Bei einem kurzen Blick auf Abbildung 2 werden Sie sehen, dass es beim Schema der Frau drei mögliche Reaktionsabläufe gibt. Linie A zeichnet die physiologischen Reaktionen einer Frau auf dem Weg zu einem multiplen Orgasmus auf – dem Idealfall, den sie gerne erreichen würde. Linie B stellt denjenigen Verlauf dar, durch den leider allzu viele sexuelle Erfahrungen vieler Frauen gekennzeichnet sind: das Ausbleiben beziehungsweise Nichterleben des Orgasmus. Dazu muss es nicht kommen, wenn für das Vorspiel zusätzlich Zeit ist, mehr Zärtlichkeit von Seiten des Mannes gegeben ist und die Erkenntnis beim Mann Raum gewinnt, dass das Bedürfnis seiner Frau nach einem Orgasmus Vorrang hat. Linie C stellt schließlich einen einzigen Orgasmus dar, was auch die Regel ist.

Wir haben in *Wie schön ist es mit dir* großen Wert darauf gelegt, dass Paare, die einander lieben, schon frühzeitig in ihrer Ehe die Stimulierung der Klitoris in ihr Liebesspiel mit einbeziehen. Ohne diesen wichtigen und bedeutungsvollen Teil des Vorspiels fühlen sich Frauen oftmals um die erregende Erfahrung eines erfüllenden Orgasmus betrogen, da die Mehrheit der Frauen während des Geschlechtsverkehrs nicht zum Höhepunkt gelangt. Die Franzosen haben ein altes Sprichwort, das besagt: »Es gibt so etwas wie eine frigide Frau gar nicht, es gibt nur unbeholfene Männer.« Damit wird das Problem zwar überbewertet, aber es kann nicht geleugnet werden, dass die meisten Frauen auf eine manuelle Stimulation ihrer Klitoris mit einem Orgasmus reagieren. Deshalb habe ich lange Zeit dem Mann geraten, seine Frau zuerst zum Orgasmus zu bringen, denn nach seinem eigenen Höhepunkt hat er meist große Schwierigkeiten, ein ernsthaftes Interesse am Sex aufrechtzuerhalten.

Rachel Maines, Autorin des Buches *The Technology of Orgasm* (»Die Technik des Orgasmus«), richtete ihr Augenmerk darauf, wie Männer und Frauen auf verschiedenem Wege zum Gipfel des Orgasmus gelangen. Während Männer durch Erregung und Einführen des Penis zum Höhepunkt geführt werden, verhält es sich bei Frauen so, dass diese eher durch das Stimulieren der Klitoris als der Vagina erregt werden. Was dem einen also recht ist, ist dem anderen billig. Männer kommen beim Geschlechtsverkehr fast immer zum Orgasmus. Ein gleichzeitiger Höhepunkt beider Partner ist eher ein Hollywood-Wunschdenken als Realität. Auf Grund der physiologischen Unterschiede von Mann und Frau lernt »ein wahrer Mann« (wie es noch so schön in den alten Westernfilmen heißt), wie er seine Frau zuerst erfreuen kann.

In unserer Umfrage zum vorliegenden Buch äußerten sich Frauen zur Frage (27), ob sie vor ihrem Mann zum Orgasmus gelangen, mit folgenden Prozentzahlen:

■ immer:	13 Prozent,
■ meistens:	30 Prozent,
■ manchmal:	39 Prozent,
■ nie:	18 Prozent.

Wo können Sie sich hier einordnen?

Der Liebesakt beginnt mit dem Vorspiel. Und jedem Mann sollte inzwischen bekannt sein, dass das sexuelle Vergnügen seiner Frau mit dem Vorspiel steht oder fällt. Wie lange sich ein Paar dafür Zeit nimmt, einander zu erregen, hängt von ihrer sexuellen Vorgeschichte und ihrer Stimmung ab. Manchmal ist eine Frau nicht so schnell zu erregen. Ein anderes Mal hat sie ein lebhaftes sexuelles Interesse und kann sehr schnell zum Orgasmus gelangen.

Weil der Mann für gewöhnlich der Initiator und die Frau die Empfangende ist, muss er sich an Anhaltspunkten orientieren lernen, um zu wissen, wie er im Hinblick auf ihre sexuellen Reaktionen am besten vorzugehen hat. Dies kann durch Gespräche oder nonverbale Zeichen geschehen. Die Frau kann insofern mithelfen, als sie zum Ausdruck bringt, was für sie am schönsten ist. Wenn sie zum Beispiel während ihres hormonellen Zyklusses merkt, dass ihre Brüste auf Berührungen empfindlich reagieren und sie lieber nicht dort gestreichelt werden möchte, sollte sie es offen sagen. Wenn sie sich in der Postmenopause befindet und Schwierigkeiten mit einer zu trockenen Scheide hat, sollte sie es ihrem Mann sagen, um entsprechend Abhilfe schaffen zu können.

Während des Vorspiels sollte eine Frau – durch Worte oder indem sie seine Hand führt – ihrem Mann offen zu verstehen geben, wo sie zärtlich berührt werden möchte. Ein aufmerksamer Ehemann wird ihren Nacken, ihre Schultern, Brüste, die Innenseite der Oberschenkel und selbst ihre Füße sanft massieren. Vorsicht ist geboten, wenn er ihre Brust streichelt. Werden die Brustwarzen nämlich erregt und hart, könnten sie durch zu starkes Reiben leicht gereizt werden.

Indem der Mann sich Zeit lässt, kann er die Frau langsam aber sicher erregen, bis er merkt, dass sie für seine Berührungen in der Schamgegend bereit ist. Dabei sollte er darauf achten, dass seine Fingernägel immer glatt gefeilt sind, um Schmerzen zu vermeiden. Wenn sie bereitwillig ihre Beine leicht grätscht, signalisiert sie, dass ihr empfindlichster Bereich für seine liebkosenden Finger zugänglich ist. Sie ist dann bereit für den nächsten Schritt in Richtung Eröffnungsphase für den Orgasmus: die manuelle Stimulation der Klitoris.

Sanft und Rhythmisch

Die Stimulation der Klitoris kann zunächst damit beginnen, dass der Mann nahe, etwas oberhalb seiner Frau liegt und sie umarmt und küsst. Nach einer gewissen Zeit kann er dann damit beginnen, ihre Klitoris und Scheidengegend sanft mit den Fingern zu streicheln. Wenn dann die inneren kleinen Schamlippen genügend geschwollen sind und zeigen, dass seine Frau richtig auf seine Zärtlichkeiten anspricht und ihre Scheide gut feucht ist, kann er die Haube befühlen, die das Gebiet um die Klitoris schützend bedeckt, und an beiden Stellen zugleich reiben. Der Mann kann dann einen Finger – für gewöhnlich den Mittelfinger – vorsichtig in die Vagina einführen und ihn im Innern sanft rhythmisch bewegen, während seine anderen Finger weiter die äußere Schamgegend berühren. Das wird ihr gewöhnlich Freude machen und ihre Erregung steigern. Sie sollte ihren Mann freimütig mit der Hand zu den empfindlichsten Stellen führen. Ihr Atem wird schneller und sie wird wahrscheinlich laut stöhnen. Für den Mann ist das alles sehr erregend.

Die meisten Frauen ziehen stimulierende Bewegungen, die um die Klitoris kreisen, einer direkten Berührung der Eichel der Klitoris vor. Frauen reagieren besser, wenn sich ihre Erregung langsam aufbauen kann und sie nicht fortwährend stimuliert werden. Die Frau sollte sich ganz auf die wichtigsten Bereiche konzentrieren und sich ganz gehen lassen können, sodass sie ihren Wünschen nach Stöhnen, Weinen, zuckenden, rotierenden und stoßenden Bewegungen freien Lauf lassen kann.

Wenn die manuelle Stimulation der Klitoris bislang noch nicht Teil Ihres »Liebes-Repertoires« war oder lediglich eine einmalige Episode darstellte, so ist es doch nie zu spät, diese noch mit einzubeziehen. Die Frau muss signalisieren, ob ihr Mann dabei zu schnell vorgeht oder die Dinge noch forcieren muss oder ob sie Schmerzen dabei hat. Wenn direkt an der Klitoris gerieben wird, so ist das normalerweise eher irritierend als erregend. Deshalb sollten Sie seine Hand seitlich an der Klitoris entlangführen und ihm gestatten, lieber den Schaft zu streicheln als die Spitze der Klitoris. Der Mann muss versuchen, eine Atmosphäre zu schaffen, in der die Frau immer mehr Verlangen hat, indem er das Tempo und die Intensität der Stimulation verändert.

Liebe Männer, wenn Sie die Häufigkeit des Geschlechtsverkehrs erhöhen wollen, dann fangen Sie damit an, die Häufigkeit der Orgasmen bei Ihrer Frau zu erhöhen. Die erregendste Empfindung, die eine Frau im Liebesakt erleben kann, ist der Orgasmus. Wenn Sie darauf bedacht sind, dass Ihre Frau das auch wirklich erlebt, werden Sie erstaunt sein, wie sich ihr Verlangen nach Sex steigert.

Die Leser des vorliegenden Buches mögen sich an dieser Stelle vielleicht fragen, wie ich zum oralen Geschlechtsverkehr stehe. Eine Sache, die ich auf jeden Fall hierzu mit eindeutiger Sicherheit sagen kann, ist, dass die christlichen Kirchen und Gemeinden zu diesem Thema geteilter Meinung sind. Ich habe sehr viel Post – pro und contra – zum Thema oraler Sex erhalten, seit ich es in *Wie schön ist es mit dir* vor fast 25 Jahren angeschnitten habe.

Wie ich bereits im ersten Buch zum Ausdruck gebracht habe, so neigen Männer eher dazu als Frauen, diese Art des Geschlechtsverkehrs erleben zu wollen. Bei der Vielzahl der Sexhandbücher auf dem Markt und Erotikratgeber im Internet steigt aber auch anscheinend die Neugier von Seiten der Frauen in Bezug auf diese Form des sexuellen Erlebens. Eines ist jedenfalls sicher: Die Praxis von Kunnilingus und Fellatio (*Coitus oralis*) ist immer mehr im Kommen, was viele Paare als sehr lustvoll empfinden. Andere wiederum fühlen sich deswegen schuldig und stellen sich ernsthaft die Frage, ob oraler Verkehr sich für einen Christen überhaupt gehört.

In der Studie zu dem vorliegenden Buch stellten wir auch drei Fragen zum Thema orale Stimulation:

Frage 25: Stimuliert der Mann oral die Klitoris der Frau?

Häufigkeit	Frauen	Männer
Immer	4 %	2 %
Meistens	8 %	9 %
Manchmal	44 %	47 %
Nie	44 %	42 %

Frage 26: Wie empfindet die Frau es, oral stimuliert zu werden?

Empfinden	Frauen	Männer
Sie genießt es.	48 %	40 %
Es ist ihr einerlei.	22 %	22 %
Sie mag es nicht.	30 %	38 %

Frage 30: Wie oft stimuliert die Frau den Mann oral?

Häufigkeit	Frauen	Männer
Immer	2 %	1 %
Meistens	10 %	8 %
Manchmal	41 %	41 %
Nie	47 %	51 %

Allgemein kann man sagen, dass etwas mehr als die Hälfte der Paare regelmäßig oder von Zeit zu Zeit oralen Sex praktizieren, eher aber von Zeit zu Zeit. Sie werden in der Bibel kein »du sollst« oder »du sollst nicht« finden. Die Bibel schweigt sich zu diesem Thema aus. Als wir *Wie schön ist es mit dir* schrieben, baten wir einige christliche Ärzte um ihre Meinung. 73 Prozent waren der Ansicht, dass es für christliche Ehepaare völlig akzeptabel sei, solange beide Partner es genießen würden. Zu unserem Erstaunen fanden 77 Prozent der Pastoren oralen Sex in Ordnung, was umso erstaunlicher war, als viele Paare in den vergangenen Jahren zu uns in die Beratung kamen und uns sagten, dass ihr Pastor sich negativ zu dieser Sexualpraktik geäußert hätte. Unter uns gesagt, fragten wir uns, ob nicht viele Pastoren diese Haltung nur deshalb einnahmen, weil sie dachten, dass man es von ihnen so *erwartete*.

Nichtsdestotrotz gibt es einige, die diese Praktik aus hygienischen oder geistlichen Gründen ablehnen. Aus ärztlicher Sicht sind die erstgenannten Gründe aber nicht sehr gewichtig und die Bibel sagt nichts über die zuletzt genannten aus. Deshalb empfehlen wir persönlich auch nicht den oralen Sex, noch befürworten wir ihn. Andererseits sehen wir aber auch keine biblische Begründung dafür, zwei verheiratete Menschen davon abzuhalten, Gefallen an dieser Praktik zu finden, wenn sie sich beide einig sind, dass dies etwas ist, was sie in ihr Liebesspiel mit einbeziehen möchten. *Voraussetzung* hierfür ist jedoch, dass es nicht als Ersatz für den Beischlaf benutzt wird. Wir empfehlen, dass sich der orale Verkehr auf das Vorspiel beschränkt und dass nicht ein Partner (und ich sage dies hier an die Adresse der Männer gerichtet) es vom anderen verlangt, denn die Bitte danach kann einen Riss in der sexuellen Beziehung entstehen lassen. Viele Frauen mögen einfach keinen oralen Sex und ziehen es lieber vor, keinen zu haben. Wenn Sie keinen Gefallen daran finden, lassen Sie es sein.

Wo wir gerade beim Thema Sexpraktiken sind: Es gibt eine Art, die wir nicht befürworten, und das ist der Analverkehr. Wir glauben nicht, dass Gott unseren Körper für eine solche Handlung geschaffen hat. Und der Anus dient von seiner körperlichen Funktion her auch keinem sexuellen Zweck. Diese Sexpraktik ist höchst gefährlich für beide Partner. Wenn der Penis erst einmal im After ist, kann er mit Krankheitserregern infiziert werden und so den männlichen Fortpflanzungs- und Harnorganen Schaden zufügen.

Analverkehr sollte aus ganz praktischen Gründen vermieden werden, so schreiben Clifford und Joyce Penner. *Es ist einfach nicht klug! Wenn der Mann in den Anus der Frau eindringt und danach in ihre Vagina, infiziert er damit ihren Fortpflanzungsapparat und manchmal ihre harnausscheidenden Organe, da diese sehr dicht bei ihrer Scheide liegen.*

Wenn der Penis des Mannes in den weiblichen After eindringt, führt die Dehnung häufig dazu, dass die Blutgefäße in ihrem Rektum platzen, was sowohl sie als auch den Mann für Infektionen anfällig macht.[3]

Offensichtlich hat Gott den Anus nicht für den sexuellen Verkehr vorgesehen.

Liebestechniken

Wenn Männer um die 20 sind, ist das vorherrschende Bedürfnis während des Geschlechtsverkehrs für sie zu ejakulieren. Junge Männer werden erregt, sobald das Licht ausgeht. Sie könnten mit wenig oder keiner körperlichen Stimulation zum Geschlechtsverkehr übergehen. Der Drang nach raschem Verkehr und schneller Ejakulation deckt sich nicht mit den sexuellen Bedürfnissen der Frau, die sehr viel Zeit und Gelassenheit braucht (20 bis 30 Minuten im Gegensatz zu zwei oder drei Minuten beim Mann), um sexuell erregt zu werden und zum Orgasmus bereit zu sein. Wie der Autor Gary Smalley einmal bemerkte, werden Männer so schnell heiß wie eine Mikrowelle, doch Frauen »köcheln vor sich hin wie ein Simmertopf«.

Meine Herren, vielleicht waren Sie in Ihren frühen Ehejahren zu ungeduldig oder selbstbezogen, um im Liebesspiel eine längere, sinnliche Erfahrung zu sehen, die sowohl die Bedürfnisse Ihrer Frau wie auch Ihre eigenen befriedigen sollte. Sie sind nun in der glücklichen Lage, in Ihren mittleren Lebensjahren die Dinge umzukehren, denn ältere Männer erlangen die Fähigkeit, für eine längere Zeit ihre Ejakulation zurückzuhalten.

Wenn Ihr Sexualleben immer nach einem bestimmten, festgelegten Schema abläuft (Küssen, Vorspiel, manuelle Stimulierung der Klitoris, Geschlechtsverkehr mit Orgasmus des Mannes), dann möchten Sie vielleicht jetzt darüber hinaus den vaginalen Orgasmus in diesen Ablauf mit einbeziehen. Auch wenn die Stimulierung der Klitoris mit Sicherheit die natürlichste Art ist, durch die die meisten Frauen zum Höhepunkt gelangen, ist die Scheide mit den notwendigen Nervenenden versehen, um eine orgastische Reaktion hervorzubringen.

Entdeckungsfreudige Paare können es sich zum Ziel setzen, dass die Frau einen vaginalen Orgasmus bekommt, indem verschiedene Stellen der Vagina beziehungsweise der Scheidenwand stimuliert werden, während gleichzeitig auch die Klitoris stimuliert wird. Bei der so genannten »Missionars-Stellung«, bei der die Frau mit angewinkelten Knien und gespreizten Beinen auf dem Rücken und der Mann auf ihr liegt, dürfte dies jedoch etwas schwierig werden. Wenn die Frau oben liegt, kann sie oft besser kontrollieren, wie die Klitoris an das männliche Schambein reibt. Sie kann sich so selbst zum Höhepunkt verhelfen. Wenn das Paar eine Stellung einnimmt, bei der die Frau auf der Seite und der Mann hinter ihr liegt, kann er seinen steifen Penis einführen und anfangen, sanft zu stoßen, indem er mit der Spitze des Penis an der vorderen Scheidenwand reibt und dabei zärtlich ihre Klitoris mit seinem Finger streichelt.

Sie können auch andere Stellungen ausprobieren. Wenn die Frau oben liegt, hat sie die Möglichkeit, die für sie richtige Stellung für den Verkehr herauszufinden, die ihr die größte Erregung verschafft. Bei dieser Position hat sie nämlich großen Einfluss darauf, an welcher Stelle der Vagina der Penis innen reibt und an welcher die Klitoris am Schambein des Mannes. Versucht der Mann von hinten einzudringen, kann sie die Beine zusammenpressen, wodurch die Reibung gerade im richtigen Maße erhöht werden kann. Eine Frau, die auf dem Bauch liegt und auf ein Kissen gebettet ist, um ihre Hüften anzuheben, kann spüren, wie der Penis den richtigen Punkt trifft.

Eine Abwandlung dieser Technik kann darin bestehen, dass der Mann von einem höheren Winkel zur Scheidenachse aus in die Frau eindringt, damit sich sein Schambein gegen ihre Klitoris pressen kann. Anstatt dass der Mann »rein- und rausgeht«, können beide zusammenarbeiten, indem sie sich hoch- und runterbewegen. Dadurch kann die Klitoris der Frau besser und der Mann weniger stimuliert werden, so dass er seine Ejakulation zurückhalten kann.

Wenn man versucht, während des Geschlechtsverkehrs einen vaginalen (oder auch einen klitoralen) Orgasmus zu erzielen, bedeutet dies, dass der Mann seinen Höhepunkt zurückhalten muss, bis die Frau ihren Orgasmus erreicht hat. Viele Frauen sind sich dessen bewusst, dass der Mann während des Stoßens jederzeit ejakulieren könnte, und so »blocken« sie deshalb schon »ab« und lassen erst gar keinen Orgasmus zu.

Es steht nirgends geschrieben, dass eine Frau jedes Mal einen Orgasmus haben muss. Einige haben einen, andere nicht. Es gibt hier kein richtig oder falsch. Die Freude und Lust an der sexuellen Begegnung muss nicht unbedingt etwas damit zu tun haben, ob sie einen Orgasmus hat oder nicht. Für sie kann die Nähe und Verbundenheit zu ihrem Mann das Erfüllendste an der Begegnung sein. Das ist von Frau zu Frau recht unterschiedlich. Ein erfüllendes sexuelles Erlebnis hängt nicht von Erregung, Orgasmus, Ejakulation oder Geschlechtsverkehr ab.[4]

Wenn Sie zu denjenigen Paaren gehören, denen es gelungen ist, zusammen einen Orgasmus zu erzielen (oder der Frau zu ermöglichen, zuerst zum Höhepunkt zu gelangen), beglückwünsche ich Sie. Aber viele Paare sind nicht so geschickt oder glücklich, was so viel heißt, dass die Reizung der Klitoris für viele Frauen der gangbarste Weg ist, um einen Orgasmus zu erreichen.

Verschiedene Stellungen

Dies führt uns sogleich zum Thema der verschiedenen Positionen beim Koitus. Allen Sexratgebern zum Trotz lassen sich die Stellungen beim Lieben auf die folgenden vier Grundpositionen, wie ich sie zu nennen pflege, reduzieren.

Der Mann liegt oben, die Frau liegt auf dem Rücken. Ich kann es zwar nicht beweisen, aber ich bin mir ziemlich sicher, dass diese Stellung die bevorzugteste in Amerikas Schlafzimmern ist. Männer mögen diese Position – wenn man es genau nimmt, mögen Männer *jede* Stellung –, weil sie relativ frei und unbeschwert und nach Herzenslust »zustoßen« können. Auch wenn Frauen es nicht mögen, wenn der Mann grob ist, so mögen sie es doch, wenn sie ihrem Mann direkt in die Augen sehen und ihn eng an sich drücken können, derweil sein Körper während des sexuellen Höhepunktes angespannt ist. Paare, die diese Stellung leicht abwandeln möchten, können es so handhaben, dass die Frau ihre

Knie bis zu ihrem Brustkorb hochzieht oder sie um die Hüfte ihres Mannes schlingt. All jene, die einer Turnriga angehörten, können auch die Beine über seine Schultern legen. Durch diese Bewegungen wird das Becken in verschiedene Richtungen geneigt, und dies ermöglicht eine neue Art der vaginalen Stimulierung.

Die Frau liegt oben, der Mann liegt auf dem Rücken. Dies ist vermutlich die zweithäufigste Stellung. Frauen bevorzugen sie, weil sie kontrollieren können, wie sehr und wie schnell das steife Glied den Scheidenkanal rauf- und runtergleitet. Anderen Frauen verschafft es bei dieser Position sexuelles Vergnügen, wenn sie ihre Klitoris gegen das Schambein des Mannes reiben können. Sie können sich so selbst zum Höhepunkt bringen. Für Frauen mit Rückenproblemen oder anderen Beschwerden kann diese Stellung schmerzhaft, zu unbequem oder nicht der Mühe wert sein.

Frauen, die zugenommen haben oder sich vielleicht etwas zieren, dass ihr Mann »alles« zu sehen bekommt, mögen diese Stellung vielleicht nicht allzu sehr, weil es schwer ist, dabei verhüllt zu bleiben, obwohl gerade der »An- und Ausblick« einer der Gründe dafür sein könnte, dass ihr Mann diese Stellung, bei der die Frau oben liegt, *wirklich* genießt. Wenn Sie sich Ihres Gewichtes bewusst sind oder bescheidener sein wollen, können Sie Ihren Körper mit einem sexy Negligé schmücken.

Der Mann dringt von hinten in die Vagina ein. Diese Stellung lässt mehrere Abwandlungen zu: Der Mann liegt auf der Frau, die auf dem Bauch liegt, und dringt von hinten in ihre Scheide ein; die »Löffel«-Stellung, bei der die Frau auf der Seite und der Mann hinter ihr liegt; und die »Hunde«-Position, bei der sich die Frau in Knie-Ellenbogen-Lage befindet, ihre Brust gegen ein Kissen drückt und dem Mann gestattet, sie zu besteigen. Viele Frauen fühlen sich erniedrigt, eine solche Position einzunehmen, bei der sie an die Tierwelt erinnert werden, und es kann etwas schwierig werden, wenn die Knie altern. Ein guter Kompromiss wäre dabei, wenn die Frau auf der Seite liegt und der Mann hinter ihr und dieser seinen Penis von hinten in sie hineingleiten lässt. Von da an können sie beide selbst entscheiden, ob sie zusätzlich noch in die eigentliche Position wechseln möchten, um noch mehr empfinden zu können.

Der Mann sitzt auf der Bettkante, auf einem Stuhl oder auf der Couch, wobei sich die Frau diskret über seinem erigierten Penis niederlässt. Frauen in der Postmenopause, die große Probleme mit einer trockenen Scheide haben, finden diese Stellung vielleicht angenehm, weil sie das Eindringen des männlichen Gliedes in die Scheide kontrollieren und so den möglichen Schmerz auf ein Mindestmaß beschränken können. Bei reichlicher Anwendung von Gleitmitteln kann hier jedoch Abhilfe geschaffen werden.

Lassen Sie ihr den Vortritt

Egal, welche Stellung Sie auch einnehmen, egal, was für ein »guter« Liebhaber Sie sind, die Kunst des Liebens sollte von einer Haltung geprägt sein, die versucht, dem Partner emotionale und physische Befriedigung zu verschaffen. Wenn Sie diese Haltung schon seit Ihren Flitterwochen eingenommen haben und sie Bestandteil Ihrer Ehe ist, wird es schwierig sein, daran zu rütteln. Der Eheberater Dr. Ed Wheat hat einmal gesagt: »Jede körperliche Vereinigung sollte ein Wettstreit darum sein festzustellen, welcher Partner dem anderen mehr Vergnügen bereitet.«

Männer sollten sich dabei immer vergegenwärtigen, dass der Liebesakt eine Erfahrung sein sollte, bei der sie möchten, dass die Frau die Ziellinie des Orgasmus vor ihnen passiert. Mit etwas Übung können Sie gleich hinter ihr im Ziel eintreffen!

6. Grossartiger Sex in jedem Alter

Intimität gerät nicht aus der Mode.

Während unseres Aufenthaltes in Washington D. C., als wir gerade unser Buch zusammenstellten, nahmen wir an einer Veranstaltung der *Association of American Retired People* (»Verein Amerikanischer Rentner«), kurz AARP genannt, teil, bei der die Ergebnisse einer Befragung von 1.300 Menschen im Alter von 45 Jahren und älter zu ihrem Intimleben diskutiert wurden. Die Aktion stand unter dem Motto: »Großartiger Sex: Was hat das Alter damit zu tun?« Da wir sehr neugierig waren, schlenderten wir zum imposanten Sitz der Organisation im Washingtoner Hauptgeschäftsviertel, um dort einmal Mäuschen zu spielen.

Wir hörten ihrem Sachverständigengremium zu, wie es über Liebe, Sex und Intimität diskutierte. Was typisch war für ein solch säkulares Gremium: Es gab wenig Veranlassung, um über Sex *in der Ehe* zu sprechen. Ein Punkt, dem ich jedoch bei dieser Runde uneingeschränkt zustimmen konnte, war die These, dass mit zunehmendem Alter die »Intimität« im Hinblick auf ein gutes Sexualleben an Bedeutung gewinnt.

Was die Diskussionsteilnehmer jedoch nicht anmerkten, war etwas, was ich schon seit Jahren behaupte, dass nämlich Christen das beste Sexualleben überhaupt haben, weil unsere gemeinsame geistliche Basis die größte und tiefste Intimität schafft. Ich bin nach wie vor davon überzeugt, dass wir Christen den Sex mehr genießen als irgendjemand sonst in unserer Gesellschaft. Wir haben dabei mehr Vergnügen, mehr Befriedigung und mehr Intimität bei häufigerem Verkehr. Wir haben Liebe, die wir unbedingt verbreiten möchten.

Als wir *Wie schön ist es mit dir,* den Vorgängerband zu vorliegendem Buch, schrieben, trafen Bev und ich uns mit zwei sehr engen Freunden zum Essen. Damals war er 76 Jahre alt. Seine Frau, mit der er 50 Jahre verheiratet war, war drei oder vier Jahre jünger als er. Wir schätzten ihre Freundschaft sehr und freuten uns an der schönen Beziehung, die sie miteinander hatten.

Bei einem Salat fragten sie uns, an was wir gerade arbeiten würden. Wir erwähnten beiläufig, dass wir an dem Buch *Wie schön ist es mit dir* arbeiteten. Als unser Freund das Thema hörte, meinte er zum Spaß: »Ich wüsste da sicherlich eine Menge zu erzählen, was ihr für das Buch verwenden könntet.«

Bev und ich tauschten miteinander wissende Blicke aus.

»Das ist ja großartig«, meinte ich, nahm allen Mut zusammen und fragte ihn, wie oft er und seine Frau in ihrem Alter miteinander Sex hätten.

»Mindestens dreimal pro Woche!«, antwortete er.

Bev und ich tauschten wieder wissende Blicke aus.

Unser Freund hatte noch nicht das letzte Wort zu diesem Thema gesprochen. »Nun, wo ich in Rente bin, haben wir für eine solche Beschäftigung etwas mehr Zeit.«

Wir mussten herzhaft lachen, aber im Nachhinein war ich doch erstaunt darüber, dass er nicht wusste, dass man in seinem Alter eigentlich erwartete, dass er langsamer trat. Deshalb tat er es auch nicht und so sollte es auch sein. Zwei gesunden Menschen sollte es möglich sein, bis ins hohe Alter von 80 Jahren oder in noch höherem Alter miteinander Sex zu haben. Jawohl, auch noch mit 80 Jahren! Wir kennen viele Paare, die uns erzählt haben, dass sie ihre goldene Hochzeit damit gefeiert haben, dass sie miteinander Sex hatten.

Natürlich müssen wir auch eingestehen, dass die verschiedensten Körperteile mit dem Alter anfangen, sich abzunutzen. Aber dieser Prozess ist so unberechenbar wie die Menschen, die es betrifft. Wenn Ihre Vitalität beginnt nachzulassen, werden Sie viele Aktivitäten, denen Sie in Ihrer Jugend nachgegangen sind, weniger zielstrebig und häufig verfolgen. Es ist für ältere Mitbürger – insbesondere Männer – keine Seltenheit, hin und wieder beim Sex Beeinträchtigungen zu erleben. Das kommt schon einmal vor. Unglücklicherweise kommen dann nicht wenige, wenn sie einige Erlebnisse ohne Orgasmus hatten, zu der voreiligen Schlussfolgerung, dass alles »aus und vorbei« sei. Wenn sie sich jedoch mehr Zeit und Gelegenheit ließen, würden sie etwas anderes erleben.

Im Gegensatz zu der männlichen Zwangsvorstellung muss ein Mann nicht unbedingt ejakulieren, um den Koitus genießen zu können. Wird er erregt, kann er eine starke Erektion haben, viele Minuten der erregenden Stimulation erleben, die Frau zum Orgasmus bringen und allmählich seinen Drang zu ejakulieren, wieder abbauen. An Stelle des gewöhnlichen Höhepunktes können seine Gefühle dabei auch ohne die übliche »Explosion der Lust« wieder abebben. Obwohl diese Art des Liebesspiels nicht so befriedigend ist wie der Höhepunkt, bei der eine Ejakulation stattfindet, erfüllt es doch sein sexuelles Verlangen und das seiner Frau. Wenn er lernt, sich mit dieser weniger erregenden Erfahrung zufrieden zu geben, wird er trotz allem gelegentlich ejakulieren. Mit seinem zurückgewonnenen Selbstvertrauen kehrt auch die Häufigkeit seines sexuellen Erfolges zurück. Viele kürzen jedoch ihre Fähigkeiten dadurch ab, dass sie *denken*, alles sei vorbei, wenn das tatsächliche Erleben etwas anderes vorgibt.

Liebe und Sex sind wie ein Zwillingspaar untrennbar miteinander verknüpft; sie sind eine Kunst, die sowohl Anstrengung als auch Wissen verlangt. Diejenigen, die den Sex erregend und faszinierend finden, suchen nach Möglichkeiten, dieses Erleben noch zu verbessern. Jahre des Reiferwerdens lehren uns, worum es bei der sexuellen Intimität eigentlich geht: um behutsame Zärtlichkeit, eine sanfte Berührung, eine zärtliche Umarmung, einen prickelnden Orgasmus und die wohlige Wärme, bei der man die Gegenwart des anderen hautnah spürt. Wahrscheinlich haben Sie mit den Jahren weniger häufig Sex, aber Sie werden mehr Zuneigung füreinander empfinden. Ihre Liebe ist gereift und findet nun ihren Niederschlag, wenn Sie in kalten Winternächten unter der Bettdecke miteinander kuscheln und die warme Umarmung dessen spüren, der ein langes Leben der Siege und Niederlagen mit Ihnen geteilt hat – ganz zu schweigen von einem Leben voller gemeinsamer Erinnerungen.

Wenn Sie die sexuellen Ausdrucksformen Ihrer Liebe zu entdecken suchen, sollten Sie mit einem langsamen und einfachen Vorspiel beginnen, denn in den mittleren Lebensjahren brauchen Männer und Frauen länger, bis sie erregt sind. Will man den Auftakt zum Geschlechtsverkehr verkürzen, betrügt man die Frau in der Regel um den Orgasmus, insbesondere wenn sie zu den vielen Frauen gehört, die beim vaginalen Geschlechtsverkehr keinen Orgasmus erleben. Eine spielerische Berührung kann hierbei schon viel bewirken. Fragen Sie doch einmal eine ältere Witwe oder einen Witwer, was sie am meisten im Bett vermissen, und sie werden Ihnen bestätigen, dass sie sich danach sehnen, berührt, im Arm gehalten und gestreichelt zu werden. Sie vermissen das Vergnügen dieser wichtigen Erlebnisse und auch, dass sie beim Sex dem anderen Vergnügen *bereiten* können. Wenn sie Ihnen etwas mit auf den Weg geben könnten, dann dieses: *»Genießen Sie es, solange Sie es noch können.«*

Im Folgenden möchte ich auf einige Gedanken zu Sextechniken eingehen wie auch romantische Anregungen geben, die reife Paare in ihr Liebesspiel mit einbeziehen können. Wenn diese bereits zu Ihrem »Schlafzimmer-Repertoire« zählen, sind Sie auf dem besten Wege, ein prickelndes Liebesleben zu genießen.

Das Vorspiel

Schauen Sie einmal für einen Moment zurück! Oder vielmehr für einige Tage! Wie hat sich Ihre Beziehung in jüngster Zeit gestaltet? Hatten Sie infolge einer hohen Arbeitsbelastung wenig Zeit zusammen? Viel Gemurmel und Gebrummel und wenig Augenkontakt? Erinnern Sie sich noch an das in Kapitel vier Gesagte, dass das größte Bedürfnis des Mannes die sexuelle Erfüllung ist, während für die Frau die Zärtlichkeit an oberster Stelle steht? So weit, so gut. Dr. Willard Harley nennt als zweitwichtigstes Bedürfnis des Mannes die Kameradschaft in der Freizeit und für die Frau das Gespräch. Diese grundlegenden Bedürfnisse in der Ehe müssen in der Lebensmitte weiterhin zufrieden gestellt werden. Dr. Harley weist darauf hin, dass Sie beide vor der Ehe wahrscheinlich 10 bis 15 Stunden in der Woche gemeinsam verbracht und miteinander geredet haben. Sie gingen zusammen zum Essen aus, gingen Kegeln, besuchten Sportveranstaltungen, machten miteinander einen Ausflug. Sie nutzten diese Zeit, um gemeinsam Ihre Zukunft zu planen und große Träume zu träumen. Sie haben sich aneinander gebunden, indem Sie fast alles gemeinsam unternahmen – einschließlich Ihrer Freizeitbeschäftigungen.

Heutzutage verstehen Paare unter gemeinsamen Freizeitaktivitäten etwas anderes. Viele Männer in den USA meinen damit, dass sie ihre Frauen zum Angeln von Regenbogenforellen, zu einem Footballspiel der Universitätsmannschaft oder zur gemeinsamen Motorschlittenfahrt in die eisige Tundra mitnehmen. Diese Aktivitäten sind für die Frau vielleicht nicht gerade berauschend. Ihre Vorstellung von Freizeit und Erholung geht eher dahin, gemeinsam *zum Abendessen auszugehen*. Als zweite Option käme für sie wahrscheinlich eher ein eintägiger Einkaufsbummel, ein Besuch im Kino – um sich einen Liebesfilm reinzuziehen – oder eine kulturelle Veranstaltung in Betracht.

Sicher müssen Kompromisse gefunden werden, denn die besten Freizeitbeschäftigungen sind jene, die Paare gemeinsam unternehmen können. In unserer Befragung zu dem vorliegenden Buch nach gemeinsamen sportlichen Aktivitäten lag Walking eindeutig vorne. Warum also nicht einmal in den frühen Morgen- oder Abendstunden miteinander walken? Eine andere Möglichkeit wäre, gemeinsam Rad zu fahren oder Gymnastik zu treiben. Schließlich möchte ich es nicht unterlassen, auch eine Lanze für das Golfspielen – ein großartiges Gesellschaftsspiel – zu brechen, das Paare gut miteinander spielen und bis weit in ihre 70er genießen können. Ist es nicht eine großartige Möglichkeit, die freie Natur zu genießen, wenn man auf einem grünen, topp gepflegten Golfplatz entlangläuft und auf einer frisch gemähten Spielbahn, dem Fairway, titelverdächtige Bälle versiert in ein Loch treibt?

Und schließlich erinnere ich nochmals daran, dass das zweitgrößte Bedürfnis der Frau das Gespräch ist. Sie können zwei Fliegen mit einer Klappe schlagen, wenn Sie Ihre Partnerin zum Essen ausführen und sich mit ihr unterhalten. Restaurantbesuche können inmitten der »Hektik« des Tagesgeschehens Erholung bieten. Howard Hendricks bemerkte einmal:

Wir leben in einer solchen Tretmühle, dass wir noch nicht einmal Zeit haben, das Leben zu genießen, geschweige denn die Dinge, die Gott geschenkt hat, damit wir uns in unserem Leben an ihnen erfreuen. In früheren Zeiten sagten die Menschen im Wilden Westen, wenn sie eine

Postkutsche verpasst hatten: »Das macht nichts. Dann nehmen wir eben die nächste im kommenden Monat.« Wenn heute jemand den Flügel einer Drehtür verpasst, regt er sich schon schrecklich auf. Mein lieber Freund, Gott wusste, dass die eheliche Beziehung Zeit braucht. Sie muss gehütet und gepflegt werden.

Pflegen Sie Ihre Beziehung in einem Bistro oder stimmungsvollen Lokal.

Wo wir schon beim Thema sind, meine Herren: Können Sie mit Ihrer Frau noch so umgehen, wie Sie es taten, als Sie mit ihr befreundet waren? Können Sie ihr noch die Autotür aufhalten und ihr den Stuhl zurechtrücken, wenn Sie im Restaurant sind? Egal, wie alt eine Frau auch ist, sie hat es gern, wenn sie zuvorkommend behandelt wird, – so als wäre sie die Einzige, die für ihren Mann zählt.

Was ist für Frauen anregend und beflügelnd? Worte. Frauen sind mit einem sehr guten Hörempfinden beziehungsweise einer untrüglichen Hörkraft ausgestattet. Deshalb beklagen sie sich auch immer, dass ihr Mann nicht mit ihnen spricht. Meine lieben Männer, reden Sie mit ihr! Machen Sie sich keine Gedanken darüber, über was Sie sich mit ihr unterhalten sollen. Sagen Sie einfach etwas. Sie wird die Unterhaltung schon am Laufen halten und Ihnen immer wieder den Ball zuspielen, so dass Ihnen der Gesprächsstoff nicht ausgehen wird. Sprechen Sie über das, was Sie gerade bewegt, ohne aggressiv zu klingen. Sagen Sie ihr, dass Sie sie lieben. Sie sollte nie daran zweifeln, dass Sie sie lieben. Ich habe noch nie ein Paar beraten, bei dem der Mann freundlich und zuvorkommend mit seiner Frau gesprochen hat und sie ihn deshalb verlassen hätte. Nur Engel und menschliche Wesen sind fähig, verbal miteinander zu kommunizieren. Nutzen Sie diese Gabe, um sie positiv zu beeinflussen. Denken Sie daran, dass ihr auditives System funktioniert wie ein Thermostat an der Wand. Sie können es auf- oder zudrehen. Wenn Sie gemeine, sarkastische Dinge zu ihr sagen, werden Sie eine frigide Frau bekommen. Reden Sie dagegen freundlich und liebevoll mit ihr – und berühren Sie sie dabei zärtlich –, wird sie sich für Sie erwärmen und Sie lieben.

Eine gute Kommunikation ist ein gutes Vorzeichen für die sexuelle Beziehung. Paare, die eine gute Liebesbeziehung haben, finden es relativ einfach, über Sex zu reden. Paare, die eine schlechte Beziehung haben, finden es nahezu unmöglich, über ihre sexuelle Beziehung zu reden, es sei denn, sie sind aufeinander wütend, und das ist dann der verkehrte Zeitpunkt, um darüber zu sprechen.

Von allen lebenden Kreaturen, die Gott erschaffen hat, sind wir Menschen die einzigen, die die Fähigkeit besitzen, mit Worten auszudrücken, was in unserem Kopf vorgeht. Diese Gabe des Redens hat vielen Millionen Menschen durch die Jahrhunderte hindurch viel Freude gebracht. Leider hat die gleiche Gabe aber auch sehr viele Auseinandersetzungen, Kämpfe und sogar Kriege entfacht. Der Unterschied besteht in der geistigen Haltung, mit der die Kommunikation geführt wird.

Kommunikation zwischen zwei Menschen über eine lange Spanne des Lebens hinweg ist eine Kunst, die erlernt werden kann. Einige können es natürlich schon von selbst. Andere können es lernen, wenn sie ihrer Ehe die nötige Wertschätzung beimessen und die goldenen Jahre ihres Lebens bereichern wollen. Alles, was Sie dazu brauchen, ist eine selbstlose Einstellung und die Bereitschaft, das Herz Ihres Partners gewinnen, beziehungsweise zu ihm vordringen zu wollen, indem Sie über die Dinge reden, die Sie oder ihn interessieren.

Intimhygiene

Wenn der Mann sich nicht vorher geduscht hat (das heißt in den letzten paar Stunden), muss er vielleicht gar nicht erst den Versuch unternehmen, seine Frau »anzumachen«. Frauen mögen saubere und wohlriechende Männer. Versprühen Sie großzügig Eau de Toilette an Ihrem Hals und Nacken.

Der Geruch gehört zu unseren wichtigsten Sinneswahrnehmungen. Leider haben manche Menschen in dieser Hinsicht mehr Probleme als andere. Aber in unserer heutigen Zeit dürfte es kaum mehr eine Entschuldigung für einen unerfreulichen Körpergeruch, einen schlechten Atem und andere unangenehme Gerüche geben. Ein umsichtiger Liebespartner bereitet sich auf das Liebesspiel vor, indem er sich duscht oder badet, ein wirksames Deodorant benutzt und eine entsprechende Mundhygiene walten lässt.

Männer sollten auch auf ihre Nagelpflege achten. Da sie ihre Finger gebrauchen, um Klitoris und Vagina manuell zu stimulieren, sind lange (schmutzige) Fingernägel unhygienisch und können Frauen sehr häufig abturnen. Schneiden und feilen Sie Ihre Nägel auf die richtige Länge. Denken Sie ebenfalls daran, Ihre Zähne zu putzen, etwas Mundspülung zu nehmen und vielleicht auch daran – je nach Länge Ihrer pikenden Bartstoppeln –, sich zu rasieren.

In puncto Gerüche hatte ich schon sehr empfindlich veranlagte Männer in meiner Sprechstunde, die mir eingestanden, dass sie vom natürlichen Geruch der Scheide ihrer Frau »abgeturnt« wurden. Für Frauen ist es dagegen so, dass der strenge Geruch der männlichen Samenflüssigkeit für gewöhnlich gar nicht wahrgenommen wird, weil sie in ihm bleibt, bis er in der Scheide der Frau ejakuliert. Bei der Einführung des männlichen Gliedes muss die Frau jedoch ein Scheidensekret als Gleitmittel absondern, das normalerweise einen Geruch abgibt. Der Mann muss also einfach lernen, diesen Geruch nicht weiter zu beachten.

Ein Mann hatte sich einmal bei mir darüber beklagt, dass er keine Erektion aufrechterhalten konnte, weil der Geruch seiner Frau so stark war. Ich bemerkte, dass seine sexuelle Aufklärung nicht sehr umfassend war, und nahm mir deshalb die Zeit, die Funktion der weiblichen Scheide bei der sexuellen Erregung zu erklären. Nachdem ich ihn davon überzeugen konnte, dass dies ein ganz normaler Prozess war, über den seine Frau keine Kontrolle hatte, schloss ich mit den Worten: »Sie sollten eines wissen: Dieser Geruch ist der Geruch der Liebe. Die Reaktion Ihrer Frau auf Ihre Liebe bewirkt, dass die Gleitflüssigkeit in Vorfreude auf den Geschlechtsverkehr mit Ihnen entsteht. Deshalb sind Sie es auch, der diesen Geruch verursacht.« Mit einem verlegenen Lächeln musste er dann zugeben: »Von dieser Warte aus habe ich das noch gar nicht betrachtet.« Später ließ er mich wissen, dass die Vorstellung vom »Geruch der Liebe« ihr Sexualleben verändert hätte.

Jahre können ins Land gehen und das »Drumherum« ist immer das Gleiche. Es ist schon spät am Abend, das Schlafzimmer ist dunkel und er liegt auf ihrer Seite des Bettes – und versucht sie damit zum Sex zu bewegen. Aber der späte Abend mag vielleicht der *schlechteste* Zeitpunkt sein, um miteinander zu schlafen, insbesondere nach einem opulenten Abendessen. Müde Körper führen zu müdem Sex. Nicht zuletzt können Erektionsprobleme durch Müdigkeit noch verstärkt werden.

Wenn Ihre Kinder bereits erwachsen und aus dem Haus sind, könnten Sie möglicherweise Ihr Schäferstündchen auf morgens verlegen. Sie sind dann mit Sicherheit wesentlich ausgeruhter und stecken schon in den Startlöchern für den Tag. Die Nachmittagszeit kann an Wochenenden ausgesprochen stressmindernd sein und vom Druck der Arbeit während der Woche befreien. Viele Frauen ziehen es jedoch bei Dunkelheit vor. Wenn das bei Ihnen genauso ist, empfiehlt es sich, dass Sie sich dicke Vorhänge oder Jalousien anschaffen, um das Schlafzimmer auch bei Tageslicht komplett verdunkeln zu können.

Meine Herren, denken Sie daran, dass Sie durch den Anblick erregt werden, die Leidenschaft der Frau hingegen nicht unbedingt durch einen nackten männlichen Körper entfacht wird. Ich erinnere mich noch gut an die Zeit, als ein 36-jähriger polnischer Gewichtheber sich den Bodybuilding-Titel als Mr. Amerika holte. Ich las gerade in einer Sportzeitschrift einen Bericht über dieses Ereignis. Ein Farbfoto des Mr. Amerika zierte die Illustrierte, wie er in seinen Unterhosen posierte, aus denen seine eingefetteten Muskelpakete herausquollen, die im Scheinwerferlicht glänzten. Bev sah mir über die Schultern und meinte nur: »Meine Güte. Das sieht ja abartig aus.« Offen gestanden war ich erleichtert, dass sie der Ansicht war, dass seine prallen Muskeln zum Abturnen waren. Was ich damit sagen will: Frauen werden durch den Anblick eines männlichen Körpers nicht sexuell erregt. Erwarten Sie also nicht eine gebührende Willkommensparty, wenn Sie nackt oder in Ihren alten Liebestötern im Schlafzimmer herumscharwänzeln.

Ziehen Sie sich einen flauschigen Bademantel über. Wie wäre es, wenn Sie eine sanfte, melodische Musik auflegen, um für die entsprechende Stimmung zu sorgen? Was erregt sonst noch die Sinne einer Frau? Ein Strauß Blumen, eine Schale mit frischem Obst, eine Tafel edler Schweizer Schokolade (Schokolade ist seit Jahrhunderten schon für ihre aphrodisierende Wirkung bekannt), Kerzen und ein Blütenzauber aus einem duftenden Potpourri schaffen in Minutenschnelle die richtige Stimmung.

Das Vorspiel

Meine Herren, wann haben Sie sich zuletzt angeboten, Ihrer Frau den Rücken zu massieren, ohne die Hoffnung schüren zu wollen, dass dies zum Sex führen würde? Beglücken Sie sie ab und zu abends mit einer Ganzkörpermassage, aber ohne ihr gleich zu signalisieren, dass Sie anschließend mit ihr schlafen wollen. Berühren um des Berührens willen wird oft in der Eile vernachlässigt. Denken Sie dabei an die Worte der englischen Lyrikerin Kathleen Raine (geb. 1908): »Hier, wo ich deinen Körper erspüre, ertaste behände, hat die Liebe kein Ende.«

Vielleicht können Sie damit beginnen, indem Sie in Ihrem Badeanzug ins Bett gehen. Dies könnte zu einem erotischen Erlebnis der besonderen Art beitragen. Oder Sie schlüpfen gleich ganz nackt unter die Bettdecke oder in Ihrem gewöhnlichen Schlafanzug. Am besten ist es, einmal ganz anders angezogen – oder überhaupt nicht angezogen – zu Bett zu gehen. Legen Sie sich auf den Bauch und schließen Sie Ihre Augen. Legen Sie alle Sorgen und den Stress des Tages ab, wenn Ihr Mann sich von hinten über Sie beugt und sie Ihnen wegmassiert.

Manche Paare nehmen ein schwach parfümiertes Massageöl. Aber Vorsicht mit dem Betttuch! Wenn Sie zur Massage ein Öl verwenden, sollten Sie zum Schutz der Bettwäsche ein Badetuch unterlegen.

Der Partner, der massiert, sollte damit beginnen, kurze, kreisende Knetbewegungen auf dem Rücken des anderen durchzuführen. Lassen Sie Ihrer Phantasie freien Lauf, um die Stellung Ihrer Hände, die Art der Bewegungssequenz und das Tempo zu variieren. Wechseln Sie ab zwischen kurzen Hackbewegungen und langen, behutsamen Streichbewegungen. Lassen Sie die Finger vom oberen Ende der Wirbelsäule nach unten und wieder nach oben gleiten. Führen Sie danach lange klopfende Bewegungen aus und gleiten dabei über das Gesäß bis hinunter zum Knöchel. Ihre Finger können eine hohle Hand formen, wenn Sie sie die Wirbelsäule »auf- und abwandern« lassen. Führen Sie nur eine leichte klatschende Berührung aus. Sparen Sie dabei noch die Schamgegend aus. Wenn Ihre Hände in den Schulterbereich zurückkehren, behandeln Sie auch den Nacken. Viele mögen es, wenn ihr Haar und ihre Kopfhaut massiert werden. Der Bereich um die Ohren ist erstaunlicherweise sehr sensibel.

Während Sie so daliegen, konzentrieren Sie sich dabei darauf, was die Hände Ihres Partners tun. Seien Sie nicht zu schüchtern, um ihn darum zu bitten, eine harte Stelle auf Ihrem Rücken wegzumassieren oder bestimmte Muskelpartien auf dem Rücken zu bearbeiten. Ihr Partner kann Ihre Muskeln wie einen Teig kneten. Er oder sie sollte dabei aber nicht zu fest zudrücken. Dies ist der Zeitpunkt, sich wie ein König oder eine Königin behandelt zu fühlen. Und überhaupt muss man heutzutage sonst für eine gute Rückenmassage schon etwas tiefer in die Tasche greifen.

Die Haut ist mit Sicherheit eine erogene Zone. Deshalb führen auch die meisten Massagen zu einer überwältigenden sexuellen Begegnung. Lassen Sie Ihre Hände nach einer geraumen Zeit das Gesäß spielend umkreisen und gelegentlich die Schamgegend zärtlich berühren. Wenn sich Ihr Partner umgedreht hat, können Sie ebenfalls die Vorderseite des Körpers massieren.

Meine Damen, wenn Sie Öl verwenden, – es reicht schon ein einfaches handelsübliches Pflanzenöl wie Weizenkeim-, Maiskeim- oder Distelöl aus dem Küchenschrank –, sollten Sie es zu diesem Zeitpunkt auf seinen Penis auftragen. Das Öl verhilft ihm, ein erigiertes Glied zu bekommen, wenn Ihre Hände mit sanften Bewegungen nach oben und unten streichen, ohne seine Haut in diesem sensiblen Bereich zu reizen. Sie sollten sich beide keine Gedanken darüber machen, ob sich seine Erektion im Verlauf des manuellen Vorspiels wieder verliert. Setzen Sie einfach wieder Ihre Hände ein, bis sein Glied erneut steif wird.

Der Geschlechtsverkehr

Wie ich bereits erwähnt habe, ist die häufigste Stellung des Geschlechtsverkehrs die, bei der der Mann auf der Frau liegt – die so genannte Missionarsstellung. Die wenigsten Paare haben jemals etwas anderes ausprobiert, was eigentlich auch kein Problem darstellt. Einige der bereits genannten Positionen könnten jedoch vor dem Orgasmus ausprobiert werden und das Paar kann anschließend in die Missionarsstellung zurückkehren. Wenn Sie sich körperlich dazu in der Lage fühlen, gestalten Sie Ihr Liebesspiel doch etwas »aufregender und abenteuerlicher«.

»Genau wie bei jeder anderen Beziehung müssen wir auch an der sexuellen Beziehung arbeiten«, so schreibt das Autorenehepaar Robert G. Wells und Mary G. Wells in seinem Buch *Menopause and Midlife* (»Menopause und Mittleres Alter«):

Kluge Paare werden es nicht zulassen, dass ihr Sexualleben abgedroschen, konventionell und einfallslos wird. Wenn also der Mann oder die Frau wünscht, etwas anderes in puncto Sex auszuprobieren, sollte er oder sie es einfach sagen. So einfach ist das. Im Ehebett sollte es kreativ zugehen, es sei denn es kommt zu Schmerzen, Störungen oder Demütigungen.

Manchmal wird auch eine andere Art von Schmerz oder Störung Teil des Ehelebens. Über solche »sexuellen Funktionsstörungen« oder »Erektionsstörungen« beziehungsweise die so genannte »erektile Dysfunktion« werden wir im nächsten Kapitel sprechen.

7. Vom Umgang mit Erektionsstörungen

Es wird so viel über Impotenz gesprochen. Hier erfahren Sie, warum manche Männer drauf und dran sind, Viagra-süchtig zu werden.

Ich kann meistens bereits am Ausdruck in ihren Augen ablesen, was sie beschäftigt, wenn sie in mein Sprechzimmer kommen und dort Platz nehmen. Ihre Augen suchen dann zunächst gründlich den ganzen Raum ab und anschließend sagen sie mit gedämpfter Stimme so etwas wie: »Dr. LaHaye, ich habe folgendes Problem.«

Dabei höre ich an dieser Stelle immer ein Räuspern, ein weiteres untrügliches Zeichen von Nervosität. Deshalb nicke ich daraufhin immer ermutigend und bekräftige so, dass ich genügend Zeit für sie habe.

»Dr. LaHaye, sehen Sie, Cindy und ich hatten letzte Woche Verkehr miteinander, und als ich – äh – es tun wollte, war gar nichts da.«

»Nichts?«

»Nichts. Ich konnte keine Erektion bekommen.«

»Ist in letzter Zeit irgendetwas Ungewöhnliches in Ihrem Leben passiert?«

»Meine neu gegründete Firma steckt in Schwierigkeiten. Vielleicht nicht gerade in Schwierigkeiten, aber ich habe Bedenken, dass uns das Geld ausgehen wird, noch bevor wir überhaupt durchstarten können. Außerdem habe ich die Nacht zuvor im Flugzeug verbracht. Und weil die Maschine ausgebucht war, habe ich kein Auge zumachen können.«

»Sonst noch etwas?«

»Nein, nicht dass ich wüsste. Aber die letzte Woche hat mich doch ziemlich geschlaucht. Ich habe mich nicht getraut, mit ihr zu schlafen, aus Angst, dass ich dazu nicht in der Lage sein würde. Habe ich ein großes Problem?«

Erektionsprobleme

Ja, mein Freund hatte eines. Männern fällt es oft schwer, das Wort »Impotenz« auszusprechen, denn wir sehen uns alle gern als so viril und potent an wie an dem Tag, als wir geheiratet haben. Aber es bedarf nur einer verpatzten Episode unter der Bettdecke, eines »Fehltreffers« beim Vollzug des Geschlechtsverkehrs und wir fangen an, an unserer sexuellen Leistungsfähigkeit zu zweifeln. Wenn dann auch noch erste Erektionsprobleme auftauchen, fühlen sich viele Männer sogleich unzulänglich und ihr Liebesleben steuert in Windeseile in Richtung Müllhalde.

Ich habe über die Jahre hinweg zu viele Männer beraten, um nicht bemerkt zu haben, dass ein Abend der Impotenz der Stoff für viele Alpträume sein kann. Männer im mittleren Alter fürchten, dass dies bereits das Ende von vergnüglichen Samstagabenden und stimmungsvollen Wochenenden bedeuten könnte. Zudem versetzt eine solche Erfahrung dem männlichen Stolz einen gehörigen Stich. Selbstwertgefühle, Selbstachtung und Potenz liegen beim Mann nun einmal ganz stark darin begründet, wie er sich selbst in sexueller Hinsicht wahrnimmt und begreift. Unseren besten Freunden können wir Männer zwar etwas über unseren Bluthochdruck und sogar über unsere Hämorrhoiden erzählen, nicht aber über unser Versagen im Bett.

Leider besprechen sehr viele Männer das Problem, das sie mit ihrer Impotenz haben, noch nicht einmal mit ihrer Frau, geschweige denn mit ihrem Hausarzt. Sie haben Angst, dass eine Reihe von gezielten Fragen bei ihnen ein nicht geahntes »seelisches Problem« zum Vorschein bringen oder eine Schnelldiagnose ergeben könnte, die besagt, dass »sie sich alles nur einbilden.«

Jüngste Forschungsergebnisse haben diese Theorie jedoch gänzlich widerlegt. Meistens liegen die Ursachen einer Impotenz im körperlichen Bereich oder dem fehlenden Verständnis dafür, dass es mit zunehmendem Alter beim Mann schlichtweg *länger* dauert, bis er erregt ist. Es muss nur einmal zu einer misslingenden Erfahrung im Bett kommen – ein müder, zerstreuter Ehemann, der etwas durch den Wind ist – und plötzlich ist daraus ein »Problem« geworden.

Aber auch psychische Probleme können einen Mann unfähig zu gutem Sex machen. Übermüdete Ehemänner, die durch ihre Arbeit sehr angespannt sind, mit einer Krankheit zu kämpfen haben oder an einem Alkoholproblem leiden, werden es im Bett schwer haben. Manchmal können bereits sorgenvolle Gedanken oder die Angst, impotent zu sein, ausreichen, um den Penis des Mannes zum Erschlaffen zu bringen.

Dann gibt es da aber auch noch diejenigen, die schlichtweg ihre sexuellen Bedürfnisse komplett verloren haben, oftmals, weil sie ihre Partnerin einfach nicht mehr attraktiv finden. Die Zeit um die 40 sind für viele Ehepaare mit Sicherheit recht schwierige Jahre. Sie stellen für die meisten Männer den Höhepunkt der beruflichen Karriere und der zielstrebigen Suche nach Anerkennung und Erfolg dar – eine Zeit, in der die meisten noch einmal nach den Sternen greifen wollen. Sie sind aber auch der Höhepunkt der großen Herausforderungen durch die Kinder, von denen viele fast von einem Tag auf den anderen aus der Rolle des unschuldigen Pennälers herausgewachsen und zu »Feuer speienden« jungen Erwachsenen mutiert sind. Wenn also diese Feuer auf breiter Front zu lodern beginnen – zu Hause und an der Arbeit –, wachen manche Männer mitten in der Nacht mit dem Gedanken auf: »Ich bin diesen Druck und die fehlende Anerkennung leid. Ich werde etwas dagegen unternehmen, solange ich es noch kann.«

Das ist in etwa eine Beschreibung der klassischen Midlife-Crisis. Manche reagieren in der Weise darauf, dass sie sich einen neuen roten Porsche als offenen Sportflitzer zulegen und einen Dreimonatsvorrat an Haarwuchsmittel. Andere wiederum drehen vollkommen ab, werfen ihre Ehe und Karriere komplett über Bord und glauben, dass eine neue Liebe und ein neues Arbeitsumfeld das Ticket zur Glückseligkeit seien. Die meisten unter uns kämpfen sich jedoch mutig vorwärts mit dem unbestimmten Gefühl, dass etwas nicht in Ordnung ist.

Meine Herren, wenn Impotenz oder die Angst, sexuell nicht mehr leistungsfähig zu sein, oder irgendein anderer Grund Sie davon abhält, Sex zu haben, dann denken Sie daran, dass Ihre Frau vielleicht ihrerseits denken könnte: *Er liebt mich nicht mehr. Er findet mich nicht mehr attraktiv. Ich bin nicht mehr begehrenswert.* Es dauert dann nicht mehr lange, bis sie sich im denkbar schlechtesten Gemütszustand befindet und ihre Selbstvorwürfe tatsächlich auch eintreffen.

Grosse Mengen Testosteron

Viele Männer sind sich dessen gar nicht bewusst, dass ihr Körper und ihre Fortpflanzungsorgane in ihren 40er, 50er und 60er Jahren unmerkliche und doch unverkennbare Veränderungen durchlaufen. Der Grund dafür liegt in der geringeren Ausschüttung des männlichen Hormons Testosteron, das im Wesentlichen für den Sexualtrieb des Mannes verantwortlich ist. Als noch große Mengen Testosteron durch Ihre jugendlichen Adern flossen, konnten Sie schon beim Anblick eines hübschen Mädchens, das sich nach vorne beugte und Ihnen tiefe Einblicke bot, eine Erektion bekommen. Als Sie dann vielleicht mit Anfang 20 heirateten, konnten Sie wahrscheinlich in den ersten paar Ehejahren nicht genug Sex bekommen. Sie saßen immer in den Startlöchern.

Als das Alter und ein abnehmender Hormonspiegel dann einsetzten, kam es zusehends zu Veränderungen, mit denen Sie überhaupt nicht gerechnet hatten. Um die Wahrheit zu sagen, Potenz bis zu dem Tag, an dem Sie einmal sterben werden, ist eine Illusion. Zehn Prozent der amerikanischen männlichen Bevölkerung sind mit 50 bereits impotent. Mit 60 steigt diese Zahl auf fast 20 Prozent. 30 Prozent der Männer im Alter von 70 und darüber können keine Erektion mehr bekommen. Dieser Prozentsatz steigt dann bis ins Alter von 80 Jahren auf 75 Prozent an. Beim Lesen der Fachliteratur fiel mir auf, dass die meistgenannte Zahl derer, die von Impotenz betroffen sind, bei 30 Millionen amerikanischen Männern liegt. Nur zehn Prozent jedoch suchen medizinische Hilfe, was belegt, dass sich viele Männer dieses Umstandes schämen.[1]

Erektionsschwierigkeiten sind nicht etwas, was vom Partner unterbewertet oder übergangen werden sollte. Hören Sie sich einmal die Sichtweise des amerikanischen Psychotherapeuten Dr. Bernie Zilbergeld an:

Obwohl jedes Problem in einem so kritischen Bereich wie der Sexualität Männer sehr verunsichert, so verursacht doch nichts so viel Beunruhigung, Nervosität, Scham oder sogar Entsetzen bei ihnen wie die Unfähigkeit, eine Erektion zu bekommen oder zu halten. Das Einzige, was einen Mann dazu bringen kann, sich noch weniger als Mann zu fühlen, ist der Verlust seines Arbeitsplatzes. Impotenz (wie Erektionsschwierigkeiten herkömmlicherweise genannt werden) bedeutet für einen Mann in erster Linie einen Mangel an Macht, Stärke und Kraft, also die Negation all dessen, was wir als »männlich« ansehen. Männern wurde beigebracht, dass mit ihrem Penis ihre Selbstachtung steht und fällt, und wenn der Penis streikt, fühlt man sich nicht länger als Mann.

Frauen sind oft verblüfft angesichts der Verzweiflung, die Männer durchmachen, wenn sie keine Erektion bekommen oder halten können, denn für sie gibt es keine vergleichbare Erfahrung. Eine Frau kann beim Geschlechtsverkehr oder Sex auch mitmachen, ohne erregt oder überhaupt daran interessiert zu sein. Für Männer ist das schwieriger. Weil fälschlicherweise oft geglaubt wird, dass zum Sex ein steifer Penis notwendig ist, ist ihr »Versagen« offensichtlich, denn er baumelt ihnen sichtbar zwischen den Beinen. Eine Erektion lässt sich nicht vortäuschen und es ist schwierig, wenn auch nicht unmöglich, ohne zumindest eine Teilerektion Geschlechtsverkehr zu haben. Also denkt der Mann, dass er überhaupt keinen Sex mehr haben kann; und in seinen Augen ist ein Mann, der keinen Sex haben kann, nun mal kein richtiger Mann.[2]

Die psychologischen Folgen der Impotenz sind verheerend. Sie können so weit gehen, dass Männer sogar Angst haben, ihre Frau zu küssen, denn Küssen könnte zum Sex führen, und schließlich wissen sie, dass es schlichtweg nicht zum Sex kommen kann. Ich kenne viele Männer, die glauben, dass sie ein hoffnungsloser Fall sind. Meine Antwort darauf lautet, dass es immer noch Hoffnung bis in alle Ewigkeit gibt, weil es sowohl aus medizinischer als auch psychologischer Sicht Hilfe gibt. Und wenn diese auch noch versagt, gibt es dann schließlich immer noch eine blaue Wunderpille: Viagra.

Auszug aus der Umfrage zu vorliegendem Buch:

Frage 49: Leiden Sie an Impotenz?

- Ja, häufig: 16 %
- Manchmal: 28 %
- Nein: 56 %

Aushängeschild

Ich habe immer geglaubt, dass TV-Werbung für Tampons zur Haupteinschaltzeit unangebracht sei, bis ich Bob Doles ernstes Gesicht geradeaus in die Kamera blicken sah, der konstatierte: »Es braucht vielleicht ein wenig Mut, um Ihren Arzt auf ED oder die erektile Dysfunktion anzusprechen, aber alles, was sich lohnt, braucht Mut.« Nach diesem Spot wird es sicher nicht mehr lange dauern, bis mich einer meiner Enkel eines Tages fragt: »Opa, was ist eigentlich ED?«

Doles Image-Kampagne für den Pharmakonzern Pfizer wurde durch Werbespots für Viagra aufpoliert, wobei Paare mittleren Alters gezeigt wurden, die bei Abenddämmerung Wange an Wange langsam vor sich hintanzten. Ja, im Grunde geht es eigentlich nur darum, *diese Liebe zurückzubekommen.*

Falls Sie es noch nicht bemerkt haben sollten, »erektile Dysfunktion« ist der neue, bessere und politisch korrekte Begriff für *Impotenz*, den wir im dritten Jahrtausend höchstwahrscheinlich immer wieder zu hören bekommen werden. Deshalb benutzen wir auch hier diesen Begriff. Mutig wurde Bob Dole, der frühere US-Senator aus Kansas, zu einer der ersten landesweit bekannten Persönlichkeiten, die dieses Problem offen ansprachen. Nachdem er 1991 an Prostatakrebs erkrankt war, wurde bei einer Operation einer der Nerven, die vom Penis aufwärts zum Gehirn verlaufen und diesem signalisieren, dass jetzt ein guter Zeitpunkt für eine Erektion gekommen sei, offensichtlich durchtrennt, wodurch Dole impotent wurde. Seit Bob Dole dann im Jahr 1996 die US-Präsidentschaftswahl verloren hatte, wurde er in Funk und Fernsehen zum Aushängeschild für eine Werbekampagne über erektilen Dysfunktionen für den US-Pharmakonzern Pfizer, der die Potenzpille Viagra herstellt. Als damit bekannt wurde, dass Bob Dole die azurblaue Wunderpille Viagra nahm, die zu Erektionen führen soll, war dies natürlich für die Macher der Comedy-Sendungen im Fernsehen ein gefundenes Fressen. So witzelte der bekannte Moderator der *Tonight Show*, Jay Leno: »Kein Wunder, dass seine Frau Libby dauernd auf Reisen ist.«

Wir können darüber nur lachen, aber denjenigen, die darunter leiden, ist das Lachen mit Sicherheit vergangen. Bevor wir darüber nachdenken, was wir dagegen tun können, sollten sich Männer und Frauen allerdings zunächst einmal der körperlichen Problematik bewusst sein.

Im Gegensatz zu dem, was einige Frauen vielleicht denken mögen, beginnt die männliche sexuelle Erregung nicht in der Hose, sondern im Kopf. Aus einer Vielzahl von Gründen (der Anblick eines nackten Frauenkörpers, der Gedanke, mit der Partnerin Sex zu haben usw.) sendet das Gehirn ein Signal zur Ausschüttung von Stickoxid im Penis aus. Das Stickstoffmonoxid aktiviert seinerseits ein Enzym, das wiederum zyklisches Guanosinmonophosphat (Zyklo-GMP) bildet, eine chemische Verbindung, die bewirkt, dass sich die Blutgefäße im Penis erweitern und die Muskeln, die die schwammartigen Hohlräume (Schwellkörper) im Penis steuern, sich entspannen und die Schwellkörpergefäße sich mit Blut füllen. Wenn der Penis nun durch die Blutzufuhr anschwillt, wird er hart und es ziehen sich die Venen zusammen – die das Blut aus dem Penis abfließen lassen –, um diesen Blutabfluss zu verhindern. Je mehr der Penis sich letztlich mit Blut füllt und desto weniger Blut abfließt, desto größer und härter wird die Erektion. Zu Erektionsstörungen beziehungsweise zu einer erektilen Dysfunktion kommt es dann, wenn das Blut genauso schnell wieder aus dem Penis ausströmt, wie es eingeströmt ist.[3]

Ursprünglich glaubte man, dass sich dieses Problem ausschließlich im Kopf des Mannes abspiele oder nur eine unausweichliche Folge des Älterwerdens sei. Tatsache ist jedoch, dass die Mehrzahl dieser Fälle durch physische Befindlichkeiten oder Ereignisse erklärt werden können. Manche davon sind altersbedingt. Die häufigsten Faktoren für eine solche sexuelle Funktionsstörung sind:

- Diabetes mellitus, hoher Blutdruck, eine Verhärtung der Arterien oder ein hoher Cholesterinspiegel
- Verletzungen oder Krankheit wie z. B. Rückenmarkschädigungen, multiple Sklerose, Depression, Schlaganfall oder eine Operation der Prostata oder des Darms
- Arzneimittelverabreichungen mit ED als unerwünschter Nebenwirkung
- Rauchen von Zigaretten, Alkohol- oder Drogenkonsum
- psychologische Gründe wie Angstzustände und Stress

Eine körperlich bedingte Impotenz ist weiter verbreitet, als angenommen wird, aber auch einfacher zu behandeln. Viele Urologen sind der Ansicht, dass in gut 90 Prozent aller andauernden Fälle physische Gründe der Auslöser für eine Impotenz bei Männern über 50 sind. Da die Erektion hauptsächlich eine blutgefäßbedingte Sache ist, sollte es uns nicht verwundern, dass die häufigsten physischen Ursachen einer Impotenz darin liegen, dass der Blutzufluss zum Penis blockiert wird, wie dies bei einer Arteriosklerose oder Diabetes mellitus der Fall ist.

Auch bestimmte rezeptpflichtige Medikamente können die Weiterleitung der notwendigen Nervensignale stören. Zu diesen »Übeltätern« zählen eine Reihe von Beruhigungsmitteln, harntreibenden Mitteln, Medikamente gegen Allergien und Arzneimittel zur Bekämpfung von hohem Blutdruck, von Krebs oder Depressionen. Zudem sind einige Herzmittel dafür bekannt, dass sie Erektionen unterdrücken oder die Libido beeinträchtigen. Bestimmte Antidepressiva, muskelentspannende Medikamente und Medikamente gegen Geschwüre und zur Behandlung von Zwangsneurosen weisen alle dieselben Nebenwirkungen auf. Wem diese Auflistung noch nicht genügt: Alkohol, Tabak und illegale Drogen wie Marihuana tragen ebenso direkt zur Impotenz bei.[4]

Das Rauchen von Tabak wird vielleicht am meisten übersehen. Insgesamt rauchen Christen im Vergleich zur allgemeinen Bevölkerung jedoch weniger. In unserer Umfrage gaben nur sechs Prozent der männlichen Befragten an, dass sie rauchen. An die Raucher unter den Lesern gerichtet, möchte ich sagen, dass jüngste Studien ergeben haben, dass das Paffen von Zigaretten einen hemmenden Einfluss auf Ihr Sexualleben haben kann. Einem Bericht im amerikanischen Fernsehen zufolge hat ein Forscherteam entdeckt, dass Männer, die rauchen, ein zweimal größeres Risiko eingehen, impotent zu werden, als Nichtraucher. Dr. Randolph Smoak, Vorsitzender der *American Medical Association* (Amerikanische Gesellschaft für Medizin), gab unmissverständlich zu verstehen: »Rauchen kann Impotenz verursachen und tut dies auch.« Dr. Smoaks Feststellung klingt wahr. Da das Rauchen seit langem schon mit dem Verschluss der Herzkranzgefäße in Verbindung gebracht wird, erscheint es plausibel, dass die Blutgefäße im Penis ebenfalls durch das Rauchen Schaden nehmen können.

Der Grund, warum Rauchen Ihre Erektion gefährdet – würde diese Warnung auf Zigarettenpackungen erscheinen, würde sie garantiert gelesen werden –, besteht darin, dass so genannte Toxine (Giftstoffe) im Zigarettenrauch die Blutgefäße schädigen und damit den arteriellen Blutzufluss vermindern können. Im gleichen Maße, wie männliche Zigarettenraucher ein höheres Risiko eingehen, an einem Herzinfarkt und an Durchblutungsstörungen in den Beinen zu erkranken, können erkrankte Arterien auch den Blutzufluss in den Penis behindern. Weibliche Raucher spielen ebenso mit dem Feuer, wenn sie sich eine Zigarette anzünden: Unterfunktionen im weiblichen Geschlechtstrakt können die Folge einer verminderten Durchblutung sein.

Sieben-Schritte-Plan

Mit zunehmendem Alter ist es keine Selbstverständlichkeit mehr, eine Erektion haben zu können. Bringen Sie also Ihre Männlichkeit in Top-Form, indem Sie den nachstehenden Sieben-Schritte-Plan von Joel D. Block[5] befolgen, um einer möglichen Impotenz vorzubeugen:

1. Ernähren Sie sich fettarm und treiben Sie regelmässig Sport. Vergessen Sie dabei nicht, dass ein starkes Herz die Durchblutung fördert und den Kreislauf stärkt. Und vieles, was eine Erek-

tion herbeiführt, hängt nun einmal mit einem ungehinderten Blutzufluss zusammen. Haben Sie einen hervorstehenden Bauch? Besteht Ihre sportliche Betätigung lediglich darin, sich von der Couch »hochzuwuchten« und zum Kühlschrank zu laufen, um zu sehen, was darinnen ist? Wäre es nicht an der Zeit, Ihren Lebensstil zu ändern? Mir geht es hier darum, dass Sie etwa mit einem Übungsprogramm in einem nahe gelegenen Fitnesscenter beginnen und weniger leere Kalorien in sich hineinfuttern.

2. Wenn Sie rauchen, hören Sie damit auf. Das Bild, das uns die Zigarettenwerbung schon seit Generationen zu verkaufen sucht – zünde dir eine an, sei cool und lass die Puppen tanzen –, ist ein übler Scherz. Rauchen verursacht einen großen Teil der vaskulären Beeinträchtigung im Penis, die zu Impotenz führt.

3. Erweitern Sie Ihre Definition von »Sex«. Wenn Sie noch nicht wissen sollten, dass es beim Liebesleben noch mehr gibt als nur den reinen Geschlechtsverkehr, ist dies eine großartige Gelegenheit, Ihre Sichtweise über Sex zu revidieren. Dr. Block geht davon aus, dass ein Mann mit einer größeren Wahrscheinlichkeit an einer Erektionsstörung erkrankt, wenn seine Art Sex zu haben, nur vom eigenen Wunsch, seinen Sextrieb im Geschlechtsakt zu befriedigen, bestimmt wird. Warum? Weil der Druck, im Bett etwas leisten zu müssen, für ihn größer ist als für einen Mann, der es genießt, seine Frau auf ganz unterschiedliche Art und Weise zu befriedigen.

4. Verkehren Sie häufig mit Ihrer Partnerin. Genau wie die Körpermuskulatur, so werden auch die Venen im Penis mit dem Alter weniger geschmeidig. Einfach ausgedrückt, je öfter Sie sich sexuell betätigen, desto länger werden Sie auch fähig sein, Sex zu haben. Verbuchen Sie dies unter der Rubrik: »Wer rastet, der rostet.« Männern, die mehrere Monate lang keine einzige Erektion haben, kann es sehr wohl passieren, dass sie diese Fähigkeit für den Rest ihres Lebens verlieren.

5. Machen Sie die Ejakulation nicht zum Ziel Ihres Liebesspiels. Männer, die sich nicht darauf versteifen, in die Vagina hineinzuejakulieren, geben an, dass sie häufiger Erektionen haben, diese länger aufrechterhalten können und dabei mehr Spaß haben. Klingt nicht schlecht für mich.

6. Tauschen Sie sich mit Ihrer Partnerin aus. Es tut keinem von beiden gut, wenn Sie davor zurückschrecken, offen darüber zu sprechen, wie sich Ihr körperliches Befinden in den mittleren Lebensjahren ändert. Wenn es für Sie schwierig ist, Ihre Erektion aufrechtzuerhalten, lassen Sie es Ihre Frau wissen, dass Sie ihre Hilfe brauchen.

7. Nehmen Sie keine Medikamente ein, die Sie nicht brauchen. Einige Arzneimittel wie die zur Behandlung eines zu hohen Blutdrucks haben auch unerwünschte Nebenwirkungen wie zum Beispiel diejenige, dass man nicht fähig ist, eine Erektion zu bekommen und zu halten. Fragen Sie Ihren Arzt vorsichtshalber nach den Nebenwirkungen, wenn er Ihnen das nächste Mal ein Medikament verschreibt.

Persönliche Bestandsaufnahme

Wenn Sie ein dauerndes oder chronisches Problem haben, eine Erektion zu bekommen oder aufrechtzuerhalten, sollten Sie eine Bestandsaufnahme durchführen. Fragen Sie sich zunächst: »*Bin ich in der letzten Woche mit einer Erektion aufgewacht?*« Wie Sie diese Frage beantworten, hat großen Einfluss darauf, ob Ihre Erektionsstörung psychischer oder physischer Natur ist. Untersuchungen, die an der Spezialklinik für sexuelle Dysfunktionen der Universität von Chicago durchgeführt wurden, ergaben, dass 86 Prozent der Männer mit der Diagnose einer psychogenen Impotenz morgendliche Erektionen hatten, aber 100 Prozent der Männer mit einer physisch bedingten erektilen Dysfunktion keine Erektionen am Morgen oder während der Nacht hatten.

Die nächste Frage, die Sie sich stellen sollten, lautet: »*Gibt es irgendwelche emotionalen Umbrüche in meinem Leben?*« Einige Männer berichten davon, dass bei ihnen eine sexuelle Störung auftrat, nachdem sie entlassen wurden, eine neue Stelle antraten, in eine andere Stadt umzogen, einen geliebten Menschen verloren oder in den Ruhestand gingen.

Eine andere Frage könnte lauten: »*Verliere ich eine feste Erektion, wenn ich versuche, Geschlechtsverkehr zu haben?*« Ein Urologe könnte dabei als mögliche Ursache auf einen Erschöpfungszustand verweisen, aber ein Verlust der Steifheit könnte auch das erste Anzeichen eines physischen Problems sein, das oftmals an einer schlechten Ernährungsweise, Übergewicht, übermäßigem Rauchen oder Trinken liegt. Gleichzeitig könnte ein steifer Penis, der plötzlich schlaff wird, der Vorbote psychischer Probleme sein.

Schon allein die Tatsache, dass Sie sich diese Fragen stellen, könnte dafür sprechen, dass Sie einen Urologen konsultieren sollten. Es heißt so schön, dass der Weg zum Sprechzimmer des Arztes mit guten Vorsätzen gepflastert ist. Aber nehmen Sie doch tatsächlich einmal den Telefonhörer in die Hand, um einen ersten Untersuchungstermin zu vereinbaren! Sie werden es nicht bereuen. In unserer Umfrage zum Buch gaben 15 Prozent der Teilnehmer an, dass sie wegen einer Erektionsstörung medizinische Hilfe in Anspruch genommen hätten. Bevor Sie jedoch einen Urologen aufsuchen, sollten Sie die verschiedenen Behandlungsmöglichkeiten für eine erektile Dysfunktion kennen. Sie reichen von »ausprobiert und hat geklappt« über »klingt viel versprechend« bis hin zu »das geht zu weit« und »ich habe ja nichts zu verlieren«.

In medizinischen Fachkreisen werden gemäß der von der *American Urological Association* (Amerikanischen Gesellschaft für Urologie) erarbeiteten Leitlinien folgende drei Methoden empfohlen:

1. eine Vakuumpumpe,
2. Medikamenten-Injektionen in den Penis (Schwellkörperautoinjektionstherapie),
3. Schwellkörperimplantate.

Penisvakuumpumpen sind oft das Mittel der ersten Wahl bei der Behandlung der männlichen Dysfunktion. Sie funktionieren bei ungefähr zwei Drittel aller, die unter Impotenz leiden. Dabei wird ein (Plexiglas-) Zylinder über den nicht erigierten Penis gestülpt und ein Unterdruck erzeugt. Durch eine kleine Pumpvorrichtung wird die Luft aus dem Zylinder um den Penis gesaugt und so der arterielle Zufluss in den Penis erhöht. Das Blut wird am Abfließen gehindert, indem ein spezielles Gummiband bis über die Wurzel des Penis gestreift wird. Durch das Pressband erhält sich die Erektion dann auch nach Abnehmen des Zylinders. Das einschnürende Band sollte allerdings nicht länger als 30 Minuten getragen werden, da sonst infolge einer mangelnden Durchblutung eine permanente Gewebeschädigung die Folge sein könnte.

Obwohl es so klingt, als wären diese Vakuumerektionshilfen in einer Folterkammer erfunden worden, kann es doch für diejenigen, die bedingt durch eine erektile Dysfunktion die Wärme und Nähe der einen Frau, die sie lieben, nicht mehr genießen können, eine lebensrettende Maßnahme sein. Diese Vakuum-Saugpumpen sind einfach und sicher zu bedienen und können so oft eingesetzt werden, wie dies gewünscht wird. Der negative Aspekt dabei ist, dass Sie Ihr Vorspiel unterbrechen, um den Zylinder über den Penis zu stülpen, und mit dem Pumpen beginnen müssen. Männer und Frauen, die an einen spontanen, ungezwungenen Sex gewöhnt sind, finden das möglicherweise lästig und unpraktisch. Für Paare, die eine verständnisvolle Haltung dazu einnehmen und die Pumpe in ihr Vorspiel mit einbeziehen, ist dies eine praktikable Lösung.

Medikamenten-Injektionen ins Glied sind eine weitere Möglichkeit, eine Erektion von außen zu starten. Obwohl der Gedanke, dass eine Nadel in Ihre Männlichkeit gestochen wird, schmerzhaft klingt, versprechen Ärzte doch, dass es nichts anderes ist, als würde in Ihr Ohrläppchen gekniffen. Ein Drittel der Männer, die diese Injektionstherapie anwenden, empfinden einen leichten bis mittleren Schmerz, aber dieser ist eher dem Medikament zuzuschreiben als der Nadel. Die erektionsfördernde Substanz Alprostadil gelangt sofort in die Blutbahn und löst dieselbe Reaktion aus, die bei einer spontanen Erektion vonstatten geht.

Für viele Männer ist diese Injektionstherapie weniger einschneidend beim Verkehr, denn sie können sich fünf bis zehn Minuten vor Beginn einer sexuellen Handlung selbst spritzen. Injektionsbedingte Erektionen halten eine halbe Stunde oder länger an und es lässt sich sagen, dass sie praktisch mit einer 100-prozentigen Sicherheit funktionieren. 1983 ließ der britische Impotenz-Forscher Dr. Giles Brindley bei einem medizinischen Kongress in Las Vegas vor Hunderten seiner Kollegen die Hosen fallen, um den deutlich erkennbaren vergrößernden Effekt einer Injektion, die er sich selbst verabreicht hatte, zu demonstrieren.

Die Injektion einer gefäßerweiternden Substanz (in den Schwellkörper des Penis) wird jedoch nicht öfter als zwei- oder dreimal pro Woche empfohlen. Da aber Paare im mittleren Lebensabschnitt für gewöhnlich nicht so oft Verkehr haben, sollte das kein Hinderungsgrund sein. Es braucht nur etwas Zeit, bis sie herausgefunden haben, *wie* sie die Injektion selbst vornehmen können und sich daran gewöhnt haben. Es muss also die richtige Technik angewandt werden. Eine nicht zu vernachlässigende Nebenwirkung dabei ist nur, dass es bei einem Fall von hundert Anwendern der Injektionstherapie zu einem Priapismus – einer Dauererektion des Penis – kommen kann. Eine solche Erektion kann oft vier Stunden oder noch länger anhalten und bedarf der Abklärung durch den Arzt.

Eine weitere beliebte Behandlungsmethode ist der Einsatz von Penisimplantaten. Heute werden zwei Arten bevorzugt eingesetzt. Eines ist ein elastisches Stäbchen, das dem Penis nachts genug Steifheit für den Sexualverkehr verleiht, jedoch flexibel genug ist, um sich tagsüber in Boxershorts verstecken zu lassen. Eng anliegende Badehosen am Strand sind dann jedoch passé.

Ein anderes Implantat ist ein Zylinder, der den Penis mittels einer Flüssigkeit weitet und steif werden lässt, die von einem Behälter, der unter der Bauchmuskulatur eingesetzt ist, zugeführt wird. Diese Art von Implantat muss von einem Urologen durch einen chirurgischen Eingriff eingesetzt werden und kann unter Umständen Kosten verursachen, die nicht von Ihrer Krankenkasse übernommen werden. Eine Operation bedeutet zudem Narkose, schmerzliche Genesungszeit und das Risiko einer möglichen Infektion.

Medizinische Fortschritte wurden in jüngster Zeit, in der sich nun die Babyboom-Generation mit diesem Problem der Impotenz konfrontiert sieht, bereits in diesem Bereich gemacht. Sich abzeichnende Therapien umfassen erektionsfördernde Cremes oder Salben, die vor dem Verkehr auf den Penis aufgetragen werden. Derzeit werden weitere Cremes zur Behandlung von Impotenz getestet.

Es ist wohl zu bezweifeln, dass irgendeine neue Behandlungsmethode das öffentliche Interesse zukünftig in einem solch hohen Maße erregen wird wie Viagra. Diese drängte sich im Frühjahr 1998 wie eine zweite sexuelle Revolution in das Bewusstsein der amerikanischen Bürger und wurde zu einer Lifestyle-Droge hochstilisiert. Viagra, das erste Medikament zur Behandlung männlicher Impotenz, das oral eingenommen werden kann, ist in der Lage, die Entspannung des Schwellkörpers zu erhöhen, wodurch vermehrt Blut in die schwammartigen Hohlräume einströmen kann und es schließlich zu einer Erektion kommt. Anstatt also direkt eine Erektion zu erzeugen, verstärkt Viagra (und andere oral verabreichte erektionsauslösende Arzneimittel) lediglich die Reaktion auf sexuelle Signale und ermöglicht so vielen vormals impotenten Männern, wieder eine sexuelle Beziehung aufzunehmen. Viagra erzeugt weder ein sexuelles Verlangen noch erzeugt es selbst eine Erektion. Männer müssen schon, bevor die Wirkung von Viagra einsetzt, sexuell erregt sein. Betrachten wir also diese »Wunder-Pille« und ihre Wirkungsweise einmal näher:

Viagra

Die Entdeckung der Potenzpille für den Mann ist eher einem Zufall der Laborforschung zuzuschreiben. Der US-Pharmakonzern Pfizer entwickelte dieses Medikament ursprünglich zur Behandlung von hohem Blutdruck und Angina, aber die Testversuche zeigten keinen Erfolg. Als dann aber die Männer, die an der Studie teilnahmen, ihre Testproben nicht zurückgeben wollten, ahnten die Forscher schon, dass sie einer anderen Sache auf der Spur waren.

Sie sollten Recht behalten. In nur wenigen Jahren wurde diese diamantförmige blaue Tablette zu einer Wunderpille hochstilisiert, die denen wieder Hoffnung bringen sollte, die keine Hoffnung mehr sahen. Sie wurde als magische Kugel mit wundersamer Kraft gehandelt – und beflügelte sogar die Börse. Viagra, die Pille, die bei Potenzstörungen schnelle Abhilfe verspricht, ist zu einem solchen Wundermittel für den Mann geworden, dass es sogar ganze Webseiten mit Viagra-Witzen gibt.

Abgesehen davon, dass die Pille genug Stoff für Kabarettisten bietet, ist die größte Errungenschaft dabei, dass sie Millionen impotenter Männer hinter dem Ofen hervorgelockt und in urologische Praxen gebracht hat, um sich die Pille verschreiben zu lassen, und dass sie vielen, deren Geschlechtstrieb allmählich abnahm, zu einem neuen Aufschwung ihres Sexuallebens verholfen hat. Viagra ist einfach in der Handhabung – man muss nur eine Stunde, bevor man Sex haben will, eine kleine Pille schlucken. Es gibt also nichts abzusaugen, nichts zu injizieren oder aufzutragen.

Ein 82-jähriger Bekleidungsfacharbeiter im Ruhestand, der an einer erektilen Dysfunktion als Folge einer Prostataoperation litt, sagte einmal zu dem Schriftsteller Douglas Martin: »Ich glaube, das ist eine Revolution. Frauen sollten sich über Viagra freuen, denn nun können Männer über einen längeren Zeitraum hinweg sexuell aktiver sein.« Nun sei es ihm endlich möglich, mit seiner 87-jährigen Frau mitzuhalten.

Viagra funktioniert allerdings nicht bei jedem Mann. Die Wirksamkeit liegt den Angaben zufolge zwischen 64 und 72 Prozent. In einer allgemeinen Umfrage schätzte sich ein Viertel der befragten Männer durch die Einnahme von Viagra sehr glücklich und 47 Prozent bezeichneten ihre Zufriedenheit mit gut. Die von mir Befragten sind so gut wie keine Viagra-Schlucker: Zwei Prozent gaben an, Viagra häufig einzunehmen, sieben Prozent »manchmal«, wohingegen 91 Prozent keinen Gebrauch davon machten (siehe Frage 47).

In den USA und in Deutschland ist Viagra verschreibungspflichtig (wird aber nicht von der Krankenkasse übernommen) und ich möchte dringend davor warnen, dieses Medikament einfach so bei einer Internet-Apotheke zu bestellen. Es gibt zwar auch dort so genannte Online-Konsultationen, aber die kosten derzeit zwischen 50 $ und 100 $. Und wer weiß dann schon, ob tatsächlich ein Arzt Ihre Antworten zu Ihrer medizinischen Vorgeschichte liest. Wenn sich Männer in Deutschland und den USA Viagra verschreiben lassen wollen, werden sie jedoch dahingehend beraten, bei sich zunächst eine eingehende ärztliche Untersuchung und Bluttests durchführen zu lassen und ihre ausführliche sexuelle Anamnese mit ihrem Arzt zu besprechen.

Genau wie bei den meisten anderen Arzneimitteln, so hat auch Viagra einige Nebenwirkungen, die in der Regel als leicht und zeitlich begrenzt beschrieben werden. Die Pille kann Migräne auslösen sowie Sodbrennen, Magenverstimmungen, Triefnasen, Durchfall und Harnwegsinfekte verursachen. Und weil die Augen ein Enzym enthalten, das dem gleicht, auf das sich Viagra im Penis auswirkt, kann es auch zum Schleiersehen oder zu Farbwahrnehmungsstörungen kommen, insbesondere bei Einnahme der 100-Milligramm-Tablette.

Die tragischste Nebenwirkung jedoch ist der Tod. Todesfälle wurden nur in recht seltenen Fällen beobachtet, insbesondere wenn der Mann gleichzeitig andere Medikamente einnahm, die Nitrate enthielten. Arzneimittel gegen Bluthochdruck, die Nitroglycerin enthalten, senken den Blutdruck zu sehr, wenn sie zusammen mit einem »Viagra-Cocktail« eingenommen werden. Die neuesten Forschungsergebnisse werden ständig veröffentlicht. Konsultieren Sie deshalb Ihren Arzt, um auf der sicheren Seite zu sein und das Medikament in der richtigen Weise einzunehmen.

Viagra für die Frau

Sehr bald schon werden auch Frauen in der Lage sein, eine Pille einzunehmen, die ihre sexuelle Lust steigert – sozusagen ein Pendant von Viagra. Inzwischen ist ein weltweites Wettrennen zwischen den multinationalen Pharmakonzernen im Gange, die fieberhaft versuchen, eine Behandlungsmethode zu entwickeln, die sich als ebenso Erfolg versprechend erweisen wird wie Viagra für den Mann.

Mehr als ein Dutzend chemischer Verbindungen werden gegenwärtig rund um den Globus in Versuchslaboratorien zusammengebraut und mindestens die Hälfte davon wird in klinischen Studien getestet. Forscher versuchen derzeit, ein Medikament zu entwickeln, das entweder den Blutzufluss zu den Geschlechtsorganen erhöht oder die sexuelle Lust steigert.

Die neuen Medikationen basieren oft auf dem männlichen Sexualhormon Testosteron, dem so genannten »Liebes-Zündstoff«, der bei beiden Geschlechtern sexuelles Verlangen auslöst. Doch diese Forschungen sind noch nicht so weit, als dass sie ein verschreibungsfähiges Medikament hervorgebracht hätten. Darüber hinaus sind in Deutschland alle Medikamente für Frauen, die Testosteron enthalten, untersagt.

Um mit dem in Russland geborenen US-Schauspieler und Fernsehkomiker Yakov Smirnoff zu sprechen: »Leben wir nun in einem großen Land oder nicht?« Es gibt sicherlich sehr viel, wofür wir dankbar sein können, gerade im Hinblick auf die medizinischen Errungenschaften im Bereich der erektilen Dysfunktion und der geschlechtlichen Lust. Medizinische Fortschritte, die zu einer Verbesserung des Intimlebens beitragen, sollten nicht für selbstverständlich angesehen werden. Und wir sollten dankbar dafür sein, dass der Sex nicht dort enden muss, wo er für Generationen von Ehepaaren vor uns geendet hat.

8. Was Frauen über Brustkrebs wissen sollten

Brustkrebs ist eine schreckliche Plage für Frauen im mittleren Lebensalter. In diesem Kapitel geht es um die Auswirkungen einer Brustkrebserkrankung auf die sexuelle Beziehung.

Mehrere Jahre lang fuhr Beverly jede Woche zum hiesigen Schönheitssalon zu ihrer Frisörin Marjorie. Meine Frau kann bestätigen, dass Marjorie wirklich ein Händchen dafür hatte, ihre Kunden gut zu frisieren.

Man verbringt ja viel Zeit beim Frisör, und so hörte Bev Marjorie zu, wie sie ihr das Herz ausschüttete und ihr von ihrer gescheiterten Ehe und ihrem unerfüllten Kinderwunsch erzählte.

Vielleicht haben Sie schon bemerkt, dass ich von Marjorie in der Vergangenheitsform berichte. Dafür gibt es auch einen guten Grund. Nachdem sie Bev und mir eines Tages eröffnet hatte, dass sie einen Knoten in ihrer Brust entdeckt hätte, redeten wir achtmal auf Marjorie ein, sie solle zu einem Arzt gehen und eine Mammographie machen lassen. Sie ließ sich jedoch niemals einen Termin geben. Auf meine Frage, warum sie keinen Arzt aufsuchte, betete sie mir eine ganze Litanei an Ausflüchten vor:

- »Ich habe keine gute Versicherung.«
- »Ich weiß nicht so recht, zu welchem Arzt ich gehen soll.«
- »Es wird schon nichts Schlimmes sein.«

Es war aber doch etwas Schlimmes. Die Krebszellen, die sich in ihrer Brust und auch in ihrer Lunge breitgemacht hatten, entpuppten sich schließlich als bösartig. Marjorie starb 1999 an Brustkrebs. Sie war erst 44 Jahre alt. Der Tod betrog sie um viele Jahre und brachte Bev und mich um eine wachsende Freundschaft. Das Tragischste an der ganzen Situation aber war, dass Marjorie gar nicht hätte sterben müssen. Eine Mammographie oder Brustuntersuchung zur rechten Zeit hätten ihr Leben retten können, denn die Früherkennung hat mittlerweile im Allgemeinen dazu beigetragen, dass die durch Brustkrebs bedingten Todesfälle in den 90er-Jahren um fünf Prozent zurückgegangen sind. Trotzdem gilt: »Seit 1940 ist die Brustkrebsrate um mindestens ein Prozent pro Jahr gestiegen.«[1] Nehmen Sie also die Möglichkeiten zur Vorsorge wahr. Informieren Sie sich!

Beverly hat sich auf Grund der Empfehlung ihres Arztes in den letzten 20 Jahren einer jährlichen Mammographie unterzogen. Ihr wurde jedes Jahr ein einwandfreies Gesundheitszeugnis ausgestellt, außer ein einziges Mal, als auf ihrem Mammogramm ein leichter Schatten auf einer Brust zu sehen war. Durch eine Probe, eine Biopsie, hatte sich der Verdacht auf Krebs jedoch nicht bestätigt. Hätte sich jedoch ein bösartiger Tumor gebildet gehabt, hätten die Ärzte dies frühzeitig feststellen können. Bev hat einige gute Freunde, die heute noch leben, weil bei ihnen eine Krebserkrankung frühzeitig entdeckt worden ist.

Brustkrebs ist eines der wichtigen Themen des vorliegenden Buches, denn das »Mammakarzinom« ist die häufigste Art von Krebs, die bei Frauen im Alter zwischen 40 und 55 zum Tod führt. Bei denjenigen, die den Brustkrebs mit Hilfe einer Mastektomie (Brustentfernung) überleben, hat der Verlust einer oder zweier Brüste jedoch schwer wiegende Auswirkungen auf ihre sexuelle Beziehung (aber dazu später mehr). Eine Früherkennung *rettet* Leben.

Das *National Cancer Institute* (»Nationales Krebsinstitut«) bezeichnet Brustkrebs zwar nicht als Epidemie, die Krankheit tritt jedoch so häufig auf, dass derzeit fast jede Frau ein Familienmitglied oder eine nahe Freundin hat, die an Brustkrebs erkrankt ist oder selbst versucht, gegen diese Krankheit anzukämpfen. Schätzungen der *American Cancer Society* (»Amerikanischen Krebsgesellschaft«) zufolge werden rund 180.000 amerikanische Frauen im nächsten Jahr eine positive Brustkrebsdiagnose erhalten. Ungefähr 44.000 Frauen werden den tapferen Kampf ums

Überleben verlieren. Diese nüchternen Zahlen geben allerdings nicht die verheerenden Folgen und den furchtbaren Schmerz wieder, den der Brustkrebs Familien und Ehen aufbürdet. Und so sehe ich es als ein allgemein positives Zeichen an, dass der Brustkrebs durch Spendenaktionen, Benefizveranstaltungen und US-Sonderbriefmarken zu einer öffentlichen Angelegenheit geworden ist. Brustkrebs ist eine schreckliche Krankheit, die Frauen – und deren Familien – in ihren besten Jahren trifft.

Immer einen »Hingucker« wert

Die Brüste symbolisieren für Frauen viele Dinge: Weiblichkeit, Schönheit, Attraktivität, Mutterschaft, Säuglingsernährung und nicht zuletzt Sexualität. Dazu kommt noch, dass unsere Gesellschaft seit Jahrzehnten die weiblichen Brüste in erotischer Art und Weise extrem hochstilisiert hat. So ist es nicht verwunderlich, dass Männern die wohl geformten Rundungen einer Frau lange vorher ins Auge stechen, bevor sie die Farbe ihrer Augen bemerken. Machen wir uns doch nichts vor: *Sowohl* Männer *als auch* Frauen sind sich der Anziehungskraft und des sexuellen Einflusses der weiblichen Brust bewusst, beziehungsweise sind es schon seit Tausenden von Jahren gewesen. König Salomo geriet in seinem »Hohen Lied der Liebe« ins Schwärmen, als er auf recht poetische Weise ein einfaches jüdisches Mädchen beschrieb, das er zur Frau genommen hatte. Hier seine übersprühenden Worte:

Wie schön sind deine Füße in den Sandalen.
Die Rundungen deiner Hüften sind wie ein Halsgeschmeide,
ein Werk aus Künstlerhand.
Dein Schoß gleicht einer runden Schale,
die stets mit edlem Wein gefüllt ist.
Dein Bauch ist golden wie Weizen,
von Lilien umkränzt.
Deine Brüste sind wie junge Zwillinge einer Gazelle.
(Hoheslied 7,2–4)

Am Schluss dieses Liedes ist sich die junge Frau ihrer Schönheit durchaus bewusst: »Ich bin wie eine Mauer und meine Brüste sind wie Wachtürme«, mit diesen Worten bezieht sie Position gegen sexuelle Versuchungen (Hoheslied 8,10). Ich kann mir gut vorstellen, warum sie eine solch anziehende Wirkung auf König Salomo hatte.

Das ist ein Grund, warum der Verlust oder Veränderungen an einer Brust durch eine Mastektomie (operative Entfernung der weiblichen Brustdrüse) oder Lumpektomie (eingeschränkte Operation kleiner Karzinome mit unmittelbar umgebendem Gewebe) jedes betroffene Ehepaar in seinem gemeinsamen Leben erschüttern können. Die Bedeutung, die eine Frau ihren Brüsten beimisst, spiegelt sich in ihrem Selbstwertgefühl und Selbstbild, das sie von sich als sexuellem Wesen hat, wider. Die Entwicklung von Brustkrebs verursacht Ängste, Depressionen und das Gefühl der Hilflosigkeit. Mann und Frau können jedoch in einer derart schwierigen Situation Gott um Hilfe und Kraft bitten, damit fertig zu werden.

Das Erschreckende an Brustkrebs ist – abgesehen von der nüchternen Feststellung, dass eine von acht amerikanischen Frauen diese Krankheit bekommen wird –, dass das Risiko, an Brustkrebs zu erkranken, mit zunehmendem Alter steigt. Brustkrebsraten schnellen nach der Menopause in die Höhe. Ungefähr 80 Prozent der Brustkrebsfälle treten bei Frauen im Alter von 50 und älter auf.

Doch eine gute Nachricht gibt es: Wenn Sie Kinder hatten und diese gestillt haben, geht Ihr Brustkrebsrisiko zurück. Helen Smallbone, Mutter der christlichen Sängerin Rebecca St. James, ist Australierin und siebenfache Mutter, die jedes ihrer Kinder ein Jahr oder länger gestillt hat. »Australier sind sehr motiviert, ihre Kinder zu stillen, weil unsere Gesellschaft dies unterstützt – nicht wie in den Staaten, wo die Frauen wenig Unterstützung bekommen, ihren Säugling zu stillen. In Australien unterhält die Regierung spezielle Beratungsbüros in Ladengeschäften, bei denen Mütter von Säuglingen vorbeischauen und mit den Hebammen über alle möglichen Kinderprobleme reden können: Ernährungs- und Wachstumsfragen, Koliken, Windelausschlag und Stillen. Uns wurde immer gesagt, dass Stillen das Risiko, an Brustkrebs zu erkranken, vermindern würde, und Australien hat eine der niedrigsten Brustkrebsraten der Welt«, so Helen Smallbone.

Sie kann Projekte zur Erforschung einer möglichen Beziehung zwischen Stillen und Brustkrebs nur unterstützen. Eine in diesem Zusammenhang wichtige Studie von P. A. Newcomb fand heraus, dass Mütter, die ihre Kinder gestillt haben, ihr Brustkrebsrisiko um 11 bis 24 Prozent reduzierten – abhängig davon, wie lange sie ihr Kind stillten.[2]

Die Forscherin Katherine Dettwyler von der *Texas A & M University* wollte wissen, ob Frauen, die selbst als Säugling gestillt *worden waren*, auch ein geringeres Risiko aufwiesen, an Krebs zu erkranken. Die Antwort lautet Ja. Das Risiko sinkt um 25 Prozent. Dr. Dettwyler äußert sich hierzu wie folgt:

Es ist interessant, den stetigen Zuwachs an Brustkrebsfällen in den letzten Jahrzehnten einmal im Lichte dieser neuen Information näher zu betrachten. Dabei möchte ich meine eigene Mutter als Beispiel nehmen. Sie wurde 1920 geboren, als fast alle Säuglinge immer noch einige Jahre lang gestillt wurden, also hat auch ihre Mutter sie gestillt. So bekam sie schon den ersten Schutz. Als sie anfing, in den späten 40er-Jahren bis etwa Mitte 1950 selbst Kinder zu bekommen, stillten bereits viele Frauen ihre Kinder nicht mehr, obwohl meine Mutter es noch tat. Das heißt, es gab eine ganze Gruppe von Frauen, die als Säuglinge gestillt worden waren, aber ihre eigenen Kinder selbst nicht mehr stillten. So bekamen sie also den ersten Schutz, aber nicht mehr den zweiten. Als sie älter wurden, waren sie deshalb einem höheren Brustkrebsrisiko ausgesetzt, als ihre Mütter und Großmütter es noch gewesen waren. Als Nächstes kam dann meine Generation an die Reihe. Die meisten dieser Generation wurden in den 50er- und 60er-Jahren geboren und als Kind nicht gestillt. So verpassten auch sie bereits den ersten Schutz. Als sie dann anfingen, in den 70er- und 80er-Jahren selber Kinder zu bekommen, stillten viele immer noch nicht ihre eigenen Kinder und verpassten so den zweiten Schutz. Wenn diese Gruppe nun älter wird – diejenigen, die weder gestillt wurden noch ihre eigenen Kinder stillten –, geht sie ein noch höheres Risiko ein, als ihre Mütter es taten. Könnte es sein, dass der stetige Wegfall dieser beiden Quellen an Schutz ein Grund für das stetige Anwachsen von Brustkrebsfällen in den letzten vier Jahrzehnten in den Vereinigten Staaten ist?

Heute kommt es bei einer von acht Frauen zu Brustkrebs. Wenn man diese Wahrscheinlichkeit auf eine von 16 verringern könnte, wäre dies meines Erachtens den Versuch wert. Diese Studien versprechen allerdings nicht, dass diejenigen Frauen keinen Brustkrebs bekommen, die gestillt wurden und die selbst ihre Kinder gestillt haben. Sie verringern nur das Risiko um die Hälfte. Egal, was Sie auch tun, die Chancen stehen gut, dass Sie keinen Brustkrebs bekommen, denn sieben von acht Frauen bekommen statistisch gesehen keinen Brustkrebs. Sie können also auf den Zufall hoffen. Sie können aber auch Ihre Lebensweise ändern, um Ihr eigenes Risiko zu vermindern.[3]

Wurden Sie als Kleinkind gestillt? Haben Sie Ihre Kinder gestillt? Dies sind gute Fragen zum Einstieg.

Tumore breiten sich schnell aus

Die Brüste einer Frau, die von Gott zu einem bestimmten Zweck erdacht wurden, sind Drüsen, die nach der Niederkunft Milch produzieren. Die Brust selbst setzt sich zusammen aus Milch absondernden Drüsen, Milchgängen sowie Binde- und Fettgewebe. Die Ärzte haben zwar noch nicht die konkrete Ursache für Brustkrebs entdeckt, sie wissen jedoch, dass Krebszellen einen Knoten oder eine Gewebemasse in der Brust bilden, die das Wachstum eines Tumors anregen. Ein Tumor kann entweder gutartig oder bösartig sein. Gutartige Tumore sind nicht karzinogen oder lebensbedrohlich und sie verbreiten sich auch nicht wie karzinogene Tumore. Ein bösartiger Tumor in der Brust kann jedoch recht schnell »Ableger« in anderen Körperteilen bilden. Dieser Ausbreitungsprozess wird auch Metastasis genannt. Interessanterweise werden die meisten Krebsarten nach dem Körperteil benannt, bei dem der Krebs zuerst auftaucht. Brustkrebs beginnt im Brustgewebe, wenn er sich jedoch ausbreitet und auf die Lunge übergeht, bezeichnen die Ärzte die Krankheit immer noch als »Brustkrebs«.

Die Ärzte gehen davon aus, dass gewisse Risikofaktoren mit Brustkrebs verbunden sind. Ein Risikofaktor ist etwas, was die Chancen der betreffenden Person erhöht, eine bestimmte Krankheit zu bekommen. Einige Risikofaktoren wie das Rauchen sind beeinflussbar. Andere Faktoren wie das Alter oder die familiäre Vorgeschichte eines Menschen sind allerdings unabänderlich. Da jedoch alle Frauen Gefahr laufen, an Brustkrebs zu erkranken, empfiehlt es sich, die nachstehend aufgelisteten Faktoren eingehend zu betrachten, um diese heimtückische Krankheit besser zu verstehen.

Risikofaktoren, die nicht kontrollierbar sind

Alter. Das Risiko, an Brustkrebs zu erkranken, steigt mit dem Alter der Frau.

Vorerkrankung an Brustkrebs. Wenn eine Frau schon einmal in einer Brust an Brustkrebs erkrankt war, erkrankt sie mit größerer Wahrscheinlichkeit auch noch in der anderen Brust.

Familiäre Vorgeschichte. Eine Frau, deren nahe Verwandte Brustkrebs hatten, ist einer größeren Gefährdung ausgesetzt. Ihr Risiko erhöht sich, wenn eine Verwandte in einem frühen Alter Brustkrebs hatte oder wenn mehrere ihrer Verwandten diese Krankheit hatten. Zwischen fünf und zehn Prozent der Brustkrebsfälle scheinen im Zusammenhang mit einer Veränderung bestimmter Gene zu stehen. Studien belegen, dass einige Formen von Brustkrebs mit Mutationen oder Veränderungen der BRCA1- und BRCA2-Gene zusammenhängen. Wenn eine Frau von einem Elternteil ein mutiertes Gen geerbt hat, wird bei ihr mit größerer Wahrscheinlichkeit Brustkrebs entstehen. Ungefähr 50 bis 60 Prozent der Frauen mit diesen angeborenen Mutationen werden bis zu ihrem 70. Lebensjahr an Brustkrebs erkrankt sein. Für sie wäre ein genetischer Test vielleicht ratsam.

Klimakterium über 50. Frauen, die eher später als früher in die Wechseljahre kommen, haben ein leicht erhöhtes Risiko, genauso wie Frauen, die ihre Periode zum ersten Mal vor dem zwölften Lebensjahr bekommen haben. Das Risiko ist ebenso bei Erstgebärenden nach dem 30sten Lebensjahr geringfügig höher.

Risikofaktoren, die kontrollierbar sind

Gewicht. Ärzte vermuten, dass es einen Zusammenhang zwischen Brustkrebs und Übergewicht geben *könnte*, insbesondere bei Frauen über 50. Sie weisen jedoch darauf hin, dass der Zusammenhang zwischen Gewicht und Brustkrebsrisiko sehr komplex ist und davon beeinflusst sein könnte, ob die Frau als Erwachsene zugenommen hat oder seit ihrer Kindheit übergewichtig ist. Außerdem ist nicht gesagt, dass bei einer Frau mit großen Brüsten eher bösartige Tumore entstehen. Frauen haben zumeist große Brüste, weil sie übergewichtig sind.

Östrogenersatztherapie. Einigen Studien zufolge soll eine langfristige Anwendung (über zehn oder mehr Jahre) der Östrogenersatztherapie (mit Tamoxifen zum Beispiel) zur Linderung von klimakterischen Beschwerden ein leicht erhöhtes Risiko an Brustkrebs bewirken. Dieses Risiko bezieht sich auf derzeitige und jüngste Anwender. Das Risiko einer Frau, an Brustkrebs zu erkranken, kehrt jedoch fünf Jahre nach Beendigung der Östrogenersatztherapie auf das Niveau der allgemeinen Bevölkerung zurück.

Alkoholkonsum. Studien zufolge besteht bei Alkoholkonsum ein höheres Brustkrebsrisiko.

Ernährungsweise. Mindert eine fettarme Ernährungsweise das Brustkrebsrisiko? Forschungsergebnisse zeigen, dass in Ländern, in denen die typische Kost allgemein fettarm ist, der Brustkrebs weniger verbreitet ist. Und doch konnten viele amerikanische Studien bislang noch nicht belegen, dass das Brustkrebsrisiko mit einer fettreichen Ernährung in Zusammenhang steht. Mehr Studien sind also vonnöten, um diesen Sachverhalt zu klären.

Sportliche Betätigung. Einige Studien belegen, dass körperliche Bewegung eine Schutzwirkung gegen Krebs einschließlich Brustkrebs erzeugen kann.

Rauchen. Obwohl ein direkter Zusammenhang zwischen Rauchen und Brustkrebs noch nicht festgestellt werden konnte, beeinträchtigt das Rauchen doch den allgemeinen Gesundheitszustand und erhöht das Risiko für viele andere Krebsarten wie auch für Herzerkrankungen. Alle Raucher sollten das Rauchen sein lassen.[4]

Früherkennungsmassnahmen

Seit die *American Cancer Society* jeden Oktober den »Brustkrebs-Bewusstseins-Monat« veranstaltet und seit Jahren umfangreiche Berichte über berühmte Brustkrebspatienten in der Presse schaltet (wie etwa über die frühere Präsidentengattin Betty Ford), hat inzwischen nahezu jede Frau über 30 etwas über die Bedeutung von Früherkennungsmaßnahmen wie die Mammographie, ärztlich-klinische Brustuntersuchung und Selbstuntersuchung der Brust erfahren.

Mammographien sind Röntgendarstellungen der weiblichen Brust, die von Spezialgeräten aufgenommen werden. Die Untersuchung ist zwar unangenehm, aber nicht unangemessen, so wurde mir gesagt, denn die Brust wird dabei zwischen zwei Platten gepresst, während einige Aufnahmen gemacht werden. Da Mammographien bei der Früherkennung von Brustkrebs unerlässlich sind, ist in Expertenkreisen eine Diskussion darüber entfacht, ab welchem Alter mit jährlichen Mammographien begonnen werden sollte.

In Deutschland wird ab dem 35. Lebensjahr eine erste Basismammograhie empfohlen. Bis zum 40. Lebensjahr kann dann die Frau warten, bis sie in einem zwei- bis dreijährigen Rhythmus ihre Brüste erneut untersuchen lässt. Ab dem 50. Lebensjahr sollte dann alle ein bis zwei Jahre eine Mammographie erfolgen, wohingegen ab dem 65. Lebensjahr die Untersuchungsintervalle wieder größer werden können. Übrigens übernehmen alle Krankenversicherungen im Rahmen der Vorsorgeuntersuchungen die Kosten für eine Mammographie. Warum also nicht um des lieben Seelenfriedens die Untersuchung über sich ergehen lassen? Die Strahlenbelastung durch ein Mammographiegerät ist so gering, dass man sie mit der Strahlenbelastung vergleichen kann, die man bekommt, wenn man an einem sonnigen Nachmittag den Gehsteig entlangläuft. Wenn eine Frau sich 50 Jahre lang jährlich einmal einer Mammographie unterziehen würde, bekäme sie nur zehn Rad an Strahlung ab – verglichen mit einer Dosis von mehreren tausend Rad, die eine Frau durch eine Strahlenbehandlung bekommt.

Eine fachkundige Untersuchung. In Deutschland führt ein Gynäkologe im Rahmen der jährlichen Vorsorgeuntersuchungen eine Tastuntersuchung der Brustdrüse durch, bei der er vorsichtig die Brust der Frau und die Gegend unter den Achselhöhlen nach etwaigen Anomalien abtastet.

Die Selbstuntersuchung der Brust kann jedoch immer erfolgen. Eine Frau steht dabei vor dem Spiegel und hält einen Arm nach oben, während die andere Hand die Brust nach einer Verdickung oder einem harten Knoten abtastet. Andere Veränderungen, auf die man achten sollte, sind Veränderungen der Brustwarze mit fast unmerklichen Hauteinziehungen oder -abflachungen. Jeder Unterschied in der Pigmentierung oder Beschaffenheit der Brust wie eine rötliche, narbige Oberfläche vergleichbar der Haut einer Orange kann möglicherweise ein weiteres Symptom für Brustkrebs sein.

Eine wertvolle Anleitung zur Selbstuntersuchung der Brust, das von einem Forscherteam der Universität von Florida entwickelt wurde, ist bekannt als die »MammaCare-Methode«. Die Frau sollte dabei auf dem Bett liegen, ihre Knie leicht nach oben anwinkeln und ihre linke Handfläche auf ihre Stirn legen. Danach sollte sie mit der rechten Hand ihre linke Brust untersuchen, indem sie zunächst auf ihrer rechten Seite und danach flach auf dem Rücken liegt. Die Position, bei der die Frau auf der Seite liegt, ermöglicht es ihr, insbesondere wenn sie große Brüste hat, eine effektive Untersuchung durchzuführen. Wenn die Frau auf dem Rücken liegt, sollte sie in Höhe ihres BHs die Brust bis zur Mitte des Brustbeines hin nach tastbaren Knoten absuchen. Sollten Sie eine detailliertere Anleitung zur Brustuntersuchung wünschen, fragen Sie am besten Ihren Frauenarzt nach einer Broschüre.

Auch wenn Ihr Mann Ihre Brüste während des Vorspiels sanft berührt, sollte er auf jede mögliche Veränderung achten, besonders im Hinblick darauf, wie sich Ihre Brüste anfühlen. Dies ist ein weiterer Grund, warum man auch in den mittleren Lebensjahren weiterhin Sex haben sollte!

Wenn ein Knoten entdeckt wird

Helen Tucker und ihr Mann Irvin meldeten sich am Neujahrsabend an der Rezeption des Seehotels in Virginia Beach an und freuten sich schon darauf, ein langes gemeinsames Wochenende verbringen zu können. Die Tuckers, beide um die 50, freuten sich auf eine entspannte Zeit des Zusammenseins, bevor das neue Jahr beginnen sollte.

Bevor sie zum Essen ausgingen, schalteten sie noch einmal kurz den Fernseher ein. Helen schüttelte ein paar Kissen auf und richtete sich dann im Bett auf, um sich mit ihrem Mann zu entspannen. Sie schwang ihren rechten Arm durch die Luft und in diesem Moment spürte sie den Knoten in ihrer Brust. Sie fühlte tatsächlich etwas Hartes, das vorher noch nicht dort gewesen war.

»Irvin«, sagte sie und unterbrach ihn beim Fernsehen. »Ich glaube, ich habe einen Knoten in meiner Brust.«

Ihr Mann wurde vor Entsetzen kreidebleich und plötzlich wurde die Fernsehsendung unwichtig. Er zog sie eng an sich. Sie führte seine Hand an ihre rechte Brust und seine Finger fühlten auch, was Helen ertastet hatte. Der Knoten konnte nicht geleugnet werden.

Nach ihrer Rückkehr nach Raleigh in North Carolina ließ sich Helen gründlich untersuchen, bevor sie sich einer Mastektomie unterziehen musste, die jedoch ihr Leben rettete. Diese Geschichte belegt, wie wichtig es sein kann, sofort einen Arzt aufzusuchen, wenn Sie einen verdächtigen Knoten in Ihrer Brust feststellen. Sie sollten möglichst rasch die notwendigen Untersuchungen durchführen lassen, um eine mögliche Krebserkrankung diagnostizieren lassen zu können.

Der Arzt wird Sie nach Ihrer Vorgeschichte befragen und eine eingehende körperliche Untersuchung vornehmen, bevor er Ihnen zu einer Mammographie oder Sonographie (Ultraschalluntersuchung) der Brust rät. Diese bildgebenden Verfahren der Brustdiagnostik können manchmal schon eine Aussage darüber treffen, ob der Knoten gut- oder bösartig ist. Der einzig sichere Weg ist jedoch eine Probebiopsie der Brust. Dabei wird der Brust Zellmaterial entnommen – gewöhnlich mit einer dünnen Nadel –, das in einem Labor untersucht wird. Wenn die Ergebnisse dann mit der befürchteten *bösartigen* Diagnose vorliegen, wird dies bei Ihnen unweigerlich Schmerz und Verwirrung auslösen. Sie betreten neuen Boden und müssen sich zunächst dahingehend orientieren, welche Behandlungsmethode bei Ihnen angewandt werden soll. Die geläufigsten Behandlungsmethoden bei Brustkrebspatienten sind die Operation, Strahlentherapie, Hormontherapie und Chemotherapie.

Die meisten Frauen mit Brustkrebs unterziehen sich zunächst einer Operation, bei der so viel wie möglich von der Krebsgeschwulst entfernt werden soll. Eine Operation ist oft der Erstschlag in einem Kampf, der mit anderen Behandlungsmethoden kombiniert wird, wie der Chemotherapie, Hormontherapie oder Strahlentherapie. Die folgenden Arten der Brustkrebsoperation sind heute geläufig:

- Lumpektomie. Darunter versteht man die operative Entfernung von lediglich karzinösem Gewebe mit unmittelbar umgebendem (normalem) Gewebe. Einer Lumpektomie schließt sich fast immer eine sechs- bis siebenwöchige Strahlentherapie an.
- Segmentale (eingeschränkte) Mastektomie. Darunter versteht man die operative Entfernung von bis zu einem Viertel der Brust. Für gewöhnlich schließt sich eine Bestrahlung an diese Operation an.
- Einfache oder totale Mastektomie. Darunter versteht man die operative Entfernung der ganzen Brust.
- Modifizierte radikale Mastektomie. Darunter versteht man die operative Entfernung der ganzen Brust sowie der Lymphknoten unter der Achsel.
- Radikale Mastektomie. Darunter versteht man die erweiterte Entfernung der ganzen Brust einschließlich der Lymphknoten und der Brustwandmuskeln unter der Brust (Pektoralismusku-

latur). Früher war dies die übliche Operationsform. Heute wird sie nur noch selten angewandt, da sich die modifizierte radikale Mastektomie als ebenso erfolgreich erwiesen hat und mit weniger Entstellungen und Nebenwirkungen verbunden ist.

Der Verlust einer Brust durch eine Operation wirkt sich auf jede Frau und jede sexuelle Beziehung unweigerlich aus. Mit dem Verlust einer Brust samt Brustwarze geht auch der Verlust der sinnlichen Wahrnehmung einher. Eine beträchtliche Anzahl an Frauen beschreibt eine Mastektomie als eine verstümmelnde und entstellende Erfahrung. Frauen fühlen sich nicht länger als ganze Person, nicht länger sexuell attraktiv. Ein Sexualleben nach dem Brustkrebs ist eines der heikelsten Themen für Mann und Frau und es kann Monate dauern, bis sie sich gemeinsam den Narben stellen können.

Alles hat sich geändert, weil sie nun anders *aussieht*. Vergangen sind die körperlichen Reize: Ihre sanfte, geschmeidige Brust und herrlichen Brustwarzen sind ersetzt durch eine unabänderliche rote Vernarbung und einen flachen Brustkorb. Sie taumelt immer noch durch die schmerzhafte Verstümmelung infolge einer chirurgischen Entfernung eines beträchtlichen Teiles ihres Körpers. Sie nimmt sich nicht mehr als ganze Person wahr, fühlt sich nicht mehr sexuell anziehend, empfindet, dass sie nicht länger ihrem geliebten Mann Vergnügen bereiten kann. Sie hat gegen eine Welle des psychischen Schmerzes nach der anderen anzukämpfen und vielleicht auch gegen die Enttäuschung über das Ergebnis der Operation.

Ungefähr ein Viertel der Frauen mit einer Mastektomie geben an, dass die Operation ihr Sexualleben negativ beeinflusst hat, und zwar in punkto Häufigkeit des Geschlechtsverkehrs, verminderter sexueller Befriedigung und größerer Schwierigkeiten, zum Orgasmus zu gelangen. Aber es gibt auch eine gute Nachricht: Die Mehrzahl der Frauen scheint die belastende Erfahrung der Operation und den Verlust der Brust sexuell verarbeiten zu können. Für 63 Prozent der Frauen gibt es *keine Veränderung* ihrer sexuellen Beziehung und zwölf Prozent konstatieren sogar eine größere sexuelle Befriedigung, wahrscheinlich weil sie glücklich sind, noch am Leben zu sein.[5] Einige Paare finden, dass die intime

Verbundenheit, die durch den gemeinsamen Kampf gegen den Brustkrebs bekräftigt wird, die sexuelle Beziehung sogar noch verstärken kann. Ein Forscher meinte, dass Männer, die die fehlende Brust ihrer Partnerin beim Liebesspiel »ausblenden«, sich eher auf das Vergnügen konzentrieren, das die sexuelle Begegnung schenkt.[6]

Niemand bestreitet hingegen die herausragende Rolle der Brüste beim sexuellen Vorspiel. Viele Männer äußern den Wunsch, beim Sex die Brüste der Frau sanft zu streicheln. Wenn eines der Objekte (oder beide Objekte) der Zuneigung und Lust nicht mehr da ist, muss das Paar andere erogene Zonen und andere Wege für das Vorspiel finden. Männer müssen zum Ausdruck bringen, dass sie nach wie vor den Körper der Frau annehmen. Sie müssen sich mental und physisch darauf einstellen, indem der Mann seine Frau daran erinnert, dass er *sie* und nicht ihren früheren Brustkorb liebt. »Ihr Männer«, dies ist eure Chance: Tretet mutig hervor, und »liebt eure Frauen so, wie Christus seine Gemeinde liebt« (frei nach Epheser 5,25). Dies ist der Punkt, an dem ihr vielleicht zu lernen habt, dass Sex mehr ist als nur Geschlechtsverkehr.

Wenn eine Frau nach einer Krebsoperation sich selbst nackt nicht ansehen oder die Narben nicht betrachten kann, dann ist das völlig in Ordnung, so die Autorinnen des Buches *Living Beyond Breast Cancer* (»Ein Leben nach dem Brustkrebs«) Marisa C. Weiß und Ellen Weiß. »Eine verhüllende Unterwäsche oder Nachtwäsche kann eine mögliche Lösung sein, um einen anfänglichen Schock zu vermeiden«, so schreiben sie. »Wenn Sie diesen Schutz, diese Maskierung wollen, dann tun Sie es. Verhüllen Sie sich eben. Viele Frauen behalten ihre Kleider im Bett an. Unter der Kleidung fühlt sich eine rekonstruierte Brust oder eine gute Prothese für ihren Partner sehr nach der echten Brust an. Sie hat die Elastizität, das Gewicht und die Spannkraft einer natürlichen Brust.«

Jedes Paar ist verschieden, wenn es um intime Fragen geht. Es ist ganz und gar normal, nach einer Mastektomie eine Beratung aufzusuchen. Für manche war es auch hilfreich, sich einer Selbsthilfegruppe anzuschließen. Probieren Sie es einfach aus. Selbsthilfegruppen können vielleicht hilfreicher sein, als Sie gedacht haben. Frauen können sich auch einer Selbsthilfegruppe nur für Frauen anschließen. »Sie beziehen ihren Trost und ihre

Ermutigung daher, dass sie mit anderen Frauen zusammen sind, die den Brustkrebs überlebt haben«, so Dr. Weiß. »Frauen, die an solchen Gruppen teilnehmen, können einander oftmals wichtige, für diese Patientengruppe spezifische Ratschläge erteilen, wie sie sich im Bett verhalten und wie sie ihr sexuelles Vergnügen steigern können.«

Plastische Chirurgie

Dank neuer Fortschritte in der plastischen Chirurgie entscheiden sich mehr und mehr Frauen für eine rekonstruktive Operation nach einer Mastektomie. Nahezu jede Frau kommt für eine Wiederherstellung der Brust in Frage – ungeachtet ihres Alters, der Art der zunächst durchgeführten Operation und der Zahl der Jahre, die seit der Operation vergangen sind. Was am überraschendsten bei einer solchen Rekonstruktion der Brust ist, ist, dass Ärzte oftmals eine plastische Operation zusammen mit einer Mastektomie durchführen können. Anfang der 90er-Jahre entschlossen sich ungefähr zehn Prozent der Frauen, die für eine plastische Operation in Betracht kamen, für diese Möglichkeit. Jüngsten Schätzungen zufolge entscheiden sich insgesamt 30 Prozent der in Frage kommenden Frauen für eine Wiederherstellung der Brust.[8]

Der Wiederherstellungsprozess beinhaltet oftmals mehr als nur eine Operation. Aber zumindest ist es ein Anfang für die Frauen, die es sich wünschen, sich wieder als ganzer Mensch zu fühlen. Das Ziel der plastischen Chirurgie liegt nicht darin, eine »Wunderbrust« zu schaffen, die genauso aussieht wie die Brust zuvor, sondern darin, wieder eine Symmetrie der Brüste herzustellen, wenn die Frau einen BH trägt. Der Ehemann wird aber den Unterschied zwischen der rekonstruierten Brust und der noch verbleibenden Brust feststellen, wenn er seine Frau nackt sieht. Wenn sie jedoch komplett angekleidet ist, werden die Brüste im BH von der Größe und Form her einander hoffentlich so sehr ähneln, dass sich die Frau in so gut wie jeder Kleidung wohl fühlt.

Ärzte sind heute in der Lage, mit Implantaten die wunderbarsten Dinge zu vollführen. Der chirurgische Ablauf ist jedoch immer noch recht kompliziert und birgt sehr viele Gefahren in sich. Zum Beispiel nehmen sie oft Hauttransplantate von den Ohrläppchen, um die Brustwarzen zu bilden, und Hautlappen von den Oberschenkeln zur Wiederherstellung der Haut der Brust, die anschließend mit Implantaten gefüllt wird.

Die Männer der von dieser schweren Krankheit betroffenen Frauen sollten sich darüber im Klaren sein, dass manche von ihnen die sexuelle Beziehung erst wieder aufnehmen möchten, nachdem ihre Brust wiederhergestellt ist. Das ist auch gut so. Und dies ist wiederum eine Gelegenheit für Sie als Mann, Ihrer Frau in der Weise zu dienen, dass Sie ihr in den erschütternden Momenten zwischen Leben und Tod zur Seite stehen und sich mit dieser Situation auseinander setzen.

Das Risiko minimieren

Haben Sie schon einmal von einer Pille namens Tamoxifen gehört, die dem Brustkrebs vorbeugen soll? »Im April 1998 meldete das Nationale Krebsinstitut der USA die atemberaubende Entdeckung, dass bei stark risikogefährdeten Frauen, die das Medikament Tamoxifen nahmen, das Brustkrebsrisiko um 45 Prozent sank.«[9] Tamoxifen funktioniert vom Prinzip her so, dass es die Wirkung von Östrogen, einem Hormon, das bei der Teilung und dem Wachstum von Krebszellen beteiligt ist, schwächt. Das ist ein interessantes Phänomen. Tamoxifen wird einerseits als Antiöstrogen angesehen, weil es die Wirkung von Östrogen in Brusttumoren blockiert. In anderen Körperteilen jedoch wirkt das Medikament als schwaches Östrogen – mit anderen Worten als Östrogenersatztherapie für Frauen in den Wechseljahren. Tamoxifen beugt darüber hinaus Knochenschwund vor, beeinflusst auf positive Weise den Cholesterinspiegel und lindert die vaginale Trockenheit. Obwohl Tamoxifen Frauen nicht in die Wechseljahre versetzt, hören ca. 20 Prozent der Frauen bei Einnahme des Medikamentes auf, ihre Periode zu haben.

Risikogefährdete Frauen müssen die möglichen Nebenwirkungen einer Einnahme von Tamoxifen, wie ein erhöhtes Gebärmutterkrebsrisiko und Blutgerinnsel, die sich von einer Thrombose in den Beinen zu einer Lungenembolie entwickeln können, abwägen. Eine Art, an dieses Thema heranzugehen, besteht darin, dass man sich vor Augen hält, dass die meisten Frauen, die an Gebärmutterkrebs erkrankt sind, durch eine Hysterektomie (operative Entfernung der Gebärmutter) geheilt werden können, wohingegen Brustkrebs schwerer zu bekämpfen ist. Wenn Sie meinen, dass Sie im Hinblick auf Brustkrebs zu den stark risikogefährdeten Frauen gehören, sollten Sie die Möglichkeit einer Einnahme von Tamoxifen mit Ihrem Hausarzt oder Gynäkologen besprechen.

Ein anderer Ansatzpunkt besteht darin, Ihre Ernährung durch Soja und andere Sojaprodukte zu ergänzen. Genau wie asiatische Frauen keine schwer wiegenden Probleme mit dem Klimakterium haben, ist bei ihnen auch die Brustkrebsrate vergleichbar niedrig. »Im Falle von Brustkrebs liegen die Raten in den Vereinigten Staaten bis zu zehnmal höher als in fernöstlichen Ländern. In den Vereinigten Staaten müssen 30 bis 40 von 100.000 Frauen damit rechnen, an Brustkrebs zu sterben. In Thailand und Sri Lanka liegt deren Anzahl erstaunlicherweise nur bei vier bis fünf!«[10]

Der Grund liegt im Allgemeinen im Ernährungsstil der Asiaten, die bei der Nahrungszubereitung große Mengen an Soja verwenden. Dr. Bob Arnot, Autor des Buches *The Breast Cancer Prevention Diet* (Das Anti-Brustkrebsbuch. Vorbeugung durch richtige Ernährung und Lebensweise), empfiehlt, täglich 60 Gramm Soja in Form von Tofu, Tempeh, Sojamilch, Sojamehl usw. zu sich zu nehmen. »Wie Sie sehen, ist es leichter gesagt als getan, an 60 Gramm Soja zu kommen, da Sie dann bis zu drei Pfund Lebensmittel essen müssten«, so Dr. Arnot, der Folgendes vorschlägt:

Das führt uns zu den Soja-Shakes. Der einfachste Weg, die notwendige Sojamenge zu erhalten, die vor Brustkrebs schützt, besteht darin, einen Sojashake aus Pulver zu trinken. Geben Sie eine Banane, Wasser, Eis und etwas Sojapulver in einen Mixer und trinken Sie dann das Ganze wie einen Milchshake. [...] Das ist der einfachste Weg sicherzustellen, dass man genauso viel Soja bekommt, wie man möchte.[11]

In Deutschland ist darüber hinaus auch das Soja-Präparat *Almased* erhältlich, das Ihnen eine Alternative zu einer gesteigerten Sojakost anbietet.

Kann Soja Brustkrebs vorbeugen? Wir wissen es nicht mit hundertprozentiger Sicherheit, aber Sojaprodukte können sicherlich dazu beitragen, gesünder zu leben. Wenn ich eines mit Sicherheit weiß, dann dies: Wenn Marjorie heute noch lebte, würde Bev ihr bestimmt einen großen Becher mit Sojapulver zum nächsten Frisörtermin mitbringen!

9. Was Männer über Prostatakrebs wissen sollten

Das männliche Gegenstück zum Brustkrebs ist Prostatakrebs. Und damit ist nicht zu spassen.

Wann immer einer meiner männlichen Verwandten 40 wird, erhalten sie von mir den gleichen »aufmunternden« Rat: »Zeit, deine Prostata untersuchen zu lassen!«[1]

Die meisten sind nicht darauf gefasst, was bei einer solchen Untersuchung mit ihnen passiert. Noch sitzen sie nichts ahnend im Untersuchungszimmer des Arztes. Dann zieht sich der Arzt – unheilschwanger – seine Schutzhandschuhe über und verkündet: »Nun wollen wir uns mal Ihre Prostata ansehen.« Dann folgt ein Kommando auf das andere – wie aus einem Schnellfeuergewehr:

»Umdrehen und Hose öffnen!«

»Hose runterziehen!«

»Nach vorne beugen!«

»Ellbogen auf den Tisch!«

»Entspannen Sie! Ich drücke jetzt Ihre Pobacken auseinander.«

Ich möchte hier nicht näher ausführen, wie der Arzt dann mit seinem behandschuhten Finger im Enddarm herumbohrt. Ich möchte hier nur sagen, dass die Untersuchung der Prostata das männliche Gegenstück zu der unangenehmen gynäkologischen Untersuchung der Frau ist, die sie immerhin seit ihrer Teenagerzeit »in Steigbügel-Position« über sich ergehen lassen muss. Deshalb, meine lieben Männer, sind Sie gar nicht so schlecht dran. Eine Prostatauntersuchung – auch wenn sie recht unangenehm ist – ist in einer Minute vorüber.

Der behandschuhte Finger des Arztes sucht tastend nach Informationen über den Zustand der Prostata, ihre Konsistenz,

Elastizität oder irgendeine Fehlbildung. Auch wenn diese Art der Untersuchung als gründlich eingeschätzt wird, kann sie dem Arzt nur Aussagewerte über diese Merkmale geben. Der Finger des Arztes tastet nur den hinteren Teil der Prostata ab, seine Finger reichen nicht bis zu den anderen Teilen der Drüse, die von einem bösen Zellwachstum befallen sein könnten. Ein Bluttest beziehungsweise ein prostataspezifischer Antigentest (PSA-Test) wird für gewöhnlich zusammen mit der Abtastuntersuchung durchgeführt. Dadurch kann in bis zu 80 Prozent der Fälle Krebs entdeckt werden. Obwohl eine Erhöhung des Antigens noch nicht unbedingt auf ein Karzinom schließen lassen muss, stellt der PSA-Test doch eine gute ergänzende Kontrolle zur rektalen Untersuchung dar.

Ihre Prostata war nicht immer schon so groß. Bei der Geburt ähnelte sie einer Dosenerbse, wuchs dann aber in der Pubertät und in den jungen Erwachsenenjahren sehr schnell zu einer walnussgroßen Drüse heran von ungefähr zweieinhalb bis vier Zentimetern Größe mit einem Gewicht von 15 bis 20 Gramm. In den mittleren Lebensjahren erfuhr die Prostata dann nochmals einen zweiten Wachstumsschub infolge eines erhöhten Hormonspiegels an Dihydrotestosteron (DHT). Bei DHT handelt es sich um eine Art des Testosterons, das Sie vielleicht noch von Ihrem Biologieunterricht her kennen und das für den Muskelaufbau und die Entwicklung unserer Libido verantwortlich ist. Leider ist ein erhöhter Hormonspiegel des DHTs aber auch noch für zwei weitere Dinge verantwortlich, die für den Mann im mittleren Alter kein Segen sind: die Glatzenbildung und das Wachstum der Prostata.

Ich selbst habe eine vergrößerte Prostata und fast alle meiner Freunde haben auch eine. Das ist weit verbreitet. Da eine vergrößerte Prostata für den Mann so vorhersagbar ist wie die Wechseljahre für die Frau, möchte ich dieser erstaunlichen Drüse nun ein Kapitel widmen.

Wie ein Kringel

Die Prostata, die direkt unterhalb der Harnblase und genau vor der Innenwand des Rektums liegt, hat sehr viel mit den sexuellen Funktionen des Mannes zu tun.

Die Prostata, die aus Muskeln, einzelnen Drüsen und fibrösem Bindegewebe besteht, wurde von Gott im Hinblick auf den Sex erschaffen. Unter anderem hat diese so genannte Vorsteherdrüse die Aufgabe, Sperma aus den Hoden zu befördern und ein milchiges Sekret zu bilden, das für die Ejakulation des Spermas beziehungsweise des männlichen Samens erforderlich ist. Das Prostatasekret ist dünnflüssig und verleiht dem Ejakulat seinen charakteristischen Geruch. Wenn der Mann seinen Orgasmus erreicht, gibt die Prostata dieses Sekret in die Harnröhre (die vom Blasenmund ausgehende Röhre zum Penis) ab, von wo aus dieses Sekret durch spasmische Kontraktionen der Muskeln, die die Harnröhre umgeben, aus dem Penis herausgeschleudert wird. Ungefähr 200 Millionen Spermien werden so bei einer durchschnittlichen Ejakulation in die Vagina abgegeben. Nur ein einziges wird allerdings ein Kind hervorbringen, wenn es das weibliche Ei erreicht.

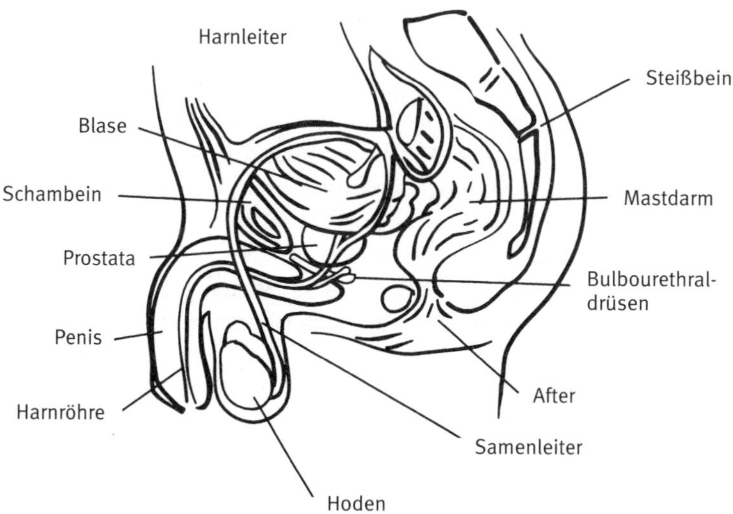

Abb. 3: Anatomie der männlichen Geschlechtsorgane

Die Harnröhre verläuft mitten durch die Prostata – so ähnlich wie ein ringförmiger Schlauch durch die Öffnung eines Kringels oder Donuts. Wenn bedingt durch ein beschleunigtes Prostatawachstum diese Öffnung nach innen eingeengt wird, kann die Harnröhre beziehungsweise der Blasenausfluss ventilartig verschlossen werden. Das Ergebnis ist dann eine Beeinträchtigung der normalen Harn- und Sexualfunktionen.

Die meisten Männer, die es gewöhnt waren, einen steten Strahl in die Toilette zu urinieren, merken nun, wie sie immer dichter und dichter an der Schüssel stehen und darauf warten müssen, dass der Blasenausfluss beginnt. Wenn sich die Harnentleerung schließlich nach einer Minute des Wartens einstellt, ist der Druck des Strahls wenig mehr als dürftig. Ein anderes Zeichen für ein sich ankündigendes Prostataproblem ist die verstärkte nächtliche Harnproduktion, kurz Nykturie genannt. Der Mann verspürt dabei den Drang, sich ein-, zwei- oder gar dreimal nachts aus dem Bett zu wälzen, um zur Toilette zu gehen.

Die genannten Beschwerden sind Symptome einer gutartigen Prostatavergrößerung beziehungsweise einer so genannten benignen Prostatahyperplasie, kurz BPH genannt – im Volksmund auch als »Altersprostata« bekannt –, und man sollte ein Augenmerk darauf haben. Wird diese nämlich nicht behandelt, könnte eine vergrößerte Prostata schließlich den kompletten Blasenausfluss verschließen und dadurch eine schwere Krankheit oder in wenigen Fällen sogar den Tod zur Folge haben. Bei der überwiegenden Mehrzahl der Männer jedoch ist BPH im Grunde genommen nichts Lebensbedrohliches, aber es vermindert auf jeden Fall die Lebensqualität.

Sie sind ein Kandidat für BPH, wenn Sie die folgenden Anzeichen einer vergrößerten Prostata an sich feststellen können:

- Sie versuchen zur Toilette zu gehen, sind bereit zum Wasserlassen, aber es dauert einige lange Sekunden, bis der Harnstrahl einsetzt.
- Sie stellen fest, dass Ihr Harnstrahl beträchtlich verlangsamt oder nicht mehr so stark ist.
- Nach der Entleerung der Harnblase »tröpfeln« Sie noch nach.

- Sie haben das Gefühl, als könnten Sie noch Wasser lassen, obwohl Sie bereits fertig sind.
- Sie verspüren tagsüber mehrmals in der Stunde einen Harndrang und ganz besonders häufig auch nachts.
- Schmerzen und Beschwerden durch die Unfähigkeit, die Blase komplett zu entleeren – Ursache für
- Blasenentzündungen.

Sie sollten diese Symptome auf jeden Fall mit Ihrem Hausarzt oder Urologen abklären. Schämen Sie sich nicht! Eine benigne Prostatahyperplasie ist in 80 Prozent der Fälle überhaupt nicht gefährlich, aber sie kann in 20 Prozent der Fälle bösartige Ursachen haben. Unter Malignität verstehen wir hier Krebs. Prostatakrebs ist die zweithäufigste Krebsart, die beim Mann diagnostiziert wird – Hautkrebs die häufigste. Prostatakrebs ist auch die zweithäufigste, durch Krebs verursachte Todesursache beim Mann – Lungenkrebs die häufigste.

Worum es mir jedoch hier zunächst geht, ist, dass Sie darüber Bescheid wissen, dass BPH bei der Hälfte aller Männer schon Beschwerden verursacht hat, bevor sie 60 wurden. Ab dem Alter von 60 Jahren ist es dann ein gerader Verlauf bis zu ihrem 99. Geburtstag. Statistisch gesehen werden nahezu 100 Prozent aller Männer bis zu ihrem 100. Geburtstag eine benigne Prostatahyperplasie entwickelt haben. Falls Sie sich an dieser Stelle fragen sollten – BPH wird *nicht* durch zu viel oder zu wenig Sex hervorgerufen. Auch hat das Sexualleben des Mannes keinerlei Einfluss auf die Entwicklung von Prostatakrebs. Man könnte die Prostata eher mit einem »viel beschäftigten« Organ vergleichen, das ständig damit beschäftigt ist, Zellen zu teilen. Bei der Zellteilung besteht immer die Gefahr, dass etwas schief läuft und eine Mutation erfolgt. Wenn es dann tatsächlich zu einer solchen Mutation kommt, wird ein Prozess ausgelöst, bei dem normale Zellen in Krebszellen verwandelt werden.

»Experten glauben, dass Zellen mindestens fünf Mutationen ausgesetzt sein müssen – einem Prozess, der das normale Zellwachstum stört –, bis ein voll ausgewachsener Krebs ausgelöst wird«, so Rick Chillot in einem Artikel der Zeitschrift *Prevention* (Vorsorge).

Je älter Sie werden, desto größer ist leider die Wahrscheinlichkeit, dass Sie Ihre fünf »Treffer« gelandet haben. Das Durchschnittsalter, bei dem die Diagnose erfolgt, ist 72, wobei die Krankheit bei unter 50-Jährigen äußerst ungewöhnlich ist. Sie haben ein erhöhtes Risiko, wenn Sie einen Vater oder einen Bruder haben, der Prostatakrebs hatte. Vielleicht haben Sie auch schon eine oder zwei Mutationen geerbt. Sie haben außerdem ein erhöhtes Risiko, wenn Sie ein Afro-Amerikaner sind, auch wenn niemand genau weiß, warum dies so ist. Wissenschaftler forschen zur Zeit nach einem ernährungsbedingten Schlüssel.[2]

Prostatakrebs gilt als das männliche Gegenstück zum Brustkrebs der Frau. Die Amerikanische Krebsgesellschaft stellte hierzu einige traurige Fakten zusammen:

- 1998 wurden in Amerika 184.500 neue Fälle an Prostatakrebs diagnostiziert.
- 1998 starben 39.200 Männer an Prostatakrebs.
- Prostatakrebs folgt schon an zweiter Stelle nach Lungenkrebs, der Hauptursache für den Krebstod bei amerikanischen Männern.
- Je älter Sie sind, desto größer ist das Risiko, dass Sie an Prostatakrebs erkranken werden.[3]

Der Durchschnittsbürger auf der Straße ist sich gar nicht bewusst, dass jährlich fast genauso viele Männer an Prostatakrebs sterben, wie Frauen ihrem Brustkrebsleiden erliegen. Einigen Männern ist schon zu Ohren gekommen, dass der frühere Senator Bob Dole sich einer Prostatakrebsoperation unterziehen musste. Aber wussten Sie auch schon, dass General Norman Schwarzkopf, der frühere Wertpapierkönig Michael Milken, der Golfer Arnold Palmer und der Sänger Harry Belafonte sich derselben Operation unterziehen mussten?

Die Öffentlichkeit verhält sich insgesamt äußerst passiv und gleichgültig gegenüber dieser Geißel, weil viele Männer nur sehr ungern darüber gesprochen – oder sehr wenig auf die Gesundheit ihrer Prostata geachtet haben. Die Amerikanische Krebsgesellschaft empfiehlt, dass sich alle Männer nach Erreichen des 50. Lebensjahres einer jährlichen rektalen Untersuchung und einem

PSA-Bluttest unterziehen sollten. Ich habe diesen Rat, meine PSA-Werte untersuchen zu lassen, jahrelang befolgt. Es ist mir gelungen, unter der Marke vier zu bleiben, was ganz gut ist. Diejenigen mit Werten zwischen vier und fünf sollten viermal im Jahr einen Antigentest durchführen lassen. Wenn Ihr PSA-Test mit einem Wert von fünf oder darüber zurückkommt, könnte dies ein Zeichen für Prostatakrebs sein. Auch hier gilt: Sex zu haben, erhöht nicht den PSA-Wert, und Ihre Frau kann nicht an Krebs erkranken, wenn Sie mit Ihnen Sex hat.

Da die Erfolgsaussichten, den Prostatakrebs zu bekämpfen, sehr gut stehen, wenn er frühzeitig entdeckt wird, empfehle ich, dass Sie Ihre erste rektale Untersuchung samt PSA-Test im Alter von 40 Jahren machen lassen. Und wenn alles in Ordnung ist, sollten Sie sie anschließend alle paar Jahre wiederholen. Wenn Ihr Hausarzt diese Tastuntersuchung nicht durchführen kann, konsultieren Sie am besten einen Urologen. Diese Spezialisten führen pro Woche Dutzende von Untersuchungen durch. Deshalb sollten ihre geschulten, feinfühligen Finger jede harte Stelle/ Wucherung oder jeden Knoten an der Prostata entdecken können. Der Urologe wird Sie vielleicht darum bitten, sich einem Urintest zu unterziehen, wobei er mit einer Stoppuhr die Zeit misst, die Sie benötigen, um einen Becher mit Urin zu füllen.

Daneben gibt es noch andere Untersuchungsmethoden. Hierzu gehört die Ultraschalluntersuchung – auch Sonografie genannt –, die auch in der Diagnostik während der Schwangerschaft einer Frau angewandt wird. Das Verfahren ist schmerzfrei: Der Arzt verstreicht etwas Gel auf dem Unterbauch des Mannes und fährt dann mit einem Schallkopf auf seinem Bauch entlang. Das stabförmige Gerät überträgt Ultraschallwellen, die auf einem Bildschirm sichtbar gemacht werden können. Dabei muss die Blase zunächst bis zum Platzen voll sein, denn der Arzt wird sich ein Bild »vom Zustand davor und danach« machen wollen. Nach der ersten Untersuchung mit voller Blase wird der Arzt Sie darum bitten, Wasser zu lassen, bevor er mit dem Schallkopf ein zweites Mal über den Beckenbereich fährt. Stellt er dabei fest, dass noch Resturin in der Blase vorhanden ist, so ist dies ein sicheres Zeichen dafür, dass eine vergrößerte Prostata auf die Harnröhre drückt.

Manchmal führt der Arzt auch eine eingehendere Ultraschalluntersuchung durch. Diese Methode ist jedoch nicht so angenehm für den Patienten. Der Arzt stülpt dabei zu Beginn der rektalen Untersuchung (Rektosonografie) ein Instrument aus Gummi (Ballongebläse) über die starre, röhrenförmige Sonde, füllt dieses mit Wasser und führt es dann in den Enddarm ein. Dadurch wird ein aussagekräftigeres Ultraschallbild der Prostata und Blasengegend erzielt.

Eine Methode, die ich persönlich favorisieren würde, ist die nicht-invasive MRT (Magnet-Resonanz-Tomografie). Manche Menschen bekommen Platzangst, wenn sie in einen Magnet-Resonanz-Tomografen (MRT) geschoben werden. Ich würde jedoch eine solche Untersuchung jederzeit einer rektalen Untersuchung vorziehen. Röntgenstrahlen in einem magnetischen Feld ergeben einen dreidimensionalen Querschnitt der Prostata und sind meines Erachtens ein schlagender Beweis dafür, ob in der Prostata ein Krebsgeschwür vorhanden ist oder nicht.

Welche Möglichkeiten haben Sie nun, wenn die Befunde bestätigen, dass Sie Prostatakrebs haben?

1. ENTFERNUNG DER PROSTATA. Eine Prostatektomie ist für Sie die beste Chance für eine langfristige Heilung und wird Patienten unter 70 Jahren mit einem Tumor, der örtlich auf die Vorsteherdrüse begrenzt ist, empfohlen. Die Kehrseite davon ist: eine erschreckende Wahrscheinlichkeit von Impotenz von 59 Prozent, wie eine Studie belegt, die das *Journal of the American Medical Association* (Journal des Amerikanischen Gesundheitsverbandes) im Jahr 2000 veröffentlicht hat. Obwohl die chirurgischen Techniken, die die Nervenbündel auf jeder Seite der Prostata nicht beeinträchtigen, technisch ausgereift sind, bleibt doch die Tatsache bestehen, dass die Prostata an einer relativ unzugänglichen Stelle unterhalb des Schambeines liegt. Die Nerven, die dort verlaufen, bestimmen beziehungsweise steuern die Fähigkeit des Mannes, eine Erektion und Geschlechtsverkehr zu haben. Wenn sie den Eingriff nicht unbeschadet überstehen, gehört die Potenz des Mannes der Vergangenheit an.

2. Strahlentherapie. Eine Strahlentherapie birgt nicht die Risiken eines operativen Eingriffes oder die Möglichkeit einer Harninkontinenz in sich. Sie wird Patienten im Alter von 70 Jahren und darüber empfohlen. Die Kehrseite dabei ist: eine höhere Rückfallquote, wieder an Krebs zu erkranken.

3. Regelmässige Untersuchungen der Prostata und Verfolgen des Krankheitsverlaufes. Diese Möglichkeit sollten insbesondere ältere Patienten mit anderen gravierenden Gesundheitsproblemen wahrnehmen, deren Prostatakrebs sich vielleicht nie zu einem lebensbedrohlichen Problem entwickeln wird. Wenn die Krebserkrankung jedoch fortschreitet, sollte der Rat des Arztes befolgt werden.

Behandlungsmöglichkeiten bei BPH

Vielleicht sind Sie gerade noch einmal an Krebs vorbeigeschlittert und die Diagnose bei Ihnen lautet BPH (benigne Prostatahyperplasie). Ihr Arzt wird Ihnen dann in der Regel die folgenden beiden Behandlungsmöglichkeiten vorschlagen: Medikamenteneinnahme oder Operation. Meiner Meinung nach gibt es noch eine dritte, zu der wir aber später noch kommen werden.

Proscar mit dem Wirkstoff *Finasterid* ist in den USA das von Ärzten meistverschriebene Medikament im Fall von BPH. Es bewirkt, dass die Symptome einer BPH bei etwa der Hälfte der Männer, die es einnehmen, nachlassen. Dieses und andere Medikamente wie *Propecia* und *Fugerel* sind jedoch bekannt dafür, dass sie unerwünschte Nebenwirkungen aufweisen. Da diese Arzneimittel in der Regel die Produktion von Testosteron verhindern, kommt das Ergebnis einer chemischen Kastration gleich. Der männliche Sextrieb kommt zum Erliegen und der Mann wird impotent. Das ist eine gravierende Nebenwirkung, die von vielen Männern abgelehnt wird. Andererseits hat *Propecia* den positiven Nebeneffekt, dass es den männlichen Haarausfall stoppt.

Medikamente zur Entspannung wie zum Beispiel *Minipress* (Prazosin) sollen angeblich die weiche Muskulatur um die

Prostata entspannen, wodurch letztlich der Druckschmerz auf die Harnröhre gelindert werden soll. Da eine BPH mit sehr subjektiven Symptomen einhergeht (was dem einen Beschwerden verursacht, merkt ein anderer noch längst nicht), ist es schwierig, die Wirkungsweise dieser Medikamente zu beweisen. Vom Lesen der Fachliteratur und von meinem eigenen Verständnis her werfen die möglichen Nebenwirkungen allerdings zu viele Fragen auf. Diese verschreibungspflichtigen Medikamente vermindern nicht nur die Libido, sie verursachen auch noch andere Probleme wie die erektile Dysfunktion. Außerdem führen sie dazu, dass Prostatakrebs schwieriger zu entdecken ist, weil PSA-Tests durch sie nicht mehr verlässlich genug sind.

Eine Operation ist ebenfalls keine erfreuliche Alternative. Niemand möchte »da unten« an sich herumschnippeln lassen. Sollte jedoch ein operativer Eingriff erforderlich werden, wird für gewöhnlich eine Operationsmethode angewandt, die bekannt ist als transurethrale Prostataresektion – oder kurz TUR genannt. Das Gute dabei ist, dass es keine Schnittwunden gibt, da der Eingriff unter der Haut erfolgt.

Hier eine kurze Beschreibung dieses Operationsverfahrens: Der Chirurg beginnt zunächst damit – natürlich unter Narkose des Patienten –, ein Elektrochirurgiegerät durch die Harnröhre in den Penis einzuführen. Dieses Instrument ist vom Prinzip her ein starrer hohler Schlauch. Ist dieser eingeschoben, wird ein Resektoskop beziehungsweise Endoskop eingeführt, bei dem die Bildübertragung durch optische Systeme erfolgt, die aus Bündeln feinster Glasfasern bestehen. Der Chirurg verfolgt nun (bei einer Videoresektion) den Eingriff auf dem Bildschirm. Entdeckt er dabei eine einengende oder anormale Gewebewucherung an der Prostata, tritt er auf ein Fußpedal, wodurch das betreffende Gewebe stückchenweise mit der Schneidelektrode des chirurgischen Instrumentes abgetragen wird. Das resezierte Gewebe wird dann z. B. durch eine Glyzinspülung entfernt und auf dem schnellsten Wege zu einem Pathologen geschickt, der es auf Krebszellen hin untersucht.

Manchmal entscheidet sich der Chirurg dafür, die ganze oder nahezu die ganze Prostata zu entfernen. Wie dem auch sei, nachdem das komplette betroffene Gewebe zur Zufriedenheit des

Arztes herausgeschnitten worden ist, wird ein Katheter gelegt, den der Patient für einige Tage behalten muss. Bei den meisten TUR-Operationen ist nur ein kurzer Krankenhausaufenthalt erforderlich. Die Patienten werden jedoch nicht sofort wieder an einem Basketballspiel teilnehmen und die Bälle aufheben können. Die meisten können auch die ersten paar Wochen nicht gleich wieder ihrer Bürotätigkeit nachgehen. Und Sex ist in den ersten sechs Wochen verboten, damit die durch die Prostata verlaufende Röhre abheilen kann.

Eine TUR-Operation ist eine häufig angewandte Therapieform: In den USA erfolgt ein solcher Eingriff ca. 400.000 Mal im Jahr und folgt damit auf Platz zwei hinter dem vorherrschenden Operationsverfahren, der Kataraktextraktion. Und nur, weil die Prostata verkleinert wird, heißt das noch lange nicht, dass die Prostata aufhört zu wachsen. Bei ungefähr 15 Prozent aller Männer, die sich einem solchen Eingriff an der Prostata unterzogen haben, kehren die Symptome innerhalb eines Jahres zurück, und 20 Prozent müssen die gleiche Prozedur innerhalb von zehn Jahren noch einmal über sich ergehen lassen.

Die transurethrale Prostataresektion birgt einige statistische Gefahren und Nebenwirkungen in sich, auf die noch hingewiesen werden sollte.

EJACULATIO RETROGRADA. Wahrscheinlich fragen Sie sich jetzt: »*Was ist das denn?*« Bei der Prostataresektion wird der Ausgang des Blasenhalses reseziert, um der Harnröhre mehr Platz für den Harnfluss zu schaffen. Leider nimmt, wenn der Blasenhals offen ist, das Sperma und das Sekret den Weg des geringsten Widerstandes und fließt beim Orgasmus in die Harnblase zurück anstatt aus dem Penis herausbefördert zu werden.

Was daran sozusagen aufstößt, ist, dass nichts aus dem Penis herauskommt, obwohl es sich so *anfühlt*, als hätten Sie einen Orgasmus. Das kommt Ihnen vielleicht gerade gelegen, insbesondere wenn Sie beziehungsweise Ihre Frau nicht mehr im gebärfähigen Alter sind und Sie sich ohnehin keine Kinder mehr wünschen. Für diejenigen, die im mittleren Alter sind und noch versuchen, Kinder zu bekommen, besteht aber noch ein Funke Hoffnung. Das Ejakulat kann beim nächsten Wasserlassen aufgefangen werden. Die Medizin hat inzwischen Mittel und Wege, den Samen zu konservieren und ihn zum Zwecke der künstlichen Befruchtung einzusetzen.

IMPOTENZ. Wie bei jeder anderen Prostataoperation auch weisen die Ärzte darauf hin, dass ein gewisses Risiko von fünf Prozent besteht, impotent zu werden. Fünf Prozent hört sich nicht nach sehr viel an, aber versuchen Sie das einmal den paar Unglücklichen verständlich zu machen. Um es bildlich auszumalen, ein Chirurg, der versucht, an die Prostata heranzukommen, kann mit jemandem verglichen werden, der versucht, einen Golfball auf dem Boden eines vollen Wäschekorbes zu suchen. Wenn der Chirurg auch nur leicht die Nervenbündel an einer der Seiten der Prostata zertrennt, gehören Erektionen der Vergangenheit an. Viagra ist zwar ein Erfolg versprechendes Mittel zur Behandlung der erektilen Dysfunktion, aber auch *nur dann, wenn* die Operation bestimmte Nerven intakt gelassen hat.

INKONTINENZ. Seinen Harnfluss nicht kontrollieren zu können, ist eine schwerwiegende Nebenwirkung einer Prostataoperation. Inkontinenz tritt bei weniger als vier Prozent aller TUR-Operationen auf – für gewöhnlich nur infolge eines ärztlichen Kunstfehlers. Das chirurgische Messer des Arztes kann dabei abgleiten und zu nahe an den Harnröhren- beziehungsweise Urethralsphinkter herankommen – den Muskel, der den Harnfluss steuert. Wenn man bedenkt, wie klein der Raum ist, auf dem der Arzt arbeitet, ist es erstaunlich, dass nicht mehr Unfälle dieser Art vorkommen.

MYTHEN UND LEGENDEN

An dieser Stelle wäre es eine gute Gelegenheit, mit einigen landläufigen irrigen Meinungen und Mythen über die Vorsteherdrüse aufzuräumen.

Mythos 1: Eine Prostataoperation führt immer zur Impotenz des Mannes.

Das ist schlicht und ergreifend falsch. Früher traf dies eher zu als heute. Aber heutzutage werden in der Chirurgie modernere Operationsverfahren eingesetzt, die die Nervenbündel auf jeder Seite der Prostata nicht zwangsläufig schädigen. Diese Nerven steuern die Fähigkeit des Mannes, eine Erektion und Geschlechtsverkehr zu haben. In der Krebschirurgie ist die Medizin inzwischen so weit fortgeschritten, dass die Prostata entfernt werden kann, ohne die angrenzenden Nervenbündel zu zerstören. Aber auch hier leiden einige Patienten nach wie vor noch unter Impotenz. In der Regel liegt die Zahl bei fünf Prozent.

Mythos 2: Eine vergrösserte Prostata beziehungsweise benigne Prostatahyperplasie (BPH) ist der Hauptgrund für Prostatakrebs.

Ganz und gar nicht! Die Vergrößerung der Prostata steht in keinerlei Zusammenhang mit der Entstehung von Prostatakrebs. Der Grund für die Vergrößerung ist nicht bekannt, wohl aber der Grund für die Krebserkrankung. Die beiden stehen jedoch nicht in Zusammenhang zueinander. Diese irrige Meinung kann dadurch zu Stande gekommen sein, dass bei einigen Operationen zur Ausräumung einer BPH festgestellt wurde, dass die Prostata karzinös war, obwohl dies zuvor nicht diagnostiziert worden war. Das kann in der Tat einer der verborgenen Vorzüge einer Operation sein.

Mythos 3: Durch eine Prostataoperation wird ein Mann automatisch sterilisiert.

Bei der Hälfte bis zwei Drittel aller Patienten, die an der Prostata operiert werden und bei denen ein Teil oder die gesamte Prostata entfernt wird, wird der normale Verlauf des Samens und anderer Sekrete, die für gewöhnlich ejakuliert werden, unterbrochen. Wie zuvor erwähnt, sucht sich das Sekret den Weg des geringsten Widerstandes und fließt dann aufwärts in die Harnblase anstatt abwärts in die Harnröhre und aus dem Penis heraus. Für Männer mittleren Alters besteht darin für gewöhnlich kein Problem.

Mythos 4: Prostatabeschwerden machen einen Mann zu einem »Schlappschwanz«.

Alles Quatsch! Ein Prostataleiden führt nicht zum Verlust der Manneskraft. Wenn Sie ein Schwächling werden, dann haben Sie ein Problem in Ihrem Kopf.

Mythos 5: Über Prostataprobleme spricht man nicht. Das bedeutet nur, dass ein Mann zu oft Sex hat.

Bloße Phantasie! Prostatabeschwerden liegen selten daran, dass ein Mann zu viel Sex hat, denn das hieße acht bis zehn Ejakulationen über einen Zeitraum von zwei Tagen, die die Prostata überfordern. Sie sollten sich wegen Ihrer Prostata nicht schämen. Eine verständnisvolle Frau sollte wissen, dass ihre Einstellung zu einer Untersuchung der Prostata ihres Mannes sein Leben retten kann.

Mythos 6: Für den Mann ist ein Orgasmus nach einer Prostataoperation wenig befriedigend.

Großer Irrtum! Ob das Ejakulat nun zurück in die Harnblase fließt oder aus dem Penis heraus, das Gefühl ist ein- und dasselbe. Das ist zumindest das, was Männer nach einer solchen Operation angeben.

Mythos 7: Das Sexualleben gehört nach einer BPH-Operation der Vergangenheit an!

Für mindestens 95 Prozent aller Männer ist das Sexualleben nach einer solchen gutartigen Prostataoperation nach wie vor unverändert. Wie auch immer Ihr Sexualleben *vor* der Operation ausgesehen hat, es wird *nach* dem Eingriff noch genauso sein.

Mythos 8: Inkontinenz ist nach einer benignen Prostatahyperplasie schon automatisch vorprogrammiert.

Nein, nicht automatisch! Wissenschaftlern zufolge sollen nur vier Prozent der Patienten, die sich einer solchen Operation unterziehen, Probleme haben, ihren Harn einzuhalten. Die Chancen stehen also 25:1.

Mythos 9: An Stelle einer Operation gibt es eine Vielzahl von nicht verschreibungspflichtigen Medikamenten zur Behandlung des Prostataleidens.

Die US-Gesundheitsbehörde hat eine ganze Reihe von Versandhäusern schließen lassen, die Produkte verkauften, die nichts anderes waren als Quacksalberei.

Mythos 10: Als Gentleman sollte man in Gesellschaft nie seine Prostata erwähnen.

O doch! Wenn Frauen ungeniert über ihre Brustuntersuchungen reden können, sollten wir Männer uns auch nicht schämen, über die Befunde unserer jährlichen Prostatauntersuchung zu sprechen.[4]

Eine weitere Alternative

Ich glaube, es gibt noch eine dritte Alternative zu verschreibungspflichtigen Medikamenten und einem chirurgischen Eingriff und das sind pflanzliche Mittel. Wie bereits an anderer Stelle erwähnt, so bin ich ein großer Verfechter von Vitaminen und Naturheilprodukten, da ich sie selbst seit mehr als drei Jahrzehnten einnehme. Ich sollte jedoch auch darauf hinweisen, dass Sie bei gesundheitlichen Problemen zuallererst Ihren Arzt aufsuchen sollten. Pflanzliche Mittel sind hilfreich, wenn es darum geht, bestimmten Problemkreisen vorzubeugen oder eine bestimmte Behandlungsmethode zu unterstützen. Sie sollten jedoch nie auf eigene Faust eingenommen werden, um ein gesundheitliches Problem in den Griff zu bekommen. Wenn Sie pflanzliche Wirkstoffe zu sich nehmen, konsultieren Sie immer Ihren Arzt, um sicherzugehen, dass sie in Kombination mit anderen Medikamenteneinnahmen verträglich sind.

Wann immer ich mit meinen männlichen Freunden und Bekannten über Gesundheitsthemen spreche und wir über Prostataprobleme ins Gespräch kommen, empfehle ich die Einnahme eines pflanzlichen Extraktes aus Sägezahnpalmenfrüchten. Diese kleine Palme ist an der Ostküste Amerikas beheimatet. In Deutschland sind auch einige Präparate erhältlich, die dieses Extrakt enthalten, und zwar unter dem Namen *Serenoa ratio* oder *Prostagutt mono.*

Die Medikamente wirken ähnlich wie Proscar, haben jedoch keine der zuvor genannten unerwünschten Nebenwirkungen. Julian Whitaker, Arzt und Herausgeber des Rundbriefes *Health & Healing* (»Gesundheit & Genesung«) hat Folgendes zu dieser bemerkenswerten Naturheilpflanze zu sagen:

Sägezahnpalmenfrüchte wurden Dutzenden von kontrollierten klinischen Prüfungen unterzogen, die allesamt in Europa durchgeführt wurden, wo dieses Naturheilmittel seit Jahrzehnten schon angewandt wird. Im Verlauf einer im Jahr 1994 durchgeführten belgischen Studie wurden 305 Männer, die leichte bis mittelschwere Symptome einer benignen Prostatahyperplasie aufwiesen, drei Monate lang zweimal täglich mit 160 mg des Extraktes der Früchte der Sägezahnpalme behandelt. Nach 45 Tagen wurde eine signifikante Verbesserung der Harnwerte, des Restharnvolumens und der Prostatagröße festgestellt. Bei Abschluss der Studie ließen sich weitere Fortschritte entdecken und 88 Prozent der Patienten sowie deren Ärzte stuften die Behandlung als erfolgreich ein.[5]

Darum nehme ich diesen Sägezahnpalmenfrucht-Extrakt schon seit 20 Jahren regelmäßig ein. Und ich bin Gott dankbar, dass dadurch meine Prostatasymptomatik unter Kontrolle ist. Alle meine Söhne und Schwiegersöhne nehmen dieses Naturheilmittel zu sich und Mike Yorkey, der mich bei der Redaktion des Manuskriptes zu diesem Buch unterstützte, fing auch an, dieses Extrakt zu schlucken, nachdem ich es ihm empfohlen hatte.

Was ich Familienmitgliedern empfehle, rate ich auch Ihnen, wenn Sie um die 40 sind: Sie sollten vorbeugend Kapseln mit dem Extrakt der Sägezahnpalmenfrucht einnehmen. Wenn Sie sozusagen den Alterserscheinungen voraus sein und verhindern wollen, dass Ihre Prostata wächst und damit Ihre Harnröhre einengt, dann suchen Sie am besten in Reformhäusern und Naturkostläden nach diesen Naturheilmitteln.

Sie sollten dabei auch in Betracht ziehen, außerdem Vitamin E und das Spurenelement Selen ergänzend einzunehmen. Vitamin-Forscher am Nationalen Krebszentrum in Finnland fanden bei ihren Studien heraus, dass diejenigen, die Vitamin E einnahmen, ihr Krebsrisiko um ein Drittel verminderten.[7] Selen, ein seltenes Spurenelement, das sich nur schwer über die heutige Nahrung aufnehmen lässt, wird ebenfalls als Mittel zur Bekämpfung des Prostatakrebses propagiert.

Umfangreiche Studien haben ergeben, dass asiatische Männer weniger häufig an BPH und Prostatakrebs erkranken. (30 amerikanische Männer kommen auf einen Asiaten, der an Prostatakrebs stirbt.) Ein Zusammenhang könnte darin bestehen, dass sich Asiaten cholesterinarm ernähren und im Vergleich zu amerikanischen Männern wenig rohes Fleisch zu sich nehmen. Manche Ernährungswissenschaftler glauben, dass Soja der Hauptgrund für diese Diskrepanz ist, da Soja die Wirkung eines Enzyms namens Trosinkinase blockiert, das mit Krebs in Verbindung steht.

Asiatische Männer nehmen täglich 30 bis 50 Milligramm Soja zu sich. Eine traditionelle, auf Soja basierende Ernährungsweise enthält die so genannten Wirkstoffe Isoflavonoide. Sie können Soja in verschiedenen Varianten zu sich nehmen: zum Beispiel als Tofu, einem Produkt auf Sojabasis. Eine halbe Tasse am Tag genügt, um den Durchschnittsverbrauch eines Asiaten zu sich zu nehmen. Um nochmals Sandra Aldrich zu zitieren: Mischen Sie Soja unter jedes Ihrer Gerichte, unter die Eier zum Frühstück oder was immer Sie auch kochen. Sie können auch täglich ungefähr eine Tasse Sojamilch trinken. Vielleicht halten Sie auch einmal nach gerösteten Sojabohnen Ausschau als Ersatz für die fettreichen Kartoffelchips.

10. »In guten wie in schlechten Tagen« oder »In gesunden wie in kranken Tagen«

Wie verändert sich die sexuelle Beziehung, wenn ein Partner gesundheitlich beeinträchtigt oder schwer erkrankt ist?

Ich bin seit Jahren nicht mehr Ski gefahren, weil die Höhe der Berge meinem Herzen zu schaffen macht. Als ich jedoch noch Ski fahren ging, war mein bevorzugtes Skigebiet Mammoth Mountain, das eingebettet zwischen dem hohen Gebirgszug der Sierra Nevada im Osten Kaliforniens liegt. Die beste Skifahrerin, die Mammoth Mountain hervorgebracht hat, war Mitte der 50er Jahre eine junge Frau namens Jill Kinmont. Jill war ehrgeizig und zäh – ein aufstrebender Star am Olympischen Himmel. 1955 zierte sie sogar das Titelblatt der Zeitschrift *Sports Illustrated*.

Dann schlug das Unglück zu. Während eines großen Ausscheidungsrennens zur Olympiade in Utah 1956 verlor die 18-jährige Jill das Gleichgewicht, kam vom Kurs ab und überschlug sich mehrere Male, bevor sie gegen einen Baum prallte. Sie war sofort vom Hals abwärts gelähmt und sollte nie wieder Ski fahren geschweige denn laufen können.

Hollywood machte aus dieser Episode einen zu Tränen rührenden Schnulzenfilm: *Die Kehrseite der Medaille* wurde Mitte der 70er-Jahre herausgebracht. Ich werde nie die Szene vergessen, in der Jill – gespielt von Marilyn Hassett – für immer an den Rollstuhl gefesselt, sich in einen ungestümen, draufgängerischen Skifahrer und Piloten namens Dick Buek – gespielt von Beau Bridges – verliebt. Sie sprechen über ihre gemeinsame Zukunft, wie es wäre, verheiratet zu sein, und Jill murmelt so etwas wie, sie könnte ja nicht, na ja, du weißt schon ...

»Du meinst wohl, Sex haben?«, fragt Dick. »Mach dir darüber mal keine Gedanken. Das wird zu gern überbewertet.«

Entweder sprach Dick die Untertreibung des Jahrhunderts aus oder er spielte nur den Gentleman, um seine zukünftige Verlobte nicht zu beunruhigen. Leider wissen wir nicht, wie die Geschichte weiterging, denn Dick kam einige Monate später bei einem Flugzeugunfall ums Leben.

Ich erzähle diese Geschichte, weil ich glaube, dass Sex bei Ehepaaren, bei denen ein Partner behindert ist, *nicht* überzubewerten ist. Der Ausdruck des sexuellen Vergnügens und der lustvollen Befriedigung gehört für sie nach wie vor entscheidend zur Lebensqualität. Dabei wird es im Liebesakt mehr um Intimität als um Geschlechtsverkehr gehen.

»Intimität hat in Wirklichkeit sehr viel weniger mit der sexuellen ›Funktion‹ zu tun, als viele Leute annehmen«, schreibt Gary Karp, Autor von *Life on Wheels* (Leben auf Rädern). »Was wirklich befriedigt, sind zärtliche Berührungen – ein Geben und Nehmen von Zärtlichkeiten. Lieben und Geliebtwerden ist letztendlich ein stärkeres menschliches Ausdrucksmittel als der blanke Sex und kann auf unzählige Arten zum Ausdruck gebracht werden. Feinfühligkeit und Sinnlichkeit zwischen zwei Menschen, die um das Glück des anderen bemüht sind, kann die erotischste Erfahrung sein, die wir in diesem Leben machen können. Ungeachtet einer möglichen Behinderung ist das menschliche Bedürfnis nach Kontakt angeboren. Es gibt keine einzige Person hier auf Erden, die sich nicht durch einen innigen liebenden Kontakt geliebt fühlt.«

Wenn Ihr Partner behindert ist

Je länger Sie verheiratet sind, desto höher ist die Wahrscheinlichkeit, dass einer von Ihnen durch ein Gebrechen beeinträchtigt sein wird, mit einer langwierigen Krankheit zu kämpfen hat oder von einer plötzlichen Behinderung betroffen wird. Ist eine dieser Situationen gegeben, ändert sich Ihre Beziehung in jeglicher Hinsicht – auch in körperlicher. Es wird natürlich Zeit brauchen, bis Sie das Leiden Ihres Partners im sexuellen Bereich annehmen können. Vielleicht haben Sie dann Gefühle des Grolls,

Ausbrüche von Wut, Anflüge von Kummer und Anfälle von Depressionen. Ihr behinderter Partner erlebt all diese Gefühle jedoch zehnmal stärker als Sie.

Paare klettern im Laufe ihrer Ehe die Gesundheitsleiter häufig rauf und runter. Einige Erkrankungen sind relativ harmlos und führen nur zu einem kurzzeitigen Abbruch der sexuellen Beziehung. Schwer wiegendere Krankheiten oder eine plötzliche Lähmung jedoch können die sexuelle Dynamik der Ehe über Nacht dauerhaft verändern. Eine Erkrankung kann zudem die Sexualität auf eine Weise beeinträchtigen, die sich nicht unbedingt unmittelbar auf die Geschlechtsorgane auswirken muss. Von einer Frau, die sich Sorgen macht, möglicherweise an den Folgen von Brustkrebs zu sterben, wird man nicht erwarten können, dass sie gleich nach ihrem Krankenhausaufenthalt ins Bett springt und loslegt. Diejenigen, die unter körperlichen Schmerzen leiden, können sich vielleicht auf nichts anderes sonst konzentrieren. Eine krankheitsbedingte Depression raubt beispielsweise die Lebensenergie und führt zu Müdigkeit und Erschöpfung. Und chronische Krankheiten vermindern die emotionale Reaktionsfähigkeit, die notwendig ist, um das Feuer der Liebe am Lodern zu halten. Eines der ersten Dinge, die als Ballast abgeworfen werden, wenn einer der Partner sich daranmacht, eine schwere Krankheit zu bekämpfen, ist das Bestreben, dem anderen Partner Vergnügen zu bereiten.

Wenn jedoch einer von beiden behindert wird, ändert sich die sexuelle Beziehung für immer. Bevor wir dies hier weiter ausführen, möchte ich darauf hinweisen, dass jeder kritische Gesundheitszustand von einem Arzt abgeklärt werden sollte und dass Paare gut daran tun, seelsorgerliche Hilfe in Anspruch zu nehmen, wenn ihr Sexualleben durch Krankheit in Mitleidenschaft gezogen ist.

Eine Eheberatung ist eine ausgezeichnete Möglichkeit, anstehende Fragen zu besprechen, wie zum Beispiel: Was kann ich tun, wenn meine Frau keinen Sex haben kann? Was soll ich tun, wenn mein Mann körperlich behindert ist und sexuell nicht aktiv werden kann?

Dieses Kapitel kann allerdings nicht den gesamten Fragenkomplex in allen Einzelheiten behandeln. Worauf ich jedoch hinweisen möchte, ist Folgendes: Wenn ein solcher Umstand eintritt, müssen wir zum Grundprinzip zurückkehren, auf das sich unsere Ehe gründet, nämlich das Versprechen, »in guten wie in schlechten, in gesunden wie in kranken Tagen« zusammenzubleiben. Und Ihre Ehe sollte nie allein davon abhängen, ob Sie eine sexuelle Beziehung miteinander haben können.

»Aber, Mr. LaHaye, wir reden doch hier über Sex!«

Sie haben Recht. Ich habe Paare kennen gelernt, die sich in der gleichen Situation wie Sie befanden, in der Gottes Gnade in ihrer sexlosen Ehe auf wunderbare Weise genügte. Fragen Sie mich nicht, wie diese Paare es geschafft haben, aber als sie mitten in einer Krise steckten, gab Gott ihnen die notwendige Gnade, um durchzuhalten.

Bei den meisten Paaren mit einer Behinderung kann die sexuelle Beziehung jedoch fortgesetzt werden, auch wenn kein Geschlechtsverkehr möglich ist. Wenn ein Eindringen möglich ist, kann es sein, dass der leidende beziehungsweise kranke Partner Schwierigkeiten hat, einen Orgasmus zu erreichen, weil der Schmerz ihn ablenkt oder seine Gedanken gefangen nimmt. Sollte dies bei Ihnen der Fall sein, behalten Sie bitte eine positive Einstellung zum Sex. Streicheln Sie einander auch weiterhin, halten Sie einander fest und schlafen Sie in den Armen des anderen ein. Ihr Selbstbewusstsein wird gestärkt, Ihr Selbstvertrauen vergrößert und Sie werden sich mehr als Frau beziehungsweise Mann fühlen.

Paare können gemeinsam Dutzende von Arten entdecken, wie sie einander ihre sexuelle Zuneigung zum Ausdruck bringen können, angefangen damit, wie sie sich aneinander schmiegen oder eine neue Stellung ausprobieren. Sie können überlegen, ob Sie sich ein Wasserbett zulegen wollen, das mehr »Federung« hat als eine gewöhnliche Matratze. Halten Sie auch eine Anzahl von Kissen verschiedener Größe zum Unterlegen unter die schmerzempfindlichen Gelenke oder den schmerzenden Rücken bereit. Eine positive Einstellung kann zum Beispiel darin ihren Niederschlag finden, dass Sie diese Zeit der Behinderung als eine Zeit beziehungsweise Chance zum Experimentieren sehen, die es seit Ihren Flitterwochen noch nicht wieder gegeben hat. Was tut Ihnen beiden gut? Was funktioniert und was nicht? Wenn es für

Sie unangenehm ist, beißen Sie nicht die Zähne zusammen und ertragen Sie es stumm. Das führt nur zu Spannungen. Sprechen Sie es aus, überlegen Sie gemeinsam, wie Sie Abhilfe schaffen können. Wenn Sie kein Interesse am Sex haben, sagen Sie es auf höfliche Art und Weise. Signalisieren Sie in Bezug auf Ihr weiteres Sexualleben Gesprächsbereitschaft.

Dies ist eine Zeit des Ausprobierens, in der Sie auch Fehler machen dürfen, eine Zeit der Kreativität und auch der Geduld – nicht aber der Spontaneität. Sie müssen dabei als Paar vielleicht bewusst Ihre sexuelle Begegnung planen oder so strukturieren, dass der kranke oder behinderte Ehepartner eine warme Dusche oder ein warmes Bad nehmen kann, um die Gelenke zu lockern.

Hier ein kurzes »Blitzlicht« darauf, wie verschiedene Gebrechen die sexuelle Beziehung verändern oder in Mitleidenschaft ziehen können:

CHRONISCHE RÜCKENSCHMERZEN. Das weitverbreitetste Gebrechen ist ein schmerzender Rücken. Acht von zehn Personen leiden in ihrem Leben zumindest einmal an Rückenschmerzen. Der Grund, warum vor allen Dingen so viele Amerikaner ein Rückenleiden haben, liegt darin, dass sie über ihrem normalen Gewicht liegen. Und eine schlaffe Bauchmuskulatur trägt mit dazu bei, dass »sich der Rücken verformen« kann. Rückenschmerzen behindern ein gesundes Sexualleben und können das Liebesspiel zu einer miserablen Erfahrung werden lassen.

Der Partner mit dem schlimmen Rücken sollte je nach medizinischer Notwendigkeit seinen Rücken kühlen oder sich zur Auflockerung heiß duschen. Lockerungsübungen für die Muskeln können ebenso hilfreich sein. Der gesunde Partner kann sich anbieten, als Teil des Vorspiels den Rücken des anderen zu massieren. In der Regel werden diejenigen mit Rückenproblemen während des Liebesspiels nichts weiter tun können, als auf dem Rücken zu liegen. Um es sich bequemer zu machen, kann man sich in einigen Fällen auch ein kleines Kissen oder ein zusammengerolltes Handtuch unter das Kreuz schieben.

Derjenige, der eher beim Zurücklehnen Rückenschmerzen bekommt und sich besser fühlt, wenn er sich nach vorne beugt, sollte diejenigen Sexpositionen favorisieren, die sich günstig auf die Streckbewegungen des Rückens auswirken. Bei einer Frau könnte dies die Missionarsstellung sein, bei der sie die Beine bequem anwinkeln kann. Bei dem Mann könnte diese Stellung zu beschwerlich sein. Für ihn könnte es einfacher sein, von hinten in die Vagina einzudringen, wobei alle beide auf dem Bett knien. Die Frau kann dabei auch auf der Bettkante knien, während er steht und von hinten in sie eindringt.

Jemand mit einem solchen Rückenproblem sollte eine Stellung auswählen, die die Krümmung der unteren Rückenpartie unterstützt. Ein Mann mit dieser Art von Rückenproblemen sollte seine Frau bitten, in der Missionarsstellung ihre Knie in Richtung ihres Brustkorbes zu beugen. Sie könnte ihn auch mit den Beinen umklammern, wenn sie auf ihm oder auf einem Stuhl sitzt.

Für eine Frau mit diesem Rückenproblem kann es bequemer sein, mit einem untergeschobenen Kissen auf dem Bauch zu liegen, während ihr Mann sich ihr von hinten nähert.

Schließlich müssen Personen mit einem einseitigen Rückenleiden ausprobieren, welche der vielen möglichen Positionen für sie am günstigsten ist. Seite an Seite zu liegen, könnte funktionieren. Auf jeden Fall müssen die Paare bereit sein, miteinander über die verschiedenen Stellungen zu reden, was nach 20 oder 30 Jahren Ehe etwas ganz Neues sein kann. Eine andere mögliche Sexposition wäre die Stellung, bei der die Frau auf dem Rücken liegt und die Knie über die Hüften des Mannes gebeugt hat, während er auf der Seite liegt. So kann er mit ihr schlafen, ohne sie mit seinem Gewicht zu belasten.

KREBSBEHANDLUNG. Männer und Frauen, die sich einer Chemotherapie zur Krebsbehandlung unterziehen müssen, werden durch Übelkeit und Erbrechen gebeutelt, leiden an chronischer Müdigkeit und Haarverlust. Bei Krebspatienten wird es Zeiten geben, in denen Geschlechtsverkehr schlicht und ergreifend nicht möglich ist. Bei Frauen nimmt die Libido ab, denn die chemotherapeutischen Wirkstoffe beeinträchtigen die Produktion der weiblichen Geschlechtshormone. Wie zuvor im Kapitel über das Klimakterium der Frau beschrieben, produzieren die Eierstöcke eine kleine, aber wichtige Menge an Testosteron, das für die Aufrechterhaltung der normalen sexuellen Funktionen unerlässlich ist. Die Forschungsergebnisse von Kapland Owett belegen, dass eine Chemotherapie die Testosteronproduktion der Ovarien – selbst bei Frauen in der Prämenopause – regelrecht zum Erliegen bringt. Dadurch kommt es zu einem wesentlichen Verlust des sexuellen Verlangens und einer abnehmenden Fähigkeit, einen Orgasmus zu erleben.[1]

Eine Krebstherapie ist nicht die Zeit für die zweiten Flitterwochen. Partner mit Krebs haben wichtigere Dinge im Kopf – und zwar wie sie am Leben bleiben. Sie sind aller Voraussicht nach deprimiert. Der emotionale Stress kann dazu führen, dass sie sogar auf den geliebten Partner losgehen. Und Wut und Ärger sowie Müdigkeit vermindern ihre Lust, sich sexuell zu betätigen, immens. Deshalb ist der andere Partner gefragt, die Bedürfnisse des Krebskranken zu erfüllen und ihn sowohl emotional zu unterstützen als auch den körperlichen Kontakt durch Umarmungen und Küsse zu suchen.

Die sexuellen Probleme nehmen bei Frauen, die an Unterleibskrebs leiden, ein noch größeres Ausmaß an. Wenn bei der Frau die Eierstöcke infolge von Krebs entfernt wurden, setzt unmittelbar die Menopause ein mit den üblichen Begleiterscheinungen wie Hitzewallungen und Stimmungsschwankungen. Eine Chemotherapie kann ebenfalls die Menopause und vaginale Beschwerden beim Geschlechtsverkehr (Schmerzen und Trockenheit) auslösen. Das Auftragen einer Östrogencreme kann dann bei einer unzureichenden Vaginallubrikation Abhilfe schaffen. Seien Sie aber nicht überrascht, wenn Ihr Partner ein geringes sexuelles Interesse bekundet oder sich nicht dazu in der Lage fühlt.

Entzündliche Darmerkrankung. Viele Patienten, die an einer chronischen Entzündung des Verdauungstraktes wie Morbus Crohn oder Colitis ulcerosa leiden, müssen sich einer Stomaoperation unterziehen. Dabei gibt es – je nach Krankheitsbild – verschiedene Arten dieser Operation. Eine geläufige Methode zur Operation einer Colitis ulcerosa ist die Ileostomie, das Anlegen einer Öffnung im Ileum (unteren Teil des Dünndarms) nach außen. Dabei wird der gesamte Kolon (Hauptteil des Dickdarms) und in einigen Fällen das Rektum (Mastdarm) entfernt. Der Chirurg legt eine Öffnung in der Bauchwand an, durch die das

Ileum nach außen geleitet wird – ein so genanntes Stoma. Bei dieser künstlich geschaffenen Darmöffnung ist an der Hautoberfläche ein (wegwerfbarer) Beutel zur Darmentleerung angebracht.

Es ist ganz natürlich, wenn man im Falle einer Stomaoperation ernsthaft darüber besorgt ist, dass diese die Sexualfunktion stören könnte, einen weniger begehrenswert und empfindungsfähig für die Liebe des Partners erscheinen lässt. Das Gleiche gilt auch für alle, die Behältnisse zum Auffangen von Urin (wie Blasenkatheter) oder Stuhl tragen müssen. Es ist zu beachten, dass die Fähigkeit, sich attraktiv und »sexy« zu fühlen, daher rührt, dass man mit sich selbst zufrieden ist und sich in seiner Haut wohl fühlt. Wenn Sie einen Ileostomabeutel oder ein röhrenförmiges Instrument beziehungsweise Behältnis zum Auffangen des Urins (wie einen Katheter) tragen müssen, bedecken Sie am besten mit einem Handtuch den dünnen Schlauch des Katheters oder den Beutel und versuchen Sie beim Geschlechtsverkehr einfach nicht daran zu denken.

RÜCKENMARKSVERLETZUNGEN. Je nach Schweregrad der Verletzung muss noch nicht alles verloren sein. Vielleicht haben Sie keine genitalen Empfindungen, aber Ihr Körper kann dies an anderer Stelle wieder wettmachen. Ihr Nacken, Ihre Ohren, Achselhöhlen – und Ihre Brüste – können sich als sexuell erregend erweisen, wenn Ihr Mann sie liebevoll berührt und stimuliert. Betrachten Sie sie als neue erogene Zonen, die erobert werden wollen. Frauen, die noch vage, unstete Empfindungen in ihrer Vagina oder Klitoris haben, müssen liebevoll von ihrem Mann mit den Fingern stimuliert werden. Wenn Sie nicht fähig sind, einen körperlichen Orgasmus zu haben, seien Sie sich darüber im Klaren, dass Sie Ihre sexuelle Erfüllung auch in einem emotionalen oder geistlichen Höhepunkt mit Ihrem Mann haben können.

HERZERKRANKUNG. Herzprobleme kommen häufiger beim Mann vor und ein Herzinfarkt – auch wenn es nur ein kleiner ist – kann bei älteren Männern dazu führen, dass sie ihr Sexualleben aufgeben, aus Angst, dass sie sich überanstrengen könnten oder ein tödlicher Infarkt die Folge sein könnte. Das tatsächliche Risiko ist jedoch gering. Im Gegenteil, ein aktives Sexualleben kann möglicherweise das Risiko einer künftigen Herzattacke verringern, so Saul H. Rosenthal, Gründer der sexualtherapeutischen Klinik in San Antonio. Er trifft folgende Feststellungen:

Ein Viertel aller Männer, die einen Herzinfarkt erleiden, geben ihre sexuelle Beziehung ganz auf. Weitere 50 Prozent vermindern die Häufigkeit ihres Sexualkontaktes. Nur das verbleibende Viertel übt weiterhin in der gewohnten Weise und Häufigkeit Geschlechtsverkehr aus. Das ist wirklich eine Schande. Es ist ganz und gar nicht notwendig oder wünschenswert, dass Sie nach einem Herzanfall Ihr Sexualleben aufgeben. Wenn Sie wieder Sex haben, kommt dies Ihrer Selbstsicherheit, Ihrem Männlichkeitsgefühl, Ihrem Erfolgsbewusstsein und Ihrer ganzen Lebensperspektive zugute. 80 Prozent aller Patienten nach erlittener Herzerkrankung können ohne größere Risiken ihr normales Sexualleben wieder aufnehmen. Die anderen 20 Prozent müssen sich nicht enthalten. Sie müssen lediglich ihre Art, Sex zu betreiben, ihrer körperlichen Verfassung beziehungsweise Kondition anpassen.

Wenn Sie bereits einen Herzinfarkt hatten, fragen Sie sich vielleicht besorgt: Wird der Sex zu aufreibend, zu anstrengend für mich? Wird mein Puls zu sehr in die Höhe schnellen? Werde ich Brustschmerzen bekommen? Vielleicht haben Sie ja sogar Angst davor, beim Sex zu sterben. Und Sie fragen sich vielleicht auch: Wird es je wieder so sein wie zuvor?

Die Fakten sprechen dafür. Es kommt in der Tat extrem selten vor, dass jemand während des Geschlechtsverkehrs stirbt. In einer jüngsten Studie an einer großen Gruppe von Männern mit Herzproblemen, die plötzlich verstarben, starb weniger als ein halbes Prozent während des Geschlechtsaktes. Weit mehr starben im Schlaf.[2]

Diabetes mellitus. Dieses chronische Leiden wird in der Regel durch eine ungenügende Abgabe von Insulin, einem speziellen Hormon, das in der Bauchspeicheldrüse gebildet wird, verursacht. Die genaue Ursache, die zu einer Fehlfunktion des Pankreas führt, ist bis jetzt jedoch noch nicht vollständig geklärt, aber ein bedeutender Faktor (bei einem bestimmten Typ von Diabetes) liegt im Übergewicht – bedingt durch einen übermäßigen Verzehr an Zucker und Fett. Die Zuckerkrankheit betrifft Männer und

Frauen gleichermaßen und tritt meist erst im letzten Drittel des Lebens auf. Dabei laufen die Diabetiker unter den Männern stärker Gefahr, an Impotenz zu erkranken, als andere Männer. Doch nahezu die Hälfte aller Männer mit Diabetes mellitus leiden aus psychologischen Gründen an Impotenz.[3] Bei Frauen kann sich die Krankheit in einer Trockenheit der Vagina und Orgasmusunfähigkeit äußern. Frauen in den Wechseljahren sollten sich einer Östrogenersatztherapie unterziehen, denn die Zuckerkrankheit erniedrigt den Östrogenspiegel. Sobald der Diabetes mellitus diagnostiziert und eingestellt wurde, kann das Sexualleben jedoch schnell wieder in der gewohnten Weise fortgesetzt werden.

ARTHRITIS. Da meine Frau schon seit Jahrzehnten an einer rheumatoiden Arthritis leidet, will ich hier nichts beschönigen. Arthritis kann Schmerzen verursachen, die die sexuelle Betätigung einschränken können. Medikamente und Operationen können bei diesem Problemkreis Erleichterung verschaffen, aber in einigen Fällen kann wiederum die Medikamenteneinnahme zu einem eingeschränkten Sexualverhalten führen. Bei denjenigen, die an einer Gelenkentzündung erkrankt sind, hat sich erwiesen, dass gymnastische Übungen die Durchblutung fördern. Ruhe und warme Bäder helfen wie auch ein Wechsel der sexuellen Stellung. Ältere Menschen, bei denen die arthritischen Beschwerden hauptsächlich in den frühen Morgen- oder späten Abendstunden auftreten, können ihre sexuellen Aktivitäten vielleicht zu anderen Zeiten einplanen. Sie sollten ihre schmerzlindernden Medikamente so einplanen, dass ihre beste Wirkung in der Zeit liegt, in der sie Sex haben wollen.

Nehmen Sie ein warmes Bad oder eine heiße Dusche vor dem Sex, um Ihre Gelenke und Muskeln zu entspannen und zu beruhigen. Miteinander zu duschen oder zu baden, könnte dazu beitragen, dass Sie gemeinsam die angenehmen Empfindungen genießen können und so das sexuelle Interesse gesteigert wird. Zärtliche Berührungen tun einem gesundheitlich beeinträchtigten Partner, für den der Schmerz nie weit entfernt ist, besonders gut.

Große Schmerzen in Hüften und Knien können sich bei bestimmten Liebesstellungen sehr störend auswirken. Bei Schmerzen in Armgelenken und Händen ist es vielleicht nicht möglich, die männlichen Geschlechtsteile zu stimulieren und zu erregen. Dies kann dann vielleicht eine Zeit in Ihrem Sexualleben sein, in der der gesunde Partner die meiste körperliche Arbeit investiert. Ein offenes Gespräch kann dabei helfen, dass der Partner wirklich weiß, welche Bewegungen schmerzvoll sind, und dies nicht erst mühsam herausfinden muss.

HYSTEREKTOMIE. Eine Hysterektomie, eine operative Entfernung der Gebärmutter, ist nach wie vor die häufigste Operation, die an Frauen durchgeführt wird, obwohl die Zahlen in den letzten zehn Jahren rückläufig sind. Wenn die Hysterektomie ordnungsgemäß durchgeführt wurde, sollte sie theoretisch gesehen die sexuelle Beziehung nicht beeinträchtigen, denn die Gebärmutter wird während der Einführung des männlichen Gliedes nicht gespürt – lediglich die Vagina. Einige Männer meinen jedoch, ihre Frau sei nach einer Entfernung der Gebärmutter nicht mehr so »feminin«. Ich möchte nicht gerade behaupten, dass sich das alles nur in ihrem Kopf abspielt, aber im Grunde ist es so. Männer sollten eigentlich während des Koitus keinerlei Unterschied merken. Viele Frauen fühlen sich nach einer Operation eher befreit, was sich in einem besseren Sexualleben niederschlägt. Andere wiederum geben an, dass ihr sexuelles Interesse stark abgenommen hat.

ALKOHOLMISSBRAUCH. Ich erwähne dies hier, weil Alkohol die weitverbreitetste Ursache von sexuellen Problemen durch Einnahme von »Rauschmitteln« ist. Gott wusste schon, was er tat, als er das Gebot gab, sich nicht der »Ausschweifung« hinzugeben. Ein stetiger Konsum von Alkohol reduziert sowohl das Sexualinteresse als auch die Sexualfunktion. Trunkenheit führt bei Männern oft zur Impotenz und bei Frauen zur verminderten sexuellen Erlebnis- beziehungsweise Orgasmusfähigkeit. Alkoholmissbrauch vermindert die Produktion von Testosteron sowohl beim Mann als auch bei der Frau und wirkt sich auf das Nervensystem tödlich aus. Durch Alkoholabstinenz aber wird die Sexualfunktion verbessert und Sie können zudem auch länger leben.

Schlaganfall. Ein leichter Schlaganfall hat nur bedingt Langzeitauswirkungen auf die sexuellen Funktionen. Schwere Schlaganfälle dagegen stehen auf einem anderen Blatt geschrieben, denn dabei werden die motorischen Fähigkeiten eingeschränkt. Bei den Betroffenen kann es zu einer einseitigen Körperlähmung oder zu einem Sprachverlust kommen. Wenn die erlittene Hirnschädigung nur leicht war, kann der Patient in der Regel wieder vollständig gesunden. In der Folge eines Schlaganfalles berichten Männer und Frauen über eine Zeit verminderter Libido, die sich normalerweise über mehrere Monate erstreckt. Die Möglichkeit, an einer Harninkontinenz zu erkranken, steigt, und oftmals ist mehr Zeit und Aufmerksamkeit vonnöten, bis der Betreffende zum Orgasmus kommt. Es ist relativ unwahrscheinlich, dass es bei der sexuellen Betätigung zu einem weiteren Schlaganfall kommt. Durch einen Wechsel der sexuellen Stellungen können etwaige vom Schlaganfall selbst zurückgebliebene Ausfall- oder Lähmungserscheinungen wettgemacht werden.

Multiple Sklerose. Diese chronische, langsam verlaufende Erkrankung des zentralen Nervensystems befällt nahezu jedes System des Körpers. Von MS Betroffene leiden unter Sehstörungen, Stimmungslabilität, krampfartigen Zuckungen, Erstarrung verschiedener Körperregionen (partielle Querschnittssyndrome) und Blasenstörungen. Darüber hinaus nimmt der Geschlechtstrieb in Zeiten extremer Müdigkeit ab. Ein Orgasmus ist oft – bedingt durch Sensibilitätsstörungen – schwer zu erzielen und Spasmen in Hüften und Beinen machen den Koitus in bestimmten Stellungen schwierig. Für Frauen mit Multipler Sklerose ist es nichts Ungewöhnliches, wenn sie ihre Blasenfunktion nicht mehr steuern können und sich und ihren Partner beim Verkehr einnässen. Selbst wenn diese Frauen es vermeiden, vor der sexuellen Begegnung noch etwas zu trinken, und ihre Blase kurz zuvor entleeren, können sie die Kontrolle über ihre Blase verlieren. Ein Vorschlag wäre hier, einen Matratzenschonbezug oder eine große Plastikunterlage über das Bett zu ziehen und mehrere große Badetücher darüber zu legen.

Poliomyelitis. Obwohl Polio für eine Kinderkrankheit gehalten wird, trifft sie auch ältere Menschen. Auch wenn man lange Zeit geglaubt hat, dass sie nach der Entwicklung von Dr. Jonas Salks Impfstoff im Jahre 1955 ausgestorben sei, tritt die Kinderlähmung heute erneut auf. Die Krankheit zeichnet sich durch einen fieberhaften Verlauf, Kopfschmerzen, einen steifen Nacken und Rücken, Muskelschmerzen und Schmerzhaftigkeit aus. Wenn das zentrale Nervensystem ebenfalls geschädigt ist, können Lähmungserscheinungen auftreten. Daraus resultierende Rücken- und Hüftbeschwerden können sich letztlich auf bestimmte Koitusstellungen hinderlich auswirken.

Zerebralparese. Bei dieser sind die Erregung und Fähigkeit zum Orgasmus nicht betroffen, auch wenn Spasmen in der Hüfte und den Knien einige Sexpositionen erschweren.

Muskuläre Erkrankungen. Die sexuelle Reaktionsfähigkeit ist nicht in Mitleidenschaft gezogen, wenn auch gewisse Deformationen des Rückens und der unteren Extremitäten einigen Stellungen abträglich sind.

Wenn Narben bleiben

Bemühen Sie sich um eine gute Kommunikation mit Ihrem Ehepartner und Ihren Ärzten. Wenn Sie zu schüchtern sind, Ihren Arzt zu fragen, wann Sie wieder Verkehr haben können, werden Sie es nie herausbekommen. Haben Sie den Mut und fragen Sie! Sammeln Sie Informationen und Fakten. Leihen Sie sich Bücher oder Zeitschriftenartikel aus. Eine gute Kommunikation wird es Ihnen ermöglichen, mit Ihrem Partner zu besprechen, wie Sie Ihre sexuelle Beziehung in Zukunft gestalten können.

Viele Krebsoperationen zum Beispiel hinterlassen beträchtliche Narben. Ungeachtet der Vernarbungen durch eine Brustoperation sollten sich Männer und Frauen, die sich einer lebensrettenden Operation wie bei einem Gehirntumor, bei Ovarialzysten und einer Hysterektomie (Entfernung der Gebärmutter) zu unterziehen haben, daran erinnern, dass ihre Schönheit immer noch weiter geht als unter die Haut. Sie ist nicht nur äußerlich, sondern gründet sich auf Christi Liebe zu Ihnen und äußert sich in Freundlichkeit, Reife und Humor. Wenn Ihr Haar durch eine Chemotherapie oder andere Behandlungsmethode ausfällt, wäre es eine Überlegung wert, ob Sie sich nicht eine schöne Perücke kaufen könnten. Tragen Sie modische Hüte oder Kappen. Wenn Ihnen danach zu Mute ist, während des Verkehrs eine Perücke oder Kopfbedeckung zu tragen, tun Sie es einfach.

Bei nahezu jeder Art von Behinderung (außer bei einer Lähmung) sind Sie auch weiterhin in der Lage, Vergnügen an Berührungen zu finden, die eine Form der Intimität darstellen. Vergnügen und Befriedigung sind möglich, auch wenn einige Bestandteile Ihres Liebeslebens der Vergangenheit angehören. Wenn möglich, hören Sie nicht auf, wegen Ihres krankhaften Zustandes Ihr Sexualleben fortzuführen. Haben Sie Vertrauen in Gott und nicht in Ihr eigenes Wissen und Verständnisvermögen. Beten Sie verstärkt miteinander. Das Bedürfnis nach Berührung, Zärtlichkeit und Vergnügen ist stark und die Art und Weise, in der Sie Christi Liebe zu Ihrem behinderten Partner – und einander – zum Ausdruck bringen, wird Bände sprechen zu Ihrem Partner, Ihrer Familie und Ihren Freunden.

11. Versuchungen

Das Auge kann auch in den mittleren Lebensjahren umherwandern. Aussereheliche Beziehungen entpuppen sich jedoch als verhängnisvolle Affären.

Für jemanden Anfang 50 war er immer noch ein knackiger Mann. Leuchtend rotes Haar. Mit einem hageren, muskulären Körperbau, der ihm in Krieg und Frieden gute Dienste leistete. Jeder in seinem Land wusste von seinen militärischen Errungenschaften und seiner athletischen Leistungsfähigkeit. Er war der berühmteste Mann seines Landes, ein begabter Musiker, Dichter, Soldat und König.

Er war auch verheiratet – mehrmals. Gott gebot ihm, nicht mehr als eine Frau zu nehmen. Doch sein Appetit auf sinnliche Erlebnisbefriedigung war unersättlich. Er nannte acht Frauen und mindestens zehn Mätressen gleichzeitig sein Eigen, die ihm ständig auf Abruf sexuell zur Verfügung standen. Er war ein viriler Mann – der Vater von 21 Söhnen und einer Tochter.

Mit 50 hatte er bereits nahezu alle seine Feinde besiegt, also übertrug er immer mehr seine schwindende militärische Verantwortung einem vertrauenswürdigen Befehlshaber. Hatte David es sich nicht redlich verdient, sich nun zurückzulehnen und sein Königreich zu genießen? Er hatte seinem Land und seinem Gott treu gedient. Nun war es an der Zeit zu entspannen, sich am Duft der Rosen zu erquicken und einem aufstrebenden Kriegsherren eine Chance zu geben, sich selbst einen Namen zu machen.

Eines Nachmittags im Frühling, während seine Armee das Hinterland von feindlichen Truppen säuberte, hielt David im Palast seine Mittagsruhe. Er wachte auf und ging auf dem flachen Dach spazieren, von wo er auf den größten Teil Jerusalems herabblicken konnte. Als er so am Horizont entlangblickte, blieben seine Augen unvermittelt an einer Frau von ungewöhnlicher Schönheit haften, die gerade in den Dämmerungs-

stunden ein Bad nahm. Ihr nackter Körper glitzerte im orangenen Sonnenlicht und David fing an, darüber nachzusinnen, wie es wohl wäre, mit ihr zu schlafen. Bald schon überlegte er seinen nächsten Schritt. War er nicht der mächtigste Mann im ganzen Land? Hatte er sich nicht ein kleines Vergnügen verdient, nachdem er sein Königreich in so vielen Kämpfen zum Sieg geführt hatte?

Ein Schnipp mit den Fingern und ein vertrauter Diener erschien. Jawohl, er konnte herausfinden, wer die Frau war. Jawohl, er würde die Angelegenheit mit der größten Diskretion behandeln.

Die Antwort war innerhalb einer Stunde da. »Ihr Name ist Batseba. Sie ist die Tochter Eliams und verheiratet mit Uria«, berichtete der beflissene Untergebene.

»Sag ihr, dass ich sie sehen möchte.«

»Ja, Herr.«

Sie wurde in sein Wohngemach gebeten und die beiden wurden allein gelassen. David spürte ihre Angst. Er merkte, dass jeder Untertan sich unsicher fühlen musste, bei Nacht in seinen Palast gerufen zu werden. Aber er wusste auch, dass Batseba sich darüber im Klaren sein musste, dass sie bewusst an einem Ort nackt gebadet hatte, der von den Gemächern seines Königspalastes aus einzusehen war. David setzte seinen ganzen Charme ein und verwickelte sie in ein Gespräch. Ihre Augen begegneten sich und blieben aneinander haften. Dann näherte er sich Batseba und legte seine Arme um sie. Als er sie küsste, widersetzte sie sich ihm nicht.

Und sie widersetzte sich ihm auch nicht, als er sie in sein königliches Schlafgemach führte, wo sie den Liebesakt vollzogen. Genauso, wie sie es beide geplant hatten.

Die Geschichte von David und Batseba ist eine meiner Lieblingsgeschichten in der Bibel, denn sie erinnert uns ohne Beschönigung an die Konsequenzen der Sünde. Ihr One-Night-Stand führte dazu, dass sie schwanger wurde, und löste eine Reihe von Begebenheiten aus, die Davids Kontrolle entglitten, wie zum Beispiel die Ermordung von Batsebas Mann Uria (nachzulesen in 2. Samuel 11). Steve Farrar, Autor und Gründer der Organisation *Men's Leadership Ministries,* stellte sich das Ganze folgendermaßen vor:

Als David auf seinem Dach in der lauen Dämmerung stand und sah, wie die schöne Batseba aus ihren Kleidern schlüpfte, war der einzige Gedanke, den er hegte, zunächst der, nur ihre Reize auf sich wirken zu lassen. So weit wollte er vermutlich nur gehen. Aber die Sünde führt einen unweigerlich weiter, als man gehen möchte. David hatte schließlich nur an einen diskreten Abend des Ehebruchs gedacht, doch innerhalb von wenigen Wochen wurde er des Betruges, Mordes und einer verabscheuungswürdigen Vertuschungsaktion schuldig. Und das war ein gewundener Weg, den er nie vorgehabt hatte zu gehen.

David war clever. So viel steht jedenfalls fest. Als sich herausstellte, dass Batseba schwanger war, sandte er unverzüglich einen Boten zum Schlachtfeld, um ihren Mann Uria zu holen. Dadurch würde er seinen Fehltritt vertuschen und niemand würde je Wind davon bekommen. David machte nur den einen Fehler, den Männer bereits seit Tausenden von Jahren begangen haben: Er dachte, dass er mit seiner Verschleierungstaktik seinen Ungehorsam würde verwischen können. Aber so funktioniert das nicht. Verschleierung macht niemals Ungehorsam ungeschehen; sie macht ihn nur noch schlimmer. Sie können darauf wetten: Ihre Sünde wird Sie aufspüren. Und sie wird Sie weiterführen, als Sie eigentlich gehen wollten.[1]

Die Sünde bleibt nicht ohne Folgen und das schon seit Eva zum ersten Mal in die Frucht biss. Ehebruch, der im siebten Gebot verboten wurde, kann nicht verborgen bleiben. Ehebruch wird am Ende doch herauskommen. Ehebruch wird Sie und Ihre Familie zerstören und unsägliche Qualen verursachen. Deshalb empfehle ich Ehepaaren, die zu mir in die Seelsorge kommen, einmal im Monat Sprüche 5 und 6 zu lesen, um sich daran zu erinnern, dass umherwandernde Augen das kleine Streichholz sein können, das eine heftige Feuersbrunst entfacht, die anschließend unmöglich zu bändigen ist.

»Kann man etwa Feuer in der Manteltasche tragen, ohne den Mantel in Brand zu stecken?«, so Sprüche 6,27. Und weiter (V. 28–29): »Kann man etwa barfuß über glühende Kohlen gehen, ohne sich die Füße zu verbrennen? Genauso schlimm sind die Folgen, wenn man mit der Frau eines anderen schläft: Jeder, der es tut, wird bestraft.«

»*Jeder ... wird bestraft*!« Unterstreichen Sie sich diese Worte.

Hören Sie auf die Bibel! Ein Mann (oder eine Frau), der sein Ehegelübde bricht, begeht eine schwere Sünde. Es ist für gewöhnlich das einzige Gelübde, das wir Gott und einer anderen Person für die Zeit, die wir leben, ablegen. Und doch wird dieses Versprechen vielfach leichthin und verächtlich mit den Füßen getreten. Ein weitere Sache, die mich an der Hollywood-Unterhaltungsindustrie ärgert, ist, dass in den meisten Filmen James-Bond-ähnliche Charaktere gezeigt werden, die überall mit allen und jeder »herumschlafen«, aber am Ende als die moralischen Helden auftreten, die die Welt vom Bösen erretten wollen. Oder da spielt ein ehebrecherischer Charakter die Rolle des unschuldigen Detektivs, des gutherzigen Rechtsanwaltes, des mitfühlenden Arztes oder des respektablen Präsidenten. Die Wahrheit jedoch ist, dass sexuelle Unmoral eine Charakterschwäche offenbart und Sünden im sexuellen Bereich in der Regel von anderen Sünden begleitet werden, Sünden wie Lügen, Betrug und sogar Mord. Sie gehen alle Hand in Hand, wie wir aus der Geschichte von David erfahren können.

»Die versuchungsreichen 50er«

Davids Affäre mit Batseba verdeutlicht ein Verhaltensmuster, das ich über die Jahre hinweg häufig beobachtet habe: Die Zeit, die die meisten Gelegenheiten für einen Seitensprung bietet, sind die »versuchungsreichen 50er«. Dafür sprechen meines Erachtens mehrere Gründe. Das Jahrzehnt zwischen dem 50. und 60. Lebensjahr ist eine Zeit, in der sich die vordringlichste Aufgabe eines Paares, nämlich erfolgreich seine Kinder großzuziehen, dem Ende entgegenneigt, da die inzwischen erwachsen gewordene Nachkommenschaft das Haus verlässt, um eine berufliche Laufbahn einzuschlagen oder um zu heiraten und eine eigene Familie zu gründen. So genannte »Leere-Nest-Paare«, wie ich sie hier einmal nennen möchte, haben nun plötzlich mehr Zeit zur Verfügung nach dem Motto: »Wir haben unser Leben zurück!« Wenn sie sich nun aber, bevor das Haus sich leerte, nicht viel zu sagen hatten, kann die ungewohnte Stille im Haus allerdings betäubend wirken.

Außerdem können die beträchtlichen hormonellen Veränderungen, die durch das Klimakterium herbeigeführt werden, die standhafteste Ehe ins Wanken geraten lassen. Wenn eine zu Hause gebliebene Familienmutter wieder in die Berufswelt zurückkehrt, sich vertraut macht mit der Bürowelt, ihren Gepflogenheiten und sexuellen Intrigen, könnte sie für Versuchungen anfällig sein. Das Gleiche gilt für Männer, die in dieser Lebensphase häufig in eine leitende Position ihres Unternehmens gelangen. Da nun zu Hause keine Kinder mehr auf sie warten, bleiben arbeitende Paare abends länger im Büro, wo sich Beziehungen entwickeln und festigen. Aus meiner Beratungspraxis kann ich sagen, dass die meisten außerehelichen Beziehungen von verheirateten Männern mit unverheirateten Frauen eingegangen werden.

Eine andere Dynamik, die mit ins Spiel kommt und die es zu beachten gilt, ist, dass unverheiratete Frauen am Arbeitsplatz heutzutage sexuell viel freizügiger sind. Es gibt nur noch selten jemanden im mittleren Lebensalter, der von sich behaupten könnte, er hätte noch keine günstige Gelegenheit gehabt, untreu zu sein. Ich erinnere mich noch nur zu gut daran, wie ich einmal auf einer Vortragsreise an einem Festessen teilnahm, als sich eine attraktive Frau Mitte 40, die wusste, dass Bev mich auf dieser Reise nicht begleitet hatte, an mich heranschlich und kokett fragte: »Darf ich Ihnen heute Abend etwas Gesellschaft leisten?«

Offen gestanden, ihr Angebot wurde für mich keineswegs zu einer ernsthaften Versuchung, denn ein glücklich verheirateter Mann wird niemals einen Mercedes in der Garage gegen einen Volkswagen auf der Straße eintauschen. Und doch haben wir einige Pastoren in unserem Freundeskreis, die ihren Dienst ruinierten, weil sie dieser verlockenden »blutroten« Sünde erlagen (siehe Jesaja 1,18). Sicher, sie wurden nicht über ihr »Vermögen« versucht, aber anscheinend nutzten sie nicht den »Ausgang«, den Gott »mit der Versuchung schaffen wird«, so dass sie zu ertragen ist (1. Korinther 10,13, ELB).

Und doch muss man sich fragen, was einem Mann so durch den Kopf geht, wenn er für ein Wochenende, für ein paar Stunden – oder gar einige Minuten – des sexuellen Vergnügens die vielen Jahre wegwirft, die er in eine eheliche Beziehung investiert hat. Ist ihm, salopp gesagt, das Gehirn eingefroren, sodass sein rationales Denken versagte, als er sein Eheversprechen wegen seiner Vorstandssekretärin brach? Der Schauspieler Robin Williams machte einmal folgenden spaßhaften Erklärungsversuch für das Verhalten von Männern, die vom Kurs abkommen: »Nun, das Problem liegt darin, dass Gott dem Mann ein Gehirn und einen Penis gab – aber nur so viel Blut, dass immer nur eines funktionieren kann.«

Ich beriet einmal einen erfolgreichen Arzt, der eine Liebesaffäre mit seiner Sekretärin hatte, die zudem nicht annähernd so gut aussah wie seine Frau.

»Was haben Sie in ihr gesehen?«, fragte ich ihn. Ich war wirklich neugierig zu erfahren, warum er sich von dieser nicht gerade ansprechenden Sekretärin angezogen fühlte.

»Bei ihr habe ich mich wohler gefühlt«, antwortete er mir. Diesen respektablen Arzt, der als erfahrener Chirurg hoch angesehen war, so etwas sagen zu hören, war ein Aha-Erlebnis für mich.

»Wohler gefühlt?«, bohrte ich nach.

»Ja. Wann immer ich nach Hause kam, machte mich meine Frau nieder, sprach mit mir von oben herab und sagte mir, was ich zu tun und zu lassen hatte.«

Was er mir da beschrieb, ist ein Phänomen, das ich bei vielen Paaren im mittleren Alter beobachtet habe, bei denen einer der Partner eine Affäre eingegangen war. In einer solchen Situation fängt die Frau an, ihren Mann zu »bemuttern«: Sie sagt ihm, anstatt wie zuvor den Kindern, was er zu tun hat, beschwert sich darüber, dass sie immer hinter ihm herräumen muss, und dies in dem gereizten Tonfall, den sie früher nur für ihre aufsässigen Teenager eingesetzt hatte. Männer haben es aber äußerst ungern, wenn sie bemuttert werden, insbesondere von ihrer eigenen Frau!

Der Arzt in unserem Beispiel hielt die bemutternde Art seiner Frau für eine Beleidigung und dieses Verhalten übte schließlich einen demotivierenden Einfluss auf sein Sexualleben aus. Bitte verstehen Sie mich nicht falsch, es geht hier keinesfalls darum, seine Gründe für einen Ehebruch zu rechtfertigen, sondern darum, sein Denken zu erklären.

Damit Paare ruhig und gelassen ihrem Lebensabend entgegengehen können, sollten sie drei goldene Regeln beherzigen. Sie sollten diese drei Sätze ihrem Partner immer wieder sagen.

1. »Es tut mir Leid.« Jeder macht Fehler. Und wenn beide in den mittleren Lebensjahren angelangt sind, haben sie bis dahin schon genug »ungewollte Fehler« begangen, um ein Buch über die Dinge schreiben zu können, die man in einer Ehe *nicht* tun sollte. Wenn Sie bereit sind, sich Ihren Fehlern zu stellen und sich für Ihr Verhalten und Tun zu entschuldigen, sollten Sie eigentlich merken, wie der Widerstand dahinschwindet und ein Geist der Vergebung einzieht. Wenn Sie sich Ihr Versagen allerdings nicht eingestehen wollen, haben Sie ein ernsthaftes geistliches Problem: Stolz.

Einmal kam ein Paar zu mir in die Beratung und die Frau sagte unter Tränen: »Dr. LaHaye, mein Mann hat sich in den 23 Jahren unserer Ehe nicht einmal bei mir entschuldigt.«

Ich wandte mich daraufhin dem eigensinnigen Ehemann zu und fragte ihn: »Stimmt das? Haben Sie denn schon mal etwas falsch gemacht?«

»Natürlich habe ich das«, antwortete er schnell. »Ich bin doch auch nur ein Mensch.«

»Warum haben Sie sich dann niemals entschuldigt?«

»Weil ich dachte, es gehöre sich nicht für einen Mann, um Verzeihung zu bitten«, entgegnete er. »Als Kind habe ich nie erlebt, dass sich mein Vater bei meiner Mutter entschuldigt hat.«

»Leider sind Sie bei einem Vater aufgewachsen, der einen schweren Fehler beging, als er sich dazu entschloss, sich nie zu entschuldigen«, führte ich aus. »Wenn Sie nun das Gleiche tun, bedeutet dies, dass Sie diesen Fehler fortschreiben und Ihre Frau unglücklich machen. Wenn Sie also demnächst wieder einmal falsch liegen sollten, dann betrachten Sie Ihren Fehler objektiv und geben Sie ihn ehrlich zu. Gestehen Sie ihn sich selber und Ihrer Frau ein.«

2. »Ich liebe dich.« Diese drei einfachen Worte sind der zweite »goldene« Ausspruch in einer Ehe. Ihr Partner wird nie müde werden, diesen Ausdruck der Liebe aus Ihrem Mund zu hören. Dieser Satz scheint für eine Frau mehr Bedeutung zu haben als für einen Mann. Aber ich glaube, dass Frauen einfach eher bereit sind zuzugeben, dass sie diese Liebesbezeugung brauchen.

Die Bedeutung dieser drei Worte wurde mir wieder ganz neu bewusst, als ein Mann zu mir in die Sprechstunde kam, und zwar einen Tag nachdem seine Frau, mit der er 15 Jahre verheiratet war, ihn verlassen hatte. Er war ein ausgezeichneter Ingenieur mit einem IQ von 148, der ein Jahresgehalt von 75.000 Dollar mit nach Hause brachte. Doch als er so vor dem Scherbenhaufen seiner Ehe stand, gab er zu, dass er schon seit zehn Jahren seiner Frau nicht mehr gesagt hatte, dass er sie liebte.

»Warum nur?«, fragte ich ihn.

»Warum sollte ich ihr denn sagen, dass ich sie liebe? Ich habe es ihr doch seit 15 Jahren immer wieder bewiesen. Sie mochte das Haus nicht, in dem wir lebten. Also kaufte ich ihr ein anderes. Sie mochte ihr Auto nicht. Also kaufte ich ihr ein anderes, mit dem sie mobiler war. Sie mochte den Teppichboden nicht. Also ließ ich den alten Teppich herausreißen und einen Veloursteppich verlegen. Wenn ich sie nicht lieben würde, hätte ich dann fünf Kinder mit ihr gehabt?«

Das Erstaunliche an der ganzen Geschichte war, dass seine Frau mit einem Berufsmatrosen durchgebrannt war, der gerade mal 1.500 Dollar im Monat nach Hause brachte. »Was kann dieser arme Seemann meiner Frau denn schon bieten, was ich ihr nicht schon längst gegeben habe?«, fragte er mit einem Seufzen in der Stimme.

Meine Antwort war kurz und bündig: »Nur eines: Liebe.«

Wie klug dieser Mann auch als Wissenschaftler sein mochte, als Ehemann war er ein Ignorant. Sein Problem hätte gelöst werden können, wenn er nur bereit gewesen wäre, mehr von sich selbst zu geben, und ihr gesagt hätte, dass er sie liebte und schätzte. Es leuchtete ihm nicht so recht ein, dass das, was für ihn kindisch klang, nämlich »Ich liebe dich« zu sagen, für sie von Bedeutung war. Auch fiel es ihm schwer zu begreifen, dass ein bisschen weniger Egoismus bei ihm ein wenig mehr Bereitschaft gefördert hätte, das in Worten auszudrücken, was sie gerne hören wollte.

Je mehr Ihr Partner Sie liebt, desto mehr gefällt es ihm oder ihr zu hören, wenn Sie Ihre Liebe in Worten zum Ausdruck bringen. Sagen Sie es mit Bedacht und sagen Sie es oft.

3. »Ich verzeihe dir.« Ihre Unfähigkeit oder fehlende Bereitschaft, Ihrem Partner zu verzeihen, wird das Band Ihrer Ehe auflösen. Ich habe verbitterte Menschen erlebt, die das Handtuch geworfen haben, weil sie nicht vergeben konnten. Ich habe Menschen mit zerbrochenen Herzen erlebt, die ihre Ehe aufgaben, weil ihr Partner unversöhnlich war.

Vergebung ist für manche Menschen schwieriger als für andere. Aber nach so vielen Jahren in der Eheberatung bin ich davon überzeugt, dass sie eine Sache des willentlichen Entschlusses ist. Wenn Sie anderen nur schwerlich verzeihen können, nehmen Sie sich einmal Folgendes zu Herzen:

a) Akzeptieren Sie die Tatsache, dass der Herr selbst Ihnen geboten hat zu vergeben.
b) Machen Sie sich bewusst, dass Ihre Beziehung und Ihr Glück mit Ihrem Partner davon abhängen, ob Sie vergeben können.
c) Bitten Sie Gott, Ihnen zu helfen, damit Sie die notwendigen Schritte zur Vergebung gehen können. Gott fordert niemals von uns, etwas zu tun, was wir nicht zu tun vermögen.
d) Sagen Sie Gott, dass Sie mit seiner Hilfe den Schritt der Vergebung gehen wollen, und nennen Sie die betreffende Sünde beim Namen.
e) Sagen Sie Ihrem Partner, dass Sie ihm vergeben haben.
f) Reiten Sie nicht mehr auf der betreffenden Sünde herum. Jedes Mal, wenn Sie daran erinnert werden, danken Sie Gott, dass er Ihnen geholfen hat, sie zu vergessen. »Aber eins steht fest, dass ich alles vergessen will, was hinter mir liegt. Ich konzentriere mich nur noch auf das vor mir liegende Ziel. Mit aller Kraft laufe ich darauf zu, um den Siegespreis zu gewinnen, das Leben in Gottes Herrlichkeit. Denn dazu hat uns Gott durch Jesus Christus berufen« (Philipper 3,13–14, HFA).

Nobody is perfect – und auch niemandes Ehe ist perfekt

Es sollte für Sie nichts Neues sein, dass die Person, die Sie geheiratet haben, nicht perfekt ist. Die Bibel erinnert uns daran: »Alle sind Sünder und haben nichts aufzuweisen, was Gott gefallen könnte« (Römer 3,23). Jedes verheiratete Paar sollte sich dies bewusst machen. Seien Sie also nicht so naiv zu glauben, dass Sie nur Sex haben können, wenn Ihr Partner vollkommen ist. Wenn Sie so denken, werden Sie zu einer enthaltsamen Ehe verdammt sein.

Wenn Sie nun glauben, dass meine 53-jährige Ehe eine Erfahrung wie im Bilderbuch war, haben Sie sich getäuscht. Meine Frau und ich sind zwei sehr willensstarke Persönlichkeiten! Wenn ein warmes, offenherziges, praktisch denkendes und willensstarkes Temperament ein analytisch denkendes, perfektionistisch veranlagtes und ausgeglichenes Temperament heiratet (wie in unserem Fall), dann sind da »ein Fels in der Brandung« und »ein unbeweglicher Klotz« zusammengekommen.

Wie jedes andere Paar haben wir einander schon verärgert, waren egoistisch einander gegenüber und haben Dinge getan, für die wir uns heute schämen. Wir haben sogar dem Anderen schon gemeine und unschöne Dinge an den Kopf geworfen. Auch wenn dies heute nicht mehr allzu oft vorkommt, so prallen doch von Zeit zu Zeit unsere Terminpläne und Prioritäten aufeinander. Ich wünschte, ich könnte sagen, dass wir unsere Konflikte immer »im Geist« und »in der Liebe« gelöst hätten. Aber dem war oft nicht so, wie Sie sich vielleicht denken können.

Ich will hier nur von einer Episode berichten, als es vor kurzem wieder einmal zwischen uns »krachte«. Als meine Frau sich nicht zu einer Sache äußerte, die für mich sehr wichtig war, nahm ich dies persönlicher, als ich eigentlich sollte. Ich verlor die Nerven und sagte ihr ein paar »warme Worte«, die nicht gerade angebracht waren. Doch bevor der Tag zu Ende ging, hatten wir uns wieder zusammengerauft und ausgesöhnt, und Grund dafür war die *Vergebung*. Wir konnten die Dinge natürlich nicht wieder zurücknehmen, die wir gesagt hatten. Wir stellten jedoch fest, dass uns das Bekennen und Vergeben nach Epheser 4,29–32 zu

Hilfe kam, wie es uns auch die vielen hundert Male über die Jahre hinweg zu Hilfe gekommen war.

Den größten Teil meines Berufslebens war ich ein viel beschäftigter Pastor und Berater mit einem Schwerpunkt in der Eheseelsorge. Ich darf mit Sicherheit sagen, dass viele Paare mit Gottes Hilfe heute eine gute Ehebeziehung führen, die buchstäblich auf der Kippe beziehungsweise vor der Scheidung stand, als sie zum ersten Mal zu mir zum Gespräch kamen. In fast allen Fällen war das vorrangige Problem selbst verschuldeter Ärger und Wut, die zum Konflikt führten, und dazu, dass sie »schlecht voneinander redeten«. Deshalb machte ich es mir zur Angewohnheit, dass ich jedes Paar bis zur nächsten Sitzung Epheser 4,29–32 auswendig lernen ließ. Das Ergebnis war oft verblüffend! Ich empfehle auch Ihnen, dass Sie diese Verse genau lesen und auswendig lernen. Ich bin davon überzeugt, dass für verheiratete Paare diese Verse eine der wichtigsten Stellen in der ganzen Bibel sind.

Redet auch nicht schlecht voneinander. Was ihr sagt, soll für jeden gut und hilfreich sein, eine Wohltat für alle. Sonst beleidigt ihr den Heiligen Geist, den Gott euch gegeben hat. Er ist doch euer Bürge dafür, dass der Tag der Erlösung kommt, an dem ihr von aller Sünde befreit seid. Mit Bitterkeit, Jähzorn, Wut, gehässigem Gerede oder anderen Gemeinheiten sollt ihr nichts mehr zu tun haben. Seid vielmehr freundlich und barmherzig, immer bereit, einander zu vergeben, so wie Gott euch durch Jesus Christus vergeben hat. (Epheser 4,29–32)

Bitte beachten Sie, was »den Heiligen Geist beleidigt« und in der Folge auch Ihren Partner beleidigt und schließlich Ihre Beziehung zerstört, nämlich: Bitterkeit, Jähzorn, Wut, gehässiges Gerede und andere Gemeinheiten. Ein Herz, das gefüllt ist mit Gemeinheiten und Bosheiten, ist ein Herz, das über einen gewissen Zeitraum Vorwürfe und Verletzungen aus realen oder imaginären Beleidigungen immer wieder in sich bewegt. Das ist für gewöhnlich der Herzenszustand eines oder beider Partner, die vor der Scheidung stehen. Was sie brauchen, ist nicht eine Reihe von Beratungsgesprächen oder einen Abbruch der ehelichen Beziehung, sondern Vergebung. Sie sollen einander so vergeben, »wie Gott euch durch Jesus Christus vergeben hat« (V. 32). Das ist keine Option – es steht also nicht in Ihrem beliebigen Ermessen –, sondern ein Gebot!

Wenn man die Vergebung nicht verdient hat

Eine schluchzende Frau erzählte mir einmal in Gegenwart ihres Ehemannes von einigen seiner überaus selbstsüchtigen Dinge, die er getan und zu ihr gesagt hatte. Als er seine Fehler vor Gott zugegeben und ausgesprochen hatte, bat ich ihn, seine Sünden auch seiner Frau zu bekennen. Was dann folgte, versetzte mich in Erstaunen. Sie wurde wütend und prustete los: »Er verdient meine Vergebung gar nicht!«

»Ich stimme Ihnen zu«, sagte ich zu ihr, »aber das ist nicht die Grundlage, auf der wir die Vergebung aussprechen. Die Bibel sagt, dass wir vergeben sollen, wie Christus uns vergeben hat. Wir wissen alle, dass wir Gottes Vergebung nicht verdienen, aber sie wird uns trotzdem zuteil. Ich glaube, dass es keine beständige Liebe in der Ehe ohne eine gehörige Portion Vergebung gibt.«

Schon viele Male hörte ich einen der Rat suchenden Partner zu mir sagen: »Ich kann ihm nicht vergeben« oder »Ich kann ihr nicht vergeben.« Was der betreffende Partner eigentlich sagen will, ist: »Ich *werde* ihm *nicht* vergeben« oder »Ich *werde* ihr *nicht* vergeben.« Aber wenn sie Christen sind und Gott in allen Dingen gehorsam sein wollen, müssen sie Gott um Hilfe bitten, bis sie es gelernt haben zu vergeben. Zugegebenermaßen fällt es manchen Menschen mit einem bestimmten Temperament schwerer, anderen zu vergeben, aber wir können alle die Vergebung weitergeben, wenn wir Gott in diesem Punkt um seine Gnade bitten. Die Vergebung hebt nicht immer die Spannungen und Reibungspunkte in einer Ehe auf, aber wenn wir uns weigern, dem Anderen zu vergeben, lösen sie sich erst recht nicht auf.

Jesus warnte uns: »Wenn ihr aber den Menschen nicht vergebt, so wird euch euer Vater eure Verfehlungen auch nicht vergeben« (Matthäus 6,15 LUT). Das trifft nicht nur auf Ihren Partner zu, sondern auch auf andere. Ich habe mehrere Fälle erlebt, bei denen der Grund für die Bitterkeit oder die Wut eines Menschen nicht der Partner war, sondern der Chef, ein Elternteil, ein Nachbar oder jemand, der weit entfernt von ihm lebte. Ihr Ärger zerstörte nicht nur ihre Beziehung zu Gott, sondern auch ihre Beziehung zu ihrem Ehepartner und beraubte sie einer innigen, sexuell erfüllenden Begegnung vor dem Einschlafen. Das geschieht laufend in Millionen von Haushalten.

Jemand sagte einmal: »Vergib oder vergeh!« Ich stimme dem zu. Ich entsinne mich noch allzu gut an das Buch von Dr. S. I. McMillen, *None of These Diseases* (»Keine dieser Krankheiten«), das 51 allgemeine Leiden aufführt wie Magengeschwüre, Herzanfälle und Kopfschmerzen, die durch lang anhaltenden Ärger ausgelöst werden. Seine These bestätigt meine Auffassung, dass Wut oder Ärger den Geschlechtstrieb zum Erliegen bringt und Menschen »abturnt«, die eigentlich voneinander »angeturnt« sein sollten.

Wenn Sie ein Problem mit der Vergebung haben, sagen Sie dies Gott im Gebet und bitten Sie ihn um seine Hilfe – egal, ob der Betreffende, dem Sie nicht vergeben können, darum gebeten oder es verdient hat. Denken Sie daran: »Vergib oder vergeh!« Und das gilt sowohl auf geistlichem als auch auf sexuellem Gebiet!

Wollen Sie vor dem Scherbenhaufen Ihrer Ehe stehen?

Einer der Gründe, warum ich dieses Kapitel über Ehepartner, die ihr Eheversprechen aufkündigen, eingeschoben habe, ist der Ernst der Lage und der immense Schmerz, der daraus erwächst. Männer und Frauen, die eine außereheliche Beziehung eingehen, ähneln meines Erachtens »Schafen, die zur Schlachtbank geführt werden«, wie es in der Bibel so zutreffend heißt. Wenn man ihnen dies vorhält, schauen sie einen nur mit großen Augen an. Es ist so, wie würde man ihnen nichts verständlich machen können.

Ich habe zu viele Pastoren, Älteste und Diakone kennen gelernt, die mit den Jahren Ehebruch begangen haben. Ihr Seitensprung hat ihren Dienst lahm gelegt; aber was noch schlimmer ist, ihre sexuellen Tändeleien zerstörten in der Regel auch ihre

Ehe und fügten unschuldigen Familienmitgliedern großen Schmerz zu. Ich werde den Telefonanruf einer Frau nie vergessen, deren Mann Gemeindediakon war. Sie waren 35 Jahre verheiratet gewesen. Anscheinend hatte er etwas mit einer anderen Frau gehabt und war mit ihr nach Las Vegas gefahren, wo sie in einer jener Hochzeitskapellen schnell geheiratet hatten. Dummerweise hatte er dort jedoch seine Heimatadresse in das Trauformular eingetragen.

Und so kam es, dass seine eigentliche Frau, die eines Tages die Post sortierte, die Heiratsurkunde des US-Bundesstaates Nevada entdeckte. Natürlich stellte sie ihn zur Rede und ihr Mann gestand. Daraufhin wurde er von seiner Frau geschieden und musste seine Gemeinde verlassen. Am Ende war da eine sehr einsame Frau, die die besten Jahre ihres Lebens einem Mann geopfert hatte, der sie betrogen hatte.

Er hatte sich offensichtlich in Gedanken ausgemalt, wie es sein würde, mit der anderen Frau verheiratet zu sein. Und seine Phantasien öffneten Tür und Tor für ein unkluges und zerstörerisches Verhalten. Ich glaube, dass Christen manchmal auch einen Seitensprung begehen, einfach weil sie nicht aufhören können, darüber nachzudenken oder zu träumen, wie es wohl sein könnte, mit jemand anderem zu schlafen. Ein geistiger Klimmzug, der sie langsam von ihrem Partner entfremdet. Sie träumen davon, eine andere Person auszuziehen, wie es wohl wäre, sie nackt zu sehen, und wie das Gefühl wäre, sexuell mit ihr vereinigt zu sein. Sie stellen sich in Gedanken vor, wie sie diese Phantasien ausleben können.

In meinem Buch *Why Ministers Fall* (»Warum Pastoren fallen«) berichte ich von einer Begegnung mit einem leitenden Pastoren einer Gemeinde, bei der wir auf die Neuigkeit zu sprechen kamen, dass ein anderer Pastor sein Gemeindeamt auf Grund einer sexuellen Sünde niederlegen musste. »Was ging in diesem Mann bloß vor?«, stellte ich die rhetorische Frage.

Ich muss immer noch an das lange Schweigen und die Tränen denken, die meinem Kollegen daraufhin über die Wangen liefen. »Das Gleiche ist mir vor 33 Jahren auch passiert«, fing er bedächtig an zu erzählen. »Damals musste ich deshalb meine Gemeinde verlassen. Und es dauerte zwei Jahre, bis ich meinen Dienst wieder aufnehmen und eine neue Gemeindearbeit beginnen konnte. Aber wissen Sie, was das Schlimmste war? Noch Jahre nach meiner Eskapade, wenn meine Frau und ich zu Bett gingen und ich mich zu ihr legen wollte, trommelte sie auf meine Brust und schrie mich an: ›Wie konntest du mir nur so etwas antun?‹«

Ich blickte den Pastor an und fragte ihn: »Wie haben Sie reagiert?«

»Ich nahm immer wieder ihre Hände und legte sie in meine und sagte ihr dann, wie Leid es mir täte. ›Bitte vergib mir!‹, flehte ich sie an. Es dauerte viele Jahre, bevor sie schließlich darüber hinwegkam. Das war ein schrecklicher Preis, den ich zu zahlen hatte.«

Für die betrogene Frau war es mit Sicherheit sehr schwer zu vergeben und zu vergessen. Aber wenn Vergebung möglich ist, dann kann diese selbstlose Tat eine sterbende Ehe wieder zu neuem Leben erwecken.

Ihre Liebe war erkaltet

Lassen Sie mich dieses Kapitel noch mit einer anderen Geschichte über die Vergebung beenden. Vor Jahren kam ein Ehepaar zu mir in die Seelsorge, bei dem nach Aussage der Frau der Mann fremdgegangen war.

Wir trafen uns drei Monate lang zu dritt und während dieser Zeit traf ich mich auch mit der Frau zu Einzelgesprächen. »Warum lässt mich mein Mann völlig kalt?«, fragte sie mich eines Nachmittags. »Ich empfinde überhaupt nichts mehr für ihn.«

»Ich denke, das liegt daran, weil Sie ihm nicht vergeben haben«, suchte ich zu erklären. Sie wurde wütend auf mich.

»Was meinen Sie mit ›ihm vergeben‹? Er verdient keine Vergebung und das weiß er auch!«

Ich ließ ihr Zeit, sich etwas zu beruhigen. »Darf ich Ihnen einmal eine Frage stellen?«, entgegnete ich. »Wollen Sie für den Rest Ihres Lebens glücklich sein oder wollen Sie, dass es Ihnen schlecht geht?«

»Nun, wir haben vier Kinder. Ich glaube, ich wäre doch ganz gerne glücklich.«

»Dann müssen Sie ihm vergeben. Wollen Sie das tun?«

Sie überlegte sich meinen Vorschlag eine ganze Zeit lang und flüsterte dann: »Ja, ich möchte.«

Gemeinsam gingen wir auf die Knie und an diesem Tag vergab sie ihrem Mann seine sexuellen Verfehlungen. Das war vor fast 30 Jahren. Ihr Mann starb vor kurzem und auf seiner Beerdigung umarmte sie mich dankbar: »Danke für das, was Sie uns vor vielen Jahren geraten haben. Ob Sie es glauben oder nicht, wir hatten schließlich doch noch eine ganz gute Ehe.«

Ich glaube es.

12. Körperliche Bewegung und Ernährung für ein gesundes Sexualleben

Wenn Sie ein grossartiges Sexualleben aufrechterhalten wollen, sollten Sie sich in Form bringen und sich ausgewogen ernähren. Hier erfahren Sie mehr darüber.

Ich war gerade 41 geworden, war noch fit und gut in Form und hatte immer noch das gleiche Gewicht wie an dem Tag, als ich geheiratet hatte. Mein 18-jähriger Sohn Larry und eine Truppe seiner Freunde heuerten mich an, mit ihnen eine Runde Touchfootball, eine harmlosere Variante des amerikanischen Footballs, zu spielen, bei der der Ballträger vom Gegenspieler nicht zu Boden gerissen, sondern lediglich berührt werden muss.

Larry spielte für die gegnerische Mannschaft und mir fiel die Aufgabe zu, ihn in Mann-Deckung zu bewachen, also neben ihm herzulaufen und zu versuchen, die ihm zugeworfenen Pässe abzufangen. Mitten im Spiel stellte sich Larry plötzlich mit seinen Teamgefährten im Kreis zu einer Spielerbesprechung zusammen.

»Hört mal alle zu: Ich glaub, ich kann meinen Vater schlagen und ihm davonrennen. Ich werde also in diesem Spiel ganz weit laufen«, sagte er zum Quarterback, dem Mannschaftskapitän seines Teams. »Wir werden mit Sicherheit einen Touchdown erzielen.«

Als der Ball durch einen Snap ins Spiel gebracht beziehungsweise durch die gespreizten Beine hindurch nach hinten angespielt wurde, sprintete Larry an der Seitenauslinie des Spielfeldes entlang. Ich blieb ihm immer dicht auf den Fersen, aber dann kickte er auf einmal den Ball ins Feld, schoss los und spurtete an mir vorbei, als ob ich stillstehen würde. Der Quarterback warf einen weiten Pass in Richtung unserer gegnerischen Endzone und Larry fing den Ball dort mit beiden Armen in einem Touchdown auf.

Ich fiel nach vorne, schnaufte und keuchte, während Larry das freudige Hurra zum 6-Punkte-Sieg seiner Mannschaft sichtlich genoss. Da ging mir dann plötzlich ein Licht auf: Es ist ein Ding der Unmöglichkeit, dass ein 41-jähriger Mann einem 18-jährigen Jungen, der in der Blüte des Lebens steht, körperlich ebenbürtig ist. Ich höre noch die Worte von Lance Alworth in den Ohren, einem herausragenden Passfänger der *National Football League* (der amerikanischen Profiliga), der bei den *San Diego Chargers* spielte. Dieser kommentierte meine Touchfootball-Episode so:

»Tim, als ich anfing, Profifootball zu spielen, war ich nach einem Sonntagsspiel ungelenk und steif und mir taten alle Knochen weh«, sagte Lance, »aber spätestens bis dienstags oder mittwochs war ich wieder topfit. Als ich aber Mitte 30 war, hatte ich noch bis donnerstags oder freitags Schmerzen. Das war dann der Punkt, an dem mir klar wurde, dass es an der Zeit war, den Football an den Nagel zu hängen.«

Älter zu werden, ist ein ganz natürlicher Prozess im Leben. Das heißt aber noch nicht, dass das Leben schon zu Ende wäre. Worauf es allerdings ankommt, ist Ihr gesundheitlicher Zustand. Fragen Sie diejenigen, die durch eine Krankheit ans Bett gefesselt waren oder durch eine Verletzung geschwächt wurden, und sie werden Ihnen alle auf die Schultern klopfen und zu Ihnen sagen: »Seien Sie froh und dankbar, dass Sie noch gesund sind.«

Ich bin Gott sehr dankbar für das Geschenk, eine gute Gesundheit zu haben. Das hat sich mit den Jahren auch nicht geändert. Ich freue mich immer noch sehr an seiner großen Güte. Zugleich bin ich mir dessen bewusst, dass mir dabei auch eine wichtige Rolle zukommt, dieses Geschenk zu bewahren und mich gesund zu erhalten, und das beinhaltet viel Bewegung und eine richtige Ernährung.

Dieses Kapitel ist insofern sehr wichtig, als körperliche Bewegung und Ernährung die Sexualität und Libido beeinflussen, insbesondere in den späteren Lebensjahren. Wenn Sie in den mittleren Jahren Krankheitsanzeichen bei sich feststellen, sollten Sie überprüfen, wie fit Sie noch sind und wie es mit Ihren Essgewohnheiten aussieht. Sie können dadurch feststellen, ob Sie Ihre Vitalität und Lebensenergie durch mangelnde Bewegung oder eine Fehlernährung maßgeblich beeinträchtigen. Dies ist auch der Zeitpunkt, einmal Ihren Lebensstil beziehungsweise Ihre Lebensgewohnheiten zu überdenken. Dies bringt mir ein Paar um die 50 in Erinnerung, das immerzu nur müde war. Sie lösten dieses Problem dadurch, dass sie fortan immer eine Stunde früher zu Bett gingen. Daraufhin stellten sie fest, dass sie morgens mit neuem Schwung in den Tag gingen. Außerdem folgte dieser Belebung ihrer Lebensenergie ein verstärktes sexuelles Interesse.

Ein geringerer Kalorienbedarf

Der Stoffwechsel verlangsamt sich im Laufe der mittleren Lebensjahre. Das heißt: Sie brauchen weniger Kalorien, um Ihr Gewicht zu halten. In der Lebensmitte geht es nicht mehr nur darum, *was* Sie essen, sondern auch darum, *wann* Sie essen. Vielleicht überlegen Sie sich einmal, vier, fünf oder sechs kleinere Mahlzeiten am Tag zu sich zu nehmen, anstatt das Frühstück ausfallen zu lassen, ein schnelles Mittagessen runterzuschlingen und sich an einem gediegenen Abendessen gütlich zu tun. Wenn Sie öfter eine kleine Mahlzeit zu sich nehmen, kann dies den Stoffwechsel anregen und zu einer Gewichtsreduktion führen.

Viele Gesundheitsämter in den USA empfehlen auch, ein ausgiebiges Frühstück, moderates Mittagessen und ein dürftiges Abendessen zu sich zu nehmen, ohne noch am Abend eine Zwischenmahlzeit einzulegen, als Weg, die lästigen Pfunde durch weniger Fett purzeln zu lassen. Was meine Essgewohnheiten betrifft, so beginne ich den Morgen mit einem Griff in den Küchenschrank: Ich hole einen großen Behälter mit verschiedenen Sorten an Frühstückszerealien hervor: eine Mischung aus wenig fettreichen Getreideflocken aus Vollkornweizen mit Weinbeeren, Nüssen, Rosinen und Kleie. Ein solches Vollkornprodukt wie die Kleie fördert die Verdauung und regt einen regelmäßigen Stuhlgang an. Ich habe auch gelesen, dass ich durch ein solch gesundes Frühstück eine ausreichende Menge an Kalorien zu mir nehmen kann, dabei jedoch weniger Fett gespeichert wird.

Später am Tag sind Obst und Gemüse zum Mittagessen angesagt. Ich denke, dass es wichtig ist, immer Obst im Hause zu haben. Ich esse regelmäßig Bananen, da sie den Blutdruck senken können. Leider habe ich familiär bedingt einen hohen Blutdruck geerbt, doch bislang haben mir zwei Bananen am Tag und fünfmal Joggen in der Woche geholfen, keine Medikamente dagegen einnehmen zu müssen.

Zum Abendessen hat sich folgende Menüzusammenstellung als sehr hilfreich erwiesen, um mein Gewicht niedrig zu halten und meine Gesundheit zu stärken: Ich versuche den Fettgehalt zu reduzieren, indem ich weniger Rindfleisch und dafür mehr Fisch oder Hähnchenfleisch esse. Auch versuche ich, süße Schokoladenspeisen zum Nachtisch durch Obst zu ersetzen, was mir aber – zugegebenermaßen – auch nicht immer gelingen will.

Paare in den mittleren Lebensjahren haben meist die nötigen finanziellen Mittel, um öfter essen zu gehen. Auch meine Frau und ich gehen regelmäßig im Restaurant essen. Sich gesund zu ernähren, ist dabei nicht ganz so einfach. Viele Lokale servieren überdimensionierte Steaks, in Butter geschwenkte Kartoffeln und üppige Schokolade-Karamelkuchen – die reinsten Kalorienbomben –, aber bitte mit Sahne. Wir müssen uns jedoch als Hauptgericht keine arterienverschließenden Rindfleischgerichte bestellen, wie sie Sportler essen, um ihren Körper aufzubauen. Viele Gaststätten bieten auch »leichte« Mahlzeiten und Gerichte mit geringem Fettgehalt an. Ich bestelle mir oft Hähnchen und Fisch als Hauptspeise zusammen mit Salaten mit einem fettarmen oder fettlosen Dressing. Zudem sage ich Nein zu Bratensoßen, Mayonnaisen und Mehlschwitzen.

In Restaurants wird leider sehr viel Fett verwendet, weil es beim Kochen schneller geht und immer gut schmeckt. Aber dies kann zu einer Herausforderung werden, wenn es um gesundes Essen geht. Ich versuche daher oft, mir auf der Speisekarte ein Nudelgericht mit einer Tomatensoße auszusuchen, denn ich habe festgestellt, das mediterranes Essen auf der Grundlage von Tomaten zu einem langen Leben beiträgt und italienisches Essen erstaunlicherweise sehr gesund ist. Und das Lykopin, das Tomaten ihre rote Färbung verleiht, schützt zum Beispiel gegen Prostatakrebs.

Körperliche Bewegung – leicht und locker

Abgesehen von einer gesunden Ernährungsweise glaube ich fest an den Nutzen körperlicher Bewegung. Ich beginne fast jeden Morgen (an fünf Tagen der Woche) damit, fünf Kilometer zu joggen. Anschließend mache ich noch ein wenig Stretching für meine Beine und Hüften. Aus zwei Gründen ist Jogging für mich sehr wichtig:

1. Egal, in welchem Land ich mich gerade befinde, ich kann überall joggen. Für mich ist das Laufen durch die Straßen oder Parks einer Stadt zu einer großartigen Gelegenheit geworden, mehr über Gottes wunderbare Schöpfung zu erfahren. Einmal konnte ich sogar über den Platz des Himmlischen Friedens in Peking joggen.

2. Ich höre mir immer eine Kassette oder CD auf dem Walkman an, wenn ich jogge. In der Regel handelt es sich dabei um biblische Lehre. Ich nenne das »die Zeit auskaufen«. Mit anderen Worten: Ich schlage zwei Fliegen mit einer Klappe, indem ich mich bewege und mir dabei gleichzeitig lehrreiche Kassetten anhöre.

Nachdem ich dann wieder bei Atem bin und mich geduscht habe, gehe ich – wenn ich zu Hause bin – in mein Büro, wo sich mein Stehpult befindet. Ich ziehe es vor, im Stehen zu schreiben und zu arbeiten, denn auf diese Weise bringe ich einige meiner kreativsten Manuskripte zu Stande. Wenn ich mir dann abends im Fernsehen die Nachrichten anschaue, mache ich dabei zweimal 50 Liegestützen. Ich kann mich zwar nicht so gut aus der Rückenlage aufsetzen oder eine Bauchrolle machen, aber das ist eigentlich normal für jemanden, der seit drei Jahren einen Herzschrittmacher trägt. Männer in meinem Alter neigen dazu, ein schlafferes Bauchgewebe zu bekommen; selbst, wenn sie nicht übergewichtig sind, fangen sie an, einen Hängebauch anzusetzen. Ich glaube, ich will es bei mir einfach nicht so weit kommen lassen und dem »Sensenmann« keine Chance geben.

Dank meiner vorbeugenden Maßnahmen und der Güte Gottes bin ich immer noch bei guter Gesundheit. Übrigens hat mich

1966 ein Artikel von Billy Graham in einer Ausgabe des *Reader's Digest* dazu animiert, mit dem Joggen zu beginnen. Darin schrieb er, dass ein ausdauerndes Lauftraining ihn gesund erhielte. So fing ich gleich am nächsten Tag an Kilometer zu schrubben. In den über 30 Jahren habe ich seither fünf Paar Joggingschuhe »verheizt«, und Beverly hat ausgerechnet, dass ich ungefähr viermal die USA joggend durchquert habe. Das Jogging hat mir stets sehr viel Spaß gemacht, mein Gewicht niedrig gehalten und ich habe währenddessen durch die Kassettenvorträge von Dr. Adrian Rogers, Josh McDowell, David Jeremiah, David Hunt, Ravi Zacharias und vielen anderen eine Menge gelernt.

Bei all meiner Begeisterung für den Sport muss ich jedoch gestehen, dass ich eigentlich gar nicht gerne Liegestützen mache. Ich tue es aber, um mir die nötige Kraft anzutrainieren, denn Beverly braucht mit ihrer Arthritis meine Unterstützung. Sie hat schon seit 35 Jahren mit diesem Leiden zu kämpfen und war fast die ganze Zeit über in ärztlicher Behandlung. Bev stellte die arthritischen Symptome bereits mit Mitte 30 bei sich fest. Damals prophezeiten die Ärzte, dass es nur eine Frage der Zeit wäre, bis sie im Rollstuhl säße. Wie ein tapferer Soldat hat sich meine Frau in der Folge mutig und klaglos vielen körperlichen Problemen gestellt. Aber sie hat niemals die Hoffnung aufgegeben, dass Gott sie heilen oder dass ein neues Medikament gefunden würde, um diese gefürchtete Krankheit zu besiegen, die ihr und 30 Millionen Amerikanern mit ihr dieses schwere Leiden zufügte. Sie hat bereits ein künstliches Kniegelenk erhalten, weil der Schmerz der aufeinander reibenden Knochen zu stark für sie wurde. Wir hoffen und beten, dass das andere Knie erhalten bleiben kann. Eines ist uns dabei sehr wichtig geworden, dass jemand mit einer solchen starken Arthritis ständig unter ärztlicher Beobachtung stehen sollte. Erfreulicherweise werden heute schon einige neue hilfreiche Medikamente gegen Arthritis entwickelt.

Ein weiteres Knochenproblem, das Bev jedoch umgangen hat, ist die Osteoporose. Eine weit verbreitete Krankheit, an der mehr als zehn Millionen Amerikaner erkrankt sind. Eine von vier Frauen erkrankt an Osteoporose. Frauen haben im Alter von 30 Jahren ihre maximale Knochenmasse erreicht und ab dann beginnt der Mineralgehalt der Knochen (die Dichte) abzunehmen.

Wie bereits in Kapitel drei besprochen, tritt Osteoporose meistens bei Frauen nach der Menopause auf, wenn eine Abnahme der Östrogenmenge dazu führt, dass die Knochen dünn und brüchig werden. Es tut mir immer sehr weh, wenn ich ältere Frauen in krummer, gebückter Haltung gehen sehe, weil ihr Rückgrat geschwächt ist. 20 Prozent der Osteoporosefälle betrifft jedoch auch Männer. Meistens beginnt sie hier um die 50. Dieser Knochenschwund führt erkennbar zum Humpeln und einer gebeugten Gehweise.

Sie können aber Ihr Risiko, an Osteoporose zu erkranken, nach Aussage einiger medizinischer Experten vermindern, wenn Sie Ihre Ernährung täglich mit 1.200 bis 1.500 Milligramm Kalzium ergänzen. Für die Aufnahme von Kalzium benötigt der Körper ferner Vitamin D. Vitamin D, das die Mineralisation der Knochen und damit den Knochenaufbau fördert, sollte also zusammen mit Kalziumtabletten eingenommen werden. Die empfohlene Tagesdosis ist hier 400 – 600 I.E. (internationale Einheiten). Vitamin C wiederum fördert die Absorption oder Aufnahme von Kalzium und Eisen, um das Gewebe, die Knochen und Zähne gesund zu erhalten. Die meisten Reformhäuser bieten Präparate an, bei denen Kalzium und Magnesium zusammen in einer Tablette eingenommen werden können. Dadurch kann das Kalzium dann besser vom Körper absorbiert werden.

Auch gymnastische Übungen bilden und erhalten die Knochenmasse und -dichte. Deshalb zögern Sie nicht, sich beispielsweise einmal an eine Rudermaschine zu setzen. Zu viele Leute schrecken jedoch vor zu großer Anstrengung zurück, weil ihnen noch das Sprichwort »ohne Fleiß kein Preis« in den Ohren klingt. Meine Meinung dazu: Man sollte versuchen, sich ohne allzu große Anstrengung fit zu halten.

Wenn man dabei aber regelmäßig so richtig ins Schwitzen kommt, ist das nur gut. Zumindest empfehle ich Ihnen fürs Erste, mit Walking zu beginnen, was übrigens auch die meistgenannte sportliche Betätigung in unserer Studie war. Knapp 40 Prozent der Probanden jedoch gab an, wenig oder gar keinen Sport zu treiben. Dr. Laura Schlessinger, Moderatorin des bekannten US-Radioprogrammes »Dr. Laura«, sagte einmal, wenn sie ein Buch zum Thema »*Zehn dumme Sachen, die ältere Menschen so tun*« zu schreiben hätte, würde ein fehlendes Gesundheitsbewusstsein ganz weit oben auf ihrer Liste stehen. Ich warne jedoch davor, wenn Sie gerade damit beginnen sollten, sich sportlich zu betätigen, dies zu schnell zu tun. Gehen Sie dabei behutsam vor und steigern Sie sich nur allmählich.

Mein Freund und Fitness-Experte, Dr. Kenneth H. Cooper, sagte einmal, dass der Wechsel von einem eher sitzenden zu einem aktiven Lebensstil mit einem bequemen Paar Laufschuhe und einer guten Portion Ausdauer beginnt. Dr. Cooper hatte einen großen Einfluss auf meine körperliche Kondition, besonders durch sein Buch *The Antioxidant Revolution* (Die Antioxidans-Revolution). (Weitere Informationen zu seinem Fitnessprogramm finden Sie im Internet unter www.*cooperwellness.com*) Nachfolgend eine Kurzdarstellung seines zwölfwöchigen Fitness-Programmes:

- Nachdem Sie Ihren Arzt konsultiert haben, sollten Sie damit beginnen, zunächst langsam zu gehen. Laufen Sie in den ersten sechs Wochen an fünf Tagen pro Woche in einem entspannten Schritttempo.
- WOCHE 1: Laufen Sie an fünf Tagen pro Woche etwa 1,6 km in 24 Minuten.
- WOCHE 2: Laufen Sie an fünf Tagen pro Woche etwa 1,6 km in 22 Minuten.
- WOCHE 3: Laufen Sie an fünf Tagen pro Woche etwa 1,6 km in 20 Minuten.
- WOCHE 4: Laufen Sie an fünf Tagen pro Woche etwa 2,4 km in 30 Minuten.
- WOCHE 5: Laufen Sie an fünf Tagen pro Woche etwa 2,4 km in 29 Minuten.
- WOCHE 6: Laufen Sie an fünf Tagen pro Woche etwa 3,2 km in weniger als 40 Minuten. Wenn Sie sich gut dabei fühlen, behalten Sie dieses Tempo erst einmal bei oder steigern Sie es von Woche 7 bis 12 in kleinen Schritten noch ein wenig.
- WOCHE 7: Laufen Sie viermal pro Woche etwa 3,2 km in 38 Minuten.
- WOCHE 8: Laufen Sie viermal pro Woche etwa 3,2 km in 36 Minuten.

- WOCHE 9: Dies ist Ihr Ziel. Laufen Sie viermal pro Woche etwa 3,2 km in weniger als 35 Minuten. Behalten Sie Ihr Lauftraining bei. Sie werden eine bessere Gesundheit und längere Lebensdauer erzielen, wenn Sie weiterhin auf dem Niveau von Woche 6 oder 9 laufen. Wenn sich schließlich Ihre Fitness verbessert hat, dann setzen Sie Ihr Lauftraining auf der nächsten Stufe fort.
- WOCHE 10: Laufen Sie viermal pro Woche etwa 3,2 km in 34 Minuten.
- WOCHE 11: Laufen Sie viermal pro Woche etwa 3,2 km in 32 Minuten.
- WOCHE 12: Dies ist Ihr Ziel. Laufen Sie dreimal pro Woche etwa 3,2 km in weniger als 30 Minuten.

Verbessern Sie Ihre Lebensqualität

Ich wünsche mir, dass dieses Kapitel Sie wachrüttelt und dazu motiviert, eine bessere Kondition zu bekommen. Dadurch, dass Sie ein Fitnessprogramm absolvieren, können Sie Ihre Lebensspanne um *Jahre* verlängern, ein schöneres Sexualleben genießen, länger leben, um anderen zu dienen und Ihre Enkel geistlich zu prägen.

Bevor Sie allerdings den ersten Lauf um den Block unternehmen, sollten Sie sich ärztlich untersuchen lassen. Ein Belastungs-EKG ist in diesem Falle ratsam. Es gibt Aufschluss über die familiäre Vorbelastung im Hinblick auf eine mögliche Herzerkrankung oder einen zu hohen Blutdruck.

Sie können zehn oder 20 Jahre relativer Inaktivität nicht in 14 Tagen wettmachen. Erwarten Sie also nicht, dass Sie sofort Ihre stramm sitzenden Gummizughosen gegen ein adrettes Fitnesshöschen eintauschen können. Dr. Cooper empfiehlt vielmehr eine auf das jeweilige Alter zugeschnittene Mischung aus Aerobic-Übungen und Krafttraining: »Mit dem Alter verlieren wir Muskelmasse. Deshalb ist es nicht gut, wenn ein 60-jähriger Mann zwar fünf Kilometer in 30 Minuten laufen kann, aber nicht einmal eine Einkaufstasche hochheben kann, ohne sich den Rücken zu verrenken.« Er rät Männern und Frauen im mittleren

Lebensalter, Aerobic zu betreiben (und versteht darunter schnelles Walking, Schwimmen, Fahrradfahren und Joggen), und zwar drei- bis fünfmal pro Woche jeweils für zwanzig bis 30 Minuten. Ein mehrmaliges Krafttraining in der Woche an dafür geeigneten Fitnessgeräten (Kraftmaschinen) würde seiner Meinung nach ein solches Trainingsprogramm abrunden. Sie können sich aber auch für zu Hause einige 1,5-kg- und 2,5-kg-Hanteln zulegen.

Seien wir doch einmal realistisch: Nur wenige Menschen haben die Zeit und die Willenskraft, vier- bis fünfmal pro Woche zu trainieren. Aber vielleicht können Sie ja auch eine Sportart zumindest zweimal pro Woche betreiben?! Oder dreimal?!

Durch ein dauerhaftes Training ist es möglich, seine Herzfrequenz zu steigern und so die Durchblutung zu erhöhen und die Muskeln zu stärken. Wenn Ihnen an einem vitalen Sexualleben gelegen ist, dann ist dies außerdem der Zeitpunkt, um mit dem Rauchen aufzuhören, den Alkoholkonsum drastisch einzuschränken, Ihre Essgewohnheiten zu ändern und ein anhaltendes Trainingsprogramm zu starten, das der Gesunderhaltung Ihres Herz-Kreislauf-Systems dient. Wenn körperliche Bewegung nicht schon zu Ihrem Lebensstil gehört, kann es für Sie schwierig sein, Ihren Bewegungsradius zu erhöhen, wenn Sie sich bereits im mittleren Alter befinden. Bewegungsmangel und eine weiterhin zu hohe Kalorienzufuhr tragen dann zu einer Gewichtszunahme bei. Bei Frauen sammeln sich diese überschüssigen Pfunde vorwiegend in der unteren Körperhälfte an – an den Hüften, am Gesäß und an den Schenkeln. Die Durchschnittsfrau nimmt, wenn sie nichts dagegen tut, ein bis zwei Pfund pro Jahr zu.

Diejenigen unter Ihnen, die übergewichtig sind, sollten sich über die Gesundheitsrisiken und Belastungen im Klaren sein, die mit einem zusätzlichen Körpergewicht verbunden sind. In der größten Studie, die bis dato zum Thema Übergewicht und Sterblichkeitsrate durchgeführt wurde, stellte die Amerikanische Krebsgesellschaft im Jahre 1999 fest, dass wir Menschen das Risiko, früher zu sterben, einfach schon dadurch erhöhen, dass wir übergewichtig sind.

Die Forscher, die mehr als eine Million Amerikaner untersuchten, errechneten für jeden Probanden den so genannten Body-Mass-Index, abgekürzt BMI, d. h. das Verhältnis beziehungsweise den Quotienten aus Gewicht und Größe. Die Befragten wurden dann nach Alter bzw. Todesursache kategorisiert. Die Studie fand heraus, dass für Menschen ab einem BMI von 25 das Todesrisiko allmählich steigt. Dies wäre beispielsweise bei einer 166 cm großen Frau mit einem Gewicht von 150 Pfund oder einem 178 cm großen Mann mit einem Gewicht von 174 Pfund der Fall. Der schwerste weiße Mann, der untersucht wurde, wog 278 Pfund bei einem Körpergestell von 178 cm und einem BMI von 40 oder darüber. Das Todesrisiko war hier zweieinhalbmal so hoch wie das bei gesunden Altersgenossen mit vergleichbaren Körpermaßen, d. h. bei Männern mit der gleichen Größe und einem Gewicht zwischen 153 und 170 Pfund. (Ihren persönlichen BMI können Sie zum Beispiel dadurch herausfinden, dass Sie dieses Stichwort in eine Internet-Suchmaschine eingeben und sich zu verschiedenen Webseiten führen lassen, mit Hilfe derer Sie Ihren Index errechnen können. Zwei Webseiten kann ich Ihnen bereits empfehlen: www.premed.de und www.brigitte.de/diaet/schlank/bodymass.htm)

Neben gesundheitlichen Risiken führt Übergewichtigkeit auch zu einem mangelnden sexuellen Interesse. Der Psychiater C. Don Morgan von der Kansas School of Medicine sieht in der Unfähigkeit – oder fehlenden Bereitschaft –, abzunehmen und der damit verbundenen körperlichen Scham eine Ursache für sexuelle Schwierigkeiten. Dr. Morgan stellte bei der Auswertung seiner Fragebögen bei übergewichtigen Frauen ein hohes Maß an sexueller Lustlosigkeit, sexueller Aversion und Orgasmusunfähigkeit fest. 67 Prozent der schweren Probandinnen hegten beim Sex negative Gefühle verglichen mit 33 Prozent in der normalgewichtigen Kontrollgruppe.[1] Übermäßig übergewichtige Männer stehen dem in nichts nach. Darüber hinaus werden sie häufig impotent.

Will man abnehmen, ist das ein Stück harter Arbeit. Aber ich kann Ihnen versichern, dass in guter Verfassung zu bleiben, sehr wohl die Anstrengung wert ist – sowohl in geistlicher, geistiger, physischer und psychischer Hinsicht. Die meisten Christen, die zu viel Gewicht auf die Waage bringen, müssen sich bewusst machen, dass ihr Problem nicht darin liegt, zu viel zu wiegen, sondern zu viel zu essen. Die Bibel nennt das Völlerei. Viele von uns scheren sich jedoch mehr um die Strafe für diese Sünde (nämlich übergewichtig zu sein) als um die Sünde selbst. Sie müssen sich aber bewusst machen, dass Sie nicht immer allem frönen können, wonach Ihnen der Appetit steht. Die beste Übung kann da vielleicht sein, sich vom Esstisch »hochzustemmen« und Gott zu vertrauen, dass er Ihnen Freude dabei schenkt, ihm zu gehorchen.

Nahrungsergänzungsmittel

Einmal beriet ich eine depressive Frau, die mir erzählte, dass sie vier verschiedene Ärzte aufsuchen und gleichzeitig 16 verschiedene Medikamente einnehmen würde. Man muss kein großartiger Chemiker sein, um eins und eins zusammenzählen zu können und sich klarzumachen, dass dieser »Medikamenten-Cocktail« auch ein Schuss nach hinten sein kann, indem sich die Arzneimittel gegenseitig negativ beeinflussten.

Wie ich schon an anderer Stelle positiv habe verlauten lassen, können wir uns in der Tat glücklich schätzen, dass wir in einer Zeit leben, in der der modernen Medizin so viele Möglichkeiten zur Krankheitsbekämpfung zur Verfügung stehen. Angefangen von der Lasertechnik über Computertomographie bis hin zur Kieferchirurgie erinnert die heutige Medizin nicht mehr allzu sehr daran, wie Ärzte noch vor 25 Jahren ihren Gesundheitsdienst versahen. Das Arsenal des Arztes umfasst ein Schwindel erregendes Aufgebot an neuen Medikamenten – mit breitem Wirkungs- und hohem Öffentlichkeitsgrad. Viele Patienten sehen in ihnen das Elixier für ein langes Leben – eine Sichtweise, die von einem medizinischen Berufsstand zudem noch propagiert wird, der sich eher auf die Verschreibung von Medikamenten konzentriert, als zum Skalpell zu greifen.

Mein Vorbehalt gegen die traditionelle Schulmedizin richtet sich dabei gegen die Praxis, dass relativ wenig Aufklärung betrieben wird über die möglichen Nebenwirkungen von verschreibungspflichtigen Medikamenten wie zum Beispiel im Falle von Impotenz durch eine medikamentöse Behandlung von Bluthochdruck. Ein dynamischer, gestresster Mann Ende 40, der wegen seines hohen Blutdrucks behandelt wird, könnte beispielsweise zögern, ein bestimmtes Medikament einzunehmen, wenn er wüsste, dass er damit eine 30-prozentige Wahrscheinlichkeit in Kauf nimmt, dass sein Penis nie wieder erigiert sein wird. Ärzte müssen ihren Patienten wesentliche Informationen mitteilen. Ansonsten lösen sie ein gesundheitliches Problem, indem sie ein anderes schaffen. Aber die Patienten sollten sich auch auf eigene Faust sachkundig machen. Sie sollten Fragen stellen, bei Freunden nachhören und sich über die neuesten medizinischen Forschungsergebnisse informieren.

Manche Ärzte sind zwar schnell dabei, ein Rezept auszustellen, sie übersehen aber vielfach die Nahrungsergänzung – entweder in Form einer Behandlung oder als vorbeugende medizinische Maßnahme. Darauf angesprochen, bekommt der Patient vielleicht nur die lapidare und scherzhafte Antwort, dass Vitamine nur einen teuren Urin produzieren.

Ich bin in diesem Punkt anderer Ansicht – genau wie eine immer größer werdende Anzahl von Ärzten, die mir beigepflichtet haben, dass Ergänzungsmittel zur Ernährung einiges Gute bewirken *können*. Ich glaube, dass derzeit eine kleine Revolution unter der Ärzteschaft im Gange ist, die von den unterschiedlichsten Nebenwirkungen bei ihren Patienten aufgeschreckt ist. Sie ist dadurch offener dafür, sich für eine gesunde Ernährung einzusetzen. Ein Arzt, dessen Arbeit ich in jüngster Zeit aufmerksam verfolgt habe, ist Julian Whitaker. Er redigiert und publiziert einen Newsletter mit dem Titel *Health & Healing* (Gesundheit & Heilung). Mit dieser Veröffentlichung erreicht er jeden Monat 500.000 Haushalte. Seine Publikationen stützen sich dabei auf solide wissenschaftliche Erkenntnisse im medizinischen Bereich und die neuesten Entwicklungen in Sachen gesunde Ernährung und alternative Therapieformen.

Julian Whitaker veröffentlicht zudem Bücher und Artikel in Fachzeitschriften, die für mich von besonderem Interesse sind, wie der von ihm veröffentlichte Artikel *Uncensored Secrets to Sizzling Sex at Any Age* (Unzensierte Enthüllungen über ein prickelndes Sexualleben in jedem Alter). Man muss dieses heiße Thema jedoch nicht mit Samthandschuhen anpacken. Julian Whitaker vertritt die Ansicht, dass sexuelle Probleme im fortgeschrittenen Alter – ob sie nun physischer oder emotionaler Natur sind –

das Ergebnis von hormonellen Veränderungen sind. Das ist an und für sich noch keine weltbewegende Erkenntnis. Worauf er jedoch hinweist, ist, dass die Organe und Drüsen, die auf Sexualhormone ansprechen, durch »freie Radikale geschädigt« werden können. Er erklärt, dass freie Radikale äußerst reaktionsfähige Partikel sind, die einzelne Zellen im Körper angreifen und schädigen können. Wenn sich derartige Radikale frei herumbewegen, können sich daraus Krankheiten oder Fehlfunktionen bilden.

Um freie Radikale bekämpfen zu können, sollten wir laut Julian Whitaker unserer Nahrung Ergänzungsmittel und Vitaminzusätze zufügen – insbesondere Antioxidanzien. Er empfiehlt, jeden Morgen die folgenden Mengen einzunehmen:

- Vitamin C (3000 mg),
- Vitamin E (400–800 I. E.),
- Selen (200 mcg),
- Zink (30 mg),
- Betacarotin (5000 I. E.).

Nährstoffe, die reich an Antioxidanzien sind, finden sich auch in Vollkornprodukten, frischem Obst und dunkelgrünem Gemüse. Viele werden am besten roh verzehrt. Leider ist die Nahrung, die wir zu uns nehmen, jedoch so überdüngt und überzüchtet, dass sie nicht mehr den gleichen Nährwert wie die Ernten hat, die in den Generationen vor uns angebaut wurden oder natürlich gewachsen sind. Wenn Obst und Gemüse bei uns auf den Tisch kommt, wird es in vielen Familien noch auf dem Herd zubereitet und die Nährstoffe werden verkocht. Die meisten Menschen wissen gar nicht, dass sie, wenn sie das Kochwasser von Karotten oder anderem Gemüse abgießen, auch zugleich die Nährstoffe und Vitamine in den Abfluss schütten.

Vorbeugende Maßnahmen im Bereich der Ernährung können Ihre Lebensdauer erhöhen. Vielleicht können Sie sich ja folgende Anregungen zu Herzen nehmen:

Essen Sie kalziumreiche Nahrungsmittel. Sie können der Osteoporose entgegenwirken, indem Sie Ihren Speiseplan mit den folgenden Nahrungsmitteln ergänzen:

- Joghurt
- Milch
- Orangensaft mit Kalzium
- Hartkäse
- Lachs
- gekochte Bohnen
- Spinat
- gekochter Brokkoli
- Orangen

ESSEN SIE VIELE TEIGWAREN MIT REICHLICH TOMATENSOSSE. Mitchell Gaynor ist Leiterin der medizinischen Abteilung für Onkologie am Strang-Krebsvorsorgezentrum in New York City. Sie bezieht sich in einer ihrer Veröffentlichungen auf eine Studie, die belegt, dass Männer, die zehn oder mehr Portionen eines Tomatengerichtes pro Woche aßen, ein um 45 Prozent niedrigeres Risiko aufwiesen, an Prostatakrebs zu erkranken. Mama mia! Das ist eine ganze Menge Spaghettisoße und Pizza! Glücklicherweise habe ich immer schon gerne Nudeln gegessen und meine Frau kocht eine großartige Soße auf Tomatenbasis. Der Grund, warum Tomaten eine krebshemmende Wirkung zugesprochen wird, liegt am Lykopin, dem in Tomaten enthaltenen roten Farbstoff.

Die meisten Supermärkte führen heutzutage recht unansehnliche Tomaten in ihren Regalen. Sie werden in großen Gewächshäusern gezüchtet, grün gepflückt und schmecken wie Gummibälle. Lassen Sie sich deshalb natürlich gewachsene Strauchtomaten und andere Produkte lieber etwas mehr kosten.

TRINKEN SIE VIEL GRÜNEN TEE. Wenn es schon fast zu viel verlangt scheint, jeden Tag eine halbe Tasse Tofu zu essen, dann können Sie schon eher jeden Tag drei Tassen grünen Tee trinken, der den Körper mit schützenden, entgiftenden Enzymen versorgt. Das wichtigste Antioxidans in grünem Tee ist zweihundertmal wirksamer als Vitamin E und fünfhundertmal wirksamer als Vitamin C.

Nehmen Sie Nahrungsergänzungsmittel zu sich, um wieder fit zu werden. Nachdem ich meine Frühstückszerealien zu mir genommen habe, schlucke ich jeden Morgen 30 Vitamin- und Mineralienzusätze. Ich weiß, das ist eine ganze Menge, aber ich halte sehr viel davon, dass man dem Körper alle Vitamine und Nährstoffe zuführt, die er für die lange Wegstrecke braucht. Was steckt in all diesen Pillen? Magnesium, Zink, Kalzium und Lecithin. Ich nehme außerdem Antioxidanzien wie Vitamin E, C und Selen. Zudem nehme ich eine Form von natürlichem Testosteron und Yohimbe – das aus der Rinde eines afrikanischen Baumes gewonnen wird – zu mir, um die Libido zu erhalten.

Die Einnahme von Vitaminen und Kräuterextrakten ist zu einer neuen Demonstrationsform von Flowerpower der einstigen Babyboom-Generation geworden. Bei vielen hat das Misstrauen gegenüber der herkömmlichen Medizin dazu geführt, dass sie bewusst etwas für ihre Gesundheit getan haben, anstatt darauf zu warten, dass etwas mit ihrem Körper schief lief. Es freut mich, dass immer mehr Amerikaner Naturheilpflanzen und andere Ergänzungsmittel so attraktiv finden wie ich, wodurch sich die Verkaufszahlen für Ergänzungsmittel auf Kräuter- beziehungsweise Pflanzenbasis seit 1994 mehr als verdoppelt haben. Diese Wachstumsindustrie mit einem Umsatz von zwölf Milliarden Dollar hat 60 Millionen Abnehmer, die jeden Morgen eine Hand voll Vitamine und Naturheilkräuter mit ihrem morgendlichen Orangensaft hinunterspülen.

Sie schlucken dabei Aloe-Säfte zur Steigerung ihrer Immunabwehr, Echinacea zur Behandlung von Erkältungsbeschwerden und grippeartiger Infekte, Baldrian gegen Schlafstörungen, Ginkgo, um geistig fit zu bleiben, und Goldsiegel zur Stärkung des Immunsystems.

Aphrodisiaka

Im Zusammenhang mit Hafer haben viele Männer seit Jahrhunderten nach Möglichkeiten gesucht, um ihr Sexualleben durch so genannte Aphrodisiaka »aufzumöbeln«. Zu König Davids Zeiten galten Weinbeeren als hilfreiches Mittel, denn man sah in ihnen die »Samen«, die den »Samen« eines Paares stärken konnten. Im Hohelied heißt es: »Stärkt mich mit Traubenkuchen, erquickt mich mit Äpfeln, denn ich bin krank vor Liebe!« (Hoheslied 2,5, ELB).

Seit Davids Zeiten hat man Hunderten, wenn nicht sogar Tausenden von Lebensmitteln und Heilpflanzen eine potenzsteigernde Wirkung zugedacht. Die Skala reicht von Spargel, Fenchel und Knoblauch über Zimt, Ginkgo, Ginseng bis hin zu Yohimbe. Ich traf einmal Dr. Carlon M. Colker und er schenkte mir ein Exemplar seines Buches *Sex Pills: What Works and What Doesn't* (Sexpillen: Was wirkt und was nicht). In seinem Buch schreibt er:

Seit Menschengedenken war der Mensch bestrebt, sein Sexualleben zu verbessern, es länger anhalten zu lassen, den Sexualtrieb bis ins hohe Alter hinein zu erhalten, sexuelle Störungen wieder rückgängig zu machen, eine nachlassende geschlechtliche Lust wieder zu erwecken und die eigene sexuelle Leistungsfähigkeit zu verbessern. Deshalb hat der Mensch sich auf eine anscheinend nie enden wollende Suche nach einer magischen Pille oder einem Potenztrunk begeben. Einige nützen, andere nicht. Einige sind hervorragend in der Konzeption und Wirkungsweise, während andere schlichtweg gefährlich oder sinnlos sind.

Wenn Sie wenig sexuelle Lust verspüren, könnte es einen Versuch wert sein, einige dieser Kräuterextrakte und ergänzenden Wirkstoffe einmal auszuprobieren. Seien Sie jedoch nicht überrascht oder enttäuscht, wenn sich unterhalb der Gürtellinie nichts tut. Sie sollten vernünftig an das Thema der potenzsteigernden pflanzlichen Mittel herangehen. Wenn atemberaubende Werbekampagnen sensationelle Neuerungen auf diesem Gebiet propagieren wollen – Erektionen in Hülle und Fülle für den Mann und multiple Orgasmen für die Frau –, dann trifft das alte Sprichwort zu: »Wenn es zu schön klingt, um wahr zu sein, ist es wahrscheinlich auch zu schön, um wahr zu sein.« Ich glaube zum Beispiel nicht, dass Aphrodisiaka wie gemahlene Tigerpenise

- das Energiepotenzial wesentlich erhöhen,
- die geschlechtliche Lust dramatisch steigern,
- mehr Vergnügen beim Sex gewähren,
- die geschlechtlichen Empfindungen verstärken,
- die Häufigkeit des Geschlechtsverkehrs heraufsetzen,
- die Impotenz beim Mann rückgängig machen.

Stattdessen könnten Sie einige der geläufigeren Aphrodisiaka ausprobieren wie Damiana (*Turnera diffusa*), ein Blätter-Extrakt, der angeblich die weibliche Libido ins Unermessliche steigern soll), und Kavakavawurzeln (*Piperis methystici rhizoma*), ein entspannungsförderndes pflanzliches Mittel, das die Angst, im Bett zu versagen, lindern soll. Letzteres muss jedoch relativ hoch dosiert eingenommen werden, damit es die gewünschte Wirkung zeigt.

Ein weiteres bekanntes pflanzliches Mittel ist die Yohimberinde (*Pausinystalia johimbe*), die von mittelgroßen immergrünen Bäumen in den Urwäldern von Westafrika, Kamerun, Kongo und Gabun stammt. Als Präparat, in dem die Yohimberinde enthalten ist, ist in Deutschland als *Yohimbin Spiegel* bekannt, das jedoch verschreibungspflichtig ist.

Yohimbe soll in Fällen von körperlich oder emotional bedingter Impotenz wirksam sein. Bei einer am Kingston General Hospital in Kingston (Ontario) durchgeführten Studie wurden 48 Männer mit psychogenen erektilen Störungen getestet. Sie wurden in zwei Gruppen eingeteilt und nahmen an einem zehnwöchigen Doppelblindversuch teil, bei dem eine Gruppe jeden Tag Yohimbe bekam und die andere Gruppe ein Placebo.

Nach Beendigung der Testphase gaben 62 Prozent der mit Yohimbe behandelten Gruppe an, dass sich ihre Sexualfunktion verbessert hätte, während nur 16 Prozent aus der Placebo-Gruppe eine Verbesserung feststellen konnten. Die Studie resümierte: »Obwohl noch Fragen über die Wirkungsweise von Yohimbe im Körper und seine potenzsteigernde Kraft offen bleiben, ist der Extrakt eine sichere Behandlungsmethode für eine psychogene Impotenz und steht in der Wirkungsweise den derzeit geläufigen Behandlungsmethoden in nichts nach.«

Auf Grund der Wirkungskraft von Yohimbe sollte jeder, der den Extrakt einnimmt, Vorsicht und den gesunden Menschenverstand walten lassen. Für Männer mit Blutdruckproblemen ist dieses Mittel ungeeignet. Fragen Sie Ihren Arzt! Überhaupt sollte jeder, der einen solchen natürlichen Ansatz in Erwägung zieht, sich eingehend informieren, sich mit anderen besprechen, die den pflanzlichen Wirkstoff bereits eingenommen haben, medizinischen Rat einholen und die Einschränkungen bei der Anwendung eines pflanzlichen Produktes beachten.

Zu guter Letzt möchte ich darauf hinweisen, dass ich an dieser Stelle keine medizinischen Ratschläge erteilen kann. Alles, was ich tun kann, ist, aus meiner persönlichen Erfahrung zu sprechen. Pflanzliche Ergänzungsstoffe haben mir gut getan und sie sind es auf jeden Fall wert, dass man sich einmal mit ihnen auseinander setzt.

13. Fragen und Antworten

Ein Sack voller Fragen, auf die Tim LaHaye Antworten gibt.

Die geschlechtliche Liebe in der Lebensmitte ist eine hohe Kunst, die von zwei Menschen gleichermaßen zur gegenseitigen Befriedigung ausgeübt werden sollte. In vorliegendem Buch haben meine Frau und ich durchweg versucht herauszustellen, wie sich die körperliche Beziehung in den 40ern, 50ern und darüber hinaus verändert. In diesem Kapitel werde ich nun besonders häufig gestellte Fragen in Bezug auf das Sexualleben in der zweiten Lebenshälfte in Form von Frage und Antwort ansprechen.

Frage: Meine Frau hat Rückenprobleme. Deshalb ist ihr selten nach Sex zu Mute. Im Grunde hat sie mir zu verstehen gegeben, dass ich mich mehr oder weniger damit abfinden müsse. Selbst in meinem Alter möchte ich in Bezug auf mein Sexualleben aber noch nicht die Segel streichen. Was kann ich tun?

Antwort: Für manche Paare ist es gewissermaßen eine Überraschung, dass sie mit zunehmendem Alter körperliche Gebrechen erleiden – Gebrechen, die den Sexualverkehr erschweren oder gar unmöglich machen. Ich hoffe, dass Sie sich noch an das in Kapitel zehn Gesagte erinnern können, dass wir zu den Grundprinzipien unserer Ehe zurückkehren müssen. Wir sollten uns daran erinnern, dass wir, als wir uns das eheliche Versprechen gaben, uns dazu verpflichtet haben, uns »in guten wie in schlechten Zeiten, in Gesundheit und Krankheit« die Treue zu halten. Ihre Ehe sollte daher nie davon abhängen, wie oft Sie jeden Monat miteinander verkehren.

Haben Sie schon einmal ausprobiert, wie Sie einander auch ohne vaginalen Verkehr »Vergnügen bereiten« können? Es gibt auch noch andere Möglichkeiten, intim zu sein. Ich kannte einmal einen Mann in den Achtzigern, der in unserer Gemeinde Diakon war. Er erzählte mir, dass seine zweite Frau, als sie heirateten, nicht dazu in der Lage war, Geschlechtsverkehr zu haben, weil sie körperlich zu klein dafür war. In den 30 Jahren ihrer Ehe hatten sie jedoch eine schöne, liebevolle Beziehung – aber nie Geschlechtsverkehr. Von daher weiß ich, dass es mit Gottes Hilfe möglich ist.

FRAGE: *Nach all den Jahren habe ich die Missionarsstellung satt. Meine Frau will aber nicht oben liegen und sie wird mit Sicherheit auch nicht mich mit ihr von hinten Verkehr haben lassen. Ich würde gerne ein bisschen frischen Wind in unser Eheleben bringen. Haben Sie irgendwelche Ideen, was ich tun könnte?*

ANTWORT: Eines der wichtigen Dinge beim Geschlechtsverkehr ist, dass er ein Ausdruck der Liebe ist. Wenn es zu dem Punkt kommt, an dem er lediglich ein Ausdruck von Sex wird, dann halten Sie nach etwas mehr Ausschau, als Sie haben. Schätzen Sie sich glücklich! Es gibt viele Paare, die noch nicht einmal die Missionarsstellung genießen können. Wenn es für Ihre Frau in Ordnung ist, dass Sie beim Verkehr oben liegen, dann sollten Sie Gott danken, dass Sie eine solche Beziehung haben können.

Eines der wichtigen Dinge beim Sex ist, dass er immer am besten ist, wenn er ein Ausdruck der Liebe ist. Liebe sucht nicht das ihre. Wenn Sie mit Ihrer Frau gesprochen und ihr mitgeteilt haben, dass Sie gerne gelegentlich etwas Neues ausprobieren würden und sie es dann immer noch nicht möchte, dann genießen Sie einfach, was Sie aneinander haben, anstatt immer nach noch mehr zu verlangen.

FRAGE: *Hört Sex denn mit einem bestimmten Alter auf?*

ANTWORT: Ich fragte einmal einen 81-jährigen Pastoren mit schneeweißen Haaren, wann Sex aufhört. Seine Antwort: »Nun, bei mir ist noch kein Ende in Sicht!« Ich habe auch Leute kennen gelernt, die bereits Ende 80 waren und immer noch gelegentlich Sex hatten. Ich weise immer gerne darauf hin, dass Abraham und Sara noch ein Kind zeugten, als sie 90 und 99 Jahre alt waren. Aber das war natürlich ein Wunder Gottes. Im Allgemeinen scheint es so zu sein, dass der Sex allmählich nachlässt und irgendwann zwischen 80 plus und dem Tod aufhört. Jeder hat dabei aber seine eigene sexuelle Uhr.

FRAGE: *Wenn mein Mann impotent ist, kann ich dann einen Vibrator benutzen, um mir Vergnügen zu verschaffen?*

ANTWORT: Es steht nichts in der Bibel, das einen Vibrator verbietet, zumal es diese in der damaligen Zeit noch nicht gab. Wenn man einen Vibrator benutzt, ist dies jedoch eine Form der Selbstbefriedigung – ein Thema, über das sich die Bibel auch ausschweigt. Ich würde sagen, wenn die einzige Möglichkeit, sich Befreiung zu verschaffen, für Sie darin besteht, einen Vibrator zu benutzen, und wenn Sie es damit nicht übertreiben oder mit unreinen Gedanken tun, dann ist es meiner Meinung nach in Ordnung.

FRAGE: *Da die Bibel nichts zum Thema Masturbation sagt und meine Frau keinen Sex mit mir haben kann, wie oft kann ich diese Art der sexuellen Entspannung anwenden? Gibt es eine ungute, ungesunde Art, zu masturbieren – wie die, dabei in ein Playboyheft zu schauen?*

ANTWORT: Jegliche Form von Masturbation muss überprüft werden – und zwar nicht im Hinblick auf das körperliche Erleben, sondern auf die geistige Einstellung, die dabei jeweils zu Grunde liegt. In der Regel ist die Masturbation eines Mannes mit Pornografie oder sexuellen Phantasien verbunden, die pornografisch sind, und das ist dann der Punkt, an dem die Sache schädlich wird. Außerdem kann Masturbation zu einer Sucht werden. Ich habe von einigen Süchtigen gehört, die mehrmals am Tag masturbiert haben. Dies entzieht aber allen beruflichen und familiären Zielsetzungen jegliche Energie. Darüber hinaus kann diese Praxis für das eigene gesellschaftliche Leben auch nicht gut sein.

Letzten Endes glaube ich, dass Masturbation eine Sache zwischen dem Einzelnen und Gott ist. Wenn Sie es tun können, ohne das Bedürfnis zu haben, es als Sünde zu bekennen, dann ist es doch so, dass die körperliche Handlung, sich selbst zum Orgasmus zu bringen, an und für sich noch keine sündhafte Tat ist. Der geistige Denkprozess, der dahinter steht, macht es allerdings zu einer falschen oder richtigen Sache. In 2. Korinther 10,5 spricht Paulus davon, dass wir böse Gedanken und Vorstellungen und alles, was Christus entgegensteht, von uns weisen sollen (»alles zu vernichten, was sich stolz gegen Gott und seine Wahrheit erhebt. Alles menschliche Denken nehmen wir gefangen und unterstellen es Christus«, HFA). Ich würde sagen, solange Sie Ihre Gedanken rein halten, wäre es wahrscheinlich akzeptabel, aber hüten Sie sich davor, dass es nicht zu einer Sucht wird.

FRAGE: *Mein Mann kam mit ein paar Handschellen nach Hause und murmelte etwas von wegen, er wolle ein »Fessel«-Spiel mit mir spielen. Ich lehnte dankend ab. Nun ist er mir böse. Worum ging es dabei?*

ANTWORT: Das ist eine Form von Sadomasochismus. Ihr Mann hat darüber vermutlich aus pornografischen oder sadomasochistischen Heften erfahren. Er steht in Gefahr, denn er greift nach etwas, das dem entgegensteht, was Gott für sein Leben vorgesehen hat. Das könnte sehr gefährlich werden. Meiner Meinung nach sollte eine Frau, die bereit ist, mit ihrem Mann Sex zu haben, nicht dazu gedrängt werden, etwas zu tun, was ihr widerstrebt – wie etwa an den Händen gefesselt oder an die Bettpfosten gebunden zu werden.

Vielleicht halten Sie dieses Verhalten für sehr seltsam, aber mir ist es auch schon zu Ohren gekommen. Ich hatte einmal einen sehr schlimmen Fall, bei dem eine ausgebildete Krankenschwester erzählte, dass ihr Mann auf widernatürliche Weise mit Fäkalien umging. Er wollte, dass sie ihr großes Geschäft in einen Plastikbeutel tat und darin aufbewahrte, bis er von der Arbeit nach Hause kam, weil er es so gerne roch. Als sie mich fragte, was sie dagegen tun könne, gab ich ihr zur Antwort, dass die Zwangsvorstellung ihres Mannes unhygienisch und obszön sei und er dringend eine eingehende Beratung bräuchte. Dieses Beispiel soll nur zeigen, welch abstrusen Manien manche Leute im Laufe der Zeit entwickeln können. In diesem Fall empfahl ich dem Paar auch, sich einer professionellen Therapie zu unterziehen.

FRAGE: *Warum werden Männer von pornografischen Videos angezogen? Sie sind doch so derb. Wie in aller Welt kann jemand sexuell erregt werden, wenn er diese Streifen sieht?*

ANTWORT: Das Anschauen von pornografischen Videos ist eine Gewohnheit. Einige Männer frönen ihr häufiger als andere. Genau wie die Statistiken angeben, dass in etwa zehn Prozent der Bevölkerung anfällig für Alkohol ist, so ist ein ähnlicher oder sogar noch höherer Prozentsatz von Männern anfällig dafür, sich pornografisches Material anzusehen. Pornografie steht in striktem Gegensatz zu dem, was die Bibel sagt und sollte um jeden Preis aus dem gemeinsamen Haushalt verbannt werden.

Jeder, der nach pornografischen Videos süchtig ist, entwickelt eine sexuelle Besessenheit. Sex ist gedacht als natürlicher, liebevoller Ausdruck der Liebe und nicht als eine Nachahmung dessen, was auf der Leinwand ausgelebt wurde. Außerdem spielen viele Schauspieler und Models in solchen Filmen nur eine Rolle. Sie wenden dieselben Praktiken noch nicht einmal in ihrem eigenen Sexualleben an!

Wenn sich Männer unnatürliche Stellungen in Pornofilmen ansehen, schafft das unrealistische Erwartungen, und viele Frauen finden das nicht nur abstoßend, sondern auch verletzend. Wenn Sie zu denen gehören, die diese Stellungen nachahmen, dann müssen Sie wohl ganz schöne Verrenkungen unternehmen, um einige der Szenen im Film nachstellen zu können.

FRAGE: *Mein Mann will abends nicht ins Bett gehen. Er bleibt am Computer gefesselt sitzen und surft im Internet. Unser Liebesleben leidet sehr darunter. Bin ich zu Recht besorgt?*

ANTWORT: Diese Situation stellt eine Herausforderung für die Frau dar, die sehen muss, wie sie ihren Mann vom Computer weglocken kann. Wenn Ihr Mann Stunde um Stunde vor dem Computer verbringt, kann dies ein Zeichen dafür sein, dass er nach Internetpornografie süchtig ist oder nach den Chat Rooms, den Online-Diskussionsforen mit ihrem zum Teil recht »dummen Geschwätz«. Aber nehmen wir dagegen einmal an, dass Ihr Mann lediglich Freude daran hat, sich mal hier und mal da im Cyberspace einzuklicken.

Man möchte doch meinen, dass ein normaler, gesunder Mann, wenn seine Frau hinter ihm in einem aufreizenden Nachthemd aufkreuzt und ihren Körper an ihn schmiegt, gerne den Computer ausschaltet und mit ihr ins Bett geht. Wenn Sie dies ein- oder zweimal durchexerzieren und er nicht darauf reagiert, zeigt dies, dass ihm geholfen werden muss, seine Computersucht zu überwinden.

FRAGE: *Nach all den Jahren hat mein Mann immer noch ein Problem mit seiner frühzeitigen Ejakulation. Ist es schon zu spät, Hilfe einzuholen?*

ANTWORT: Es ist recht ungewöhnlich, eine frühzeitige Ejakulation zu haben, wenn Sie die 40 oder 50 überschritten haben, denn die Natur fordert ihrerseits ihren Tribut und nimmt Einfluss auf die Vitalität. Mein Vorschlag wäre, dass jemand, der schon lange unter diesem Problem leidet, sich einer Eheberatung unterziehen sollte, denn es gibt Möglichkeiten zur Überwindung. Einige davon sind in anderen christlichen Eheratgebern eingehend beschrieben und dokumentiert. Wenn alle Stricke reißen, kann auch eine Selbststimulation etwa eine Stunde vor dem Verkehr ein Weg sein, ein normales Sexualleben zu ermöglichen. Das Gute daran ist, dass dieses Problem in der Regel mit zunehmendem Alter verschwindet.

FRAGE: *Seit unsere Kinder aus dem Haus sind, sind wir beschäftigter denn je zuvor. Wir besuchen zum Beispiel fast jeden Abend in der Gemeinde eine Veranstaltung. Anschließend sind wir zu müde zum Sex. Wie können wir diese Situation handhaben?*

ANTWORT: Wenn Sie dauernd zu müde zum Sex sind, dann sind Sie zu beschäftigt – auch im Hinblick auf gemeindliche Aktivitäten. Ich habe festgestellt, dass heutzutage viele Menschen immerzu müde sind. Einer Sache, der wir alle ins Auge blicken müssen, ist, dass unsere Vitalkraft je mehr schwindet, je älter wir werden. Das ist auch der Grund, warum man sehr wenige 40-jährige Football- und Baseballspieler sieht. Derjenige, der noch in seinem vierten Lebensjahrzehnt und darüber hinaus auf Weltklasseniveau konkurrenzfähig ist, muss schon herausragend sein. Wenn es von Profisportlern heißt, sie seien »verbraucht«, dann ist das nur ein Zeichen dafür, dass sie nicht mehr den Rhythmus, die Energie und Vitalität haben, die sie einst besaßen.

Sie müssen lernen, damit zurechtzukommen. Eine Sache, die Sie tun können, ist, einen Mittagsschlaf zu halten. Ich habe einmal gelesen, dass ein 20-minütiges Nickerchen am Nachmittag oder frühen Abend einem vierstündigen Schlaf in der Nacht gleichkommt. Ich für meine Person habe die Angewohnheit, mich auf den Boden zu legen, um meine Kräfte zu regenerieren. Ich lege dabei meine Füße aufs Bett, sodass sie höher liegen als mein Kopf, und schlafe für 15 bis 20 Minuten ein. Das Blut läuft dabei von den höher liegenden Füßen zu meinem Kopf, sodass meine Füße kribbeln. Ich werde dadurch wach und fühle mich gestärkt, weil durch das Blut vermehrt Sauerstoff zu meinem Gehirn befördert wurde.

Ich kann mir gut vorstellen, dass dieser Ansatz auch Paaren, die zum Sex zu müde sind, helfen könnte. Sie können neue Kraft schöpfen, indem sie zwischendurch ein Schläfchen halten. Und ich würde sogar jedem, der 60, 70 oder 80 ist und seine maximale Leistungskraft erhalten möchte, empfehlen, während des Tages oder am frühen Abend ein Nickerchen zu halten.

FRAGE: *Ist es schon zu spät, etwas gegen die Frigidität meiner Frau zu tun? Wir sind um die 50.*

ANTWORT: Es muss schon ein schwerwiegender Grund für die Frigidität Ihrer Frau vorliegen, weil Gott uns von Natur aus mit dem Verlangen nach körperlicher Vereinigung ausgestattet hat. Sie sollten eigentlich schon lange, bevor Sie 50 wurden, eine Eheberatung aufgesucht haben. Aber es ist keinesfalls zu spät, Hilfe aufzusuchen. Ein Eheberater sollte die Ursachen für die Frigidität Ihrer Frau feststellen.

In der Beratung habe ich festgestellt, dass einer der Gründe für eine Frigidität der Frau oft darin liegt, dass sie Wut gegen jemanden hegt. Vielleicht ist sie als junges Mädchen sexuell missbraucht worden? Ich hatte schon einige junge Frauen in meiner Eheberatung, die mir erzählt haben, dass sie diese schreckliche Erfahrung gemacht haben. Ihr Groll war so groß, dass sie dieses Erlebnis nie vergessen konnten. Jedes Mal, wenn ihr Mann sich ihnen näherte, wurden sie gefühlskalt, weil sie an die sexuelle Misshandlung erinnert wurden.

Ich glaube, dass einer der Gründe, warum Christen die körperliche Seite ihrer Beziehung mehr genießen können als andere, darin liegt, dass wir vergeben und vergessen, was hinter uns liegt, so wie die Bibel es uns lehrt. Ich habe einmal eine interessante Erfahrung gemacht, als an ein- und demselben Tag zwei Frauen zu mir in die Sprechstunde kamen. Die eine war liebevoll und herzlich und hatte eine feine Beziehung zu ihrem Mann; die andere war zugegebenermaßen frigide. Beide waren sie als Kind im gleichen Schuljahr sexuell missbraucht worden.

Offensichtlich hatte die eine, die keinen Schaden davongetragen hatte, diese furchtbare Erfahrung in die hinterste Ecke ihres Gehirns verbannt, weil sie der betreffenden Person vergeben hatte und mit ihrem Leben wie gewohnt fortgefahren war. Für die andere Frau waren jedoch die schlimmen Belästigungen noch genauso frisch im Gedächtnis, als wären sie gerade gestern erst passiert. Sie ließ sie nicht los. Hier geht es also um eine Entscheidung, die es zu treffen gilt.

Andere Ursachen für eine Frigidität sind oft Angst und Wut. Ihre Frau hat vielleicht eine schmerzvolle Erfahrung gemacht, als sie noch Jungfrau war, und sich dann auf eine voreheliche Episode auf dem Rücksitz eines Autos eingelassen. Viele Frauen haben mir gestanden, dass sie dieses Erlebnis auf dem Rücksitz ganz und gar nicht mochten. Sie hatten aber schließlich doch eingewilligt, weil sie dem Mann, mit dem sie zusammen waren, einen Gefallen tun wollten. Diese Frauen haben ihre Ehe unter falschen Voraussetzungen begonnen. Sie dachten, dass Sex etwas Unangenehmes sei, eine Pflicht, die sie ihrem Mann zuliebe erfüllen wollten. Diese Haltung hat sie vielleicht durch die ersten Ehejahre hindurchgerettet bis hin zur Mutterschaft, aber sie sind nie damit klargekommen, dass sie mental frigide waren. Und was sich im Kopf abspielt, ist das, was einen prägt.

Ein letzter Satz hierzu: Wenn Sie Ihren Partner wirklich lieben und wissen, dass Sie die Ursache für eine Unstimmigkeit sind, dann sollten Sie Hilfe aufsuchen, um zu einer Lösung zu gelangen, die das Problem aus der Welt schafft.

FRAGE: *Ich bin Anfang 60. Meine erste Frau starb vor einigen Jahren an Brustkrebs. Ich habe wieder geheiratet. Meine jetzige Frau ist 17 Jahre jünger als ich. Sie zeigt sozusagen mehr Energie in Sachen Sex als ich. Wie kann ich mit ihr Schritt halten?*

ANTWORT: Es ist gut, dass Sie diese Frage stellen, denn das ist nichts Ungewöhnliches, insbesondere wenn bei einem Paar ein Altersunterschied vorliegt. Einmal erzählte mir ein befreundeter Arzt, dass eine der Fragen, die er später einmal Gott stellen wolle, folgende wäre: »Wie kommt es, dass du junge Männer mehr Interesse am Sex haben lässt als ihre jungen Frauen, aber wenn sie dieses große Interesse verlieren, ihre Frauen mehr Interesse daran zeigen?«

Es gibt heute einiges, was dagegen getan werden kann. Ich empfehle zum Beispiel sehr den koreanischen Ginseng, der hilfreich ist. Yohimbe ist ein anderes gutes pflanzliches Mittel, wenn Sie keine Blutdruckprobleme haben. Am besten lesen Sie sich hierzu einmal das vorangegangene Kapitel durch.

FRAGE: *Mein Mann starb mit 52 Jahren an einem Herzanfall. An wen kann ich mich wenden, wenn ich wieder heirate? Welche Bücher sollte ich lesen, um mich sexuell auf meinen neuen Partner einstellen zu können? Es hat Jahre gedauert, bis ich mit meinem ersten Mann sexuell in allen Bereichen kompatibel war.*

ANTWORT: Sie lesen gerade das richtige Buch! Wenn Ihr Mann mit 52 Jahren an einem Herzinfarkt starb, war er wahrscheinlich gesundheitlich nicht immer auf der Höhe. Vielleicht war Ihnen beiden das nicht bewusst. Und dieser Umstand hat vielleicht jede Phase seines Lebens geprägt – auch sein Sexualleben. Außerdem – und das mag vielleicht manche Leser verblüffen – sind Männer sehr verschieden. Es kann sein, dass Ihr nächster Mann temperamentvoller ist, und vielleicht hatte er eine sehr liebevolle Beziehung zu seiner Frau, die mittlerweile auch verstorben ist. Sie tun gut daran, sich Rat einzuholen. Denn je mehr fundierte, fachkundige Informationen Sie zu einem bestimmten Thema haben, desto besser sind Sie in der Lage, mit bestimmten Schwierigkeiten und Problemen fertig zu werden.

Viele, die in ihrer ersten Ehe eine erfüllende sexuelle Beziehung hatten, fühlen sich in ihrer zweiten Ehe auf irgendeine Art schuldig. Deshalb rate ich zu einem längeren zeitlichen Abstand zwischen zwei Beziehungen – zwischen ein und drei Jahren. Sie brauchen nämlich Zeit, die Person, mit der Sie nun zusammen sind, lieben zu lernen, und die Person, mit der Sie verheiratet waren, in den Hintergrund zu stellen.

Vielleicht fragen Sie sich, wie Sie das bewerkstelligen können. Erinnern Sie sich noch an die Geburt Ihres ersten Kindes? Sie haben dieses Kind so sehr geliebt, dass Sie es sich nicht vorstellen konnten, noch ein anderes Kind in der gleichen Weise zu lieben. Dann kam das zweite Kind. Und das dritte. Vielleicht noch ein viertes. Jedes Kind hat in Ihrem Herzen einen gewissen Platz eingenommen wie das erste Kind. Wir sind nun mal so. Wenn Sie wieder heiraten, ist das kein Verrat an der Liebe zu Ihrem ersten Partner. Sie schaffen vielmehr Raum für die Liebe zu einem neuen Menschen.

FRAGE: *Wie können zwei Menschen, die nie über Sex reden, nach 30 Jahren Ehe anfangen, über Sex zu reden? Wir müssen einige wichtige Themen auf den Tisch bringen.*

ANTWORT: Sie müssen dieses Thema irgendwie zu fassen bekommen, denn es ist sehr wichtig, dass Sie darüber reden. Ich bin in allen Bereichen des Lebens ein großer Verfechter einer offenen und direkten Aussprache, einer offenen »Konfrontation«. Das heißt, es ist nicht damit getan, dass Sie ein Problem unter den Teppich kehren. Denn damit verschwindet es nicht, sondern bildet einen Knoten unter dem Teppich.

Ähnlich ist es mit dem Thema Sex. Wenn Sie nicht darüber reden, wird sich das Problem verfestigen. Je früher zwei Menschen ohne gegenseitige Vorwürfe und Groll über etwas reden, desto besser ist es für sie. Es ist doch oft so, dass es eigentlich gar nicht der Eheberater ist, der das Paar berät, sondern dass dieser nur als geistlicher Vermittler oder Schiedsrichter fungiert, damit der Mann und die Frau ihre Probleme in Ruhe in der Gegenwart eines anderen miteinander besprechen können.

Eines der schwierigsten Themen überhaupt, über das Paare zu reden haben, ist Sex. Das Thema muss sehr vorsichtig angegangen werden. Wenn Sie ein Problem haben, stellen Sie sich der Tatsache, dass Sie *in der Tat* ein Problem haben, und suchen Sie dann nach einer Lösung: entweder durch eine Beratung von außen, indem Sie mit einem Christen reden, der die gleichen Lebensprinzipien bejaht wie Sie, oder indem Sie etwas über das Thema lesen. Deshalb schreiben meine Frau und ich auch Bücher zu diesen Themen. Auf diese Weise können Paare nach Lösungen suchen, die keinen von beiden kompromittieren und die unter ihnen bleiben.

FRAGE: *Kann unsere Beziehung unromantisch werden, wenn mein Mann sich zur Ruhe setzt? Werde ich es nicht satt haben, wenn mein Mann plötzlich dauernd um mich herum ist?*

ANTWORT: Es gibt eine alte Redensart, die besagt: »Allzu große Vertrautheit erzeugt Verachtung«, aber es muss nicht so sein. Einmal hat mich ein 65-jähriger Mann mit seiner Antwort verblüfft, als ich ihn fragte, wie oft er und seine Frau miteinander schlafen würden. Er gestand mir: »Nun, wo ich in Rente bin, haben wir mehr Zeit für diese Art von Beschäftigung.« Diese beiden Menschen gingen sehr freundlich und liebevoll miteinander um.

Wenn zwei Menschen sich gegenseitig auf den Geist gehen, sprechen sie miteinander nicht auf sehr liebevolle Art und Weise. Sie sind dann sarkastisch und unfreundlich. Ein Mangel an Sex ist in diesen Ehen dann ein Zeichen für einen Mangel an Liebe. Ein Mann muss lernen – und daran erinnert werden –, dass seine Frau sich wirklich geliebt fühlt, wenn er sie mit seinen Worten bejaht und bestätigt. Eine Frau, die sich in ihrer Ehe sexuell benutzt fühlt, kann zwar darüber hinwegsehen, sie kann auch einen Orgasmus haben, aber der Liebesakt wird für sie nicht erfüllend sein, wenn er nicht ein Ausdruck der Liebe ist. Die meisten Männer sind sich gar nicht bewusst, dass gerade die Art, wie sie mit ihrer Frau reden und wie sie mit ihr in den Zeiten zwischen den ehelichen Handlungen umgehen, diese ihrer Liebe versichert.

FRAGE: *Sie haben ausgeführt, dass die sexuelle Beziehung die eheliche Beziehung zementiert wie keine andere. Warum klagen dann so viele Paare über ein unerfülltes Sexualleben?*

ANTWORT: Wahrscheinlich deshalb, weil sie keine gute eheliche Beziehung haben. Und wieder komme ich darauf zu sprechen, wie ein Ehepaar liebevoll miteinander umgeht. Zeigen Sie mir ein Paar, das gütig, freundlich und liebevoll ist, und wie die Bibel sagt, bei dem »einer den anderen in Demut höher achtet als sich selbst«, und ich zeige Ihnen ein Paar, das ein gutes Sexualleben hat (Philipper 2,3, LUT).

FRAGE: *Meine Frau mag keinen oralen Sex. Nach all den Jahren, in denen ich gehofft hatte, dass sich daran etwas ändern würde, hat sich nichts getan. Und nun fängt es an, mich zu nerven. Ich meine, sie müsste nach all den Jahren auch einmal ihren Horizont erweitern. Ist es richtig, dass sie meine Bedürfnisse 30 Jahre lang ignoriert und sich nie um meinetwillen auf dieses Gebiet vorwagt?*

ANTWORT: Ich würde eher sagen, dass Sie versucht sind, Ihre Wünsche Ihrer Frau aufzudrängen und das ist nicht richtig. Der Wunsch nach oralem Sex ist nämlich kein Bedürfnis, sondern ein Wunsch. Unsere Umfrage hat ergeben, dass die Hälfte der Frauen nie mit ihrem Mann oralen Sex hat, und 41 Prozent sagten, sie hätten »gelegentlich« oralen Verkehr. Ich interpretiere jedoch diese Zahlen so, dass im Laufe der Jahre viele Paare es ein- oder zweimal ausprobiert haben, es jedoch nicht regelmäßig praktizieren.

Oraler Sex hat durch die Kirchen und Gemeinden nie sonderliche Unterstützung erfahren. Es scheint mir vielmehr ein Wunsch nach etwas mehr und immer noch mehr zu sein.

Grundsätzlich denke ich, dass es nicht richtig ist, wenn ein Partner es vom anderen unbedingt erwartet. Wenn Ihre Partnerin eine negative Erfahrung auf diesem Gebiet gemacht hat oder so erzogen wurde, dass es für sie tabu ist, werden Sie ihre Haltung dazu vielleicht nie ändern können. Warum danken Sie nicht einfach einmal Gott dafür, dass sie den Liebesakt genießen kann, was langfristig gesehen viel besser ist und mehr der Norm entspricht?!

FRAGE: *Ich habe in einer Frauenzeitschrift gelesen, dass sexuelle Phantasien eine gute Sache sind. Aber irgendwie scheint es mir doch nicht so ganz in Ordnung zu sein, zum Beispiel sexuelle Phantasien um Mel Gibson zu spinnen und dabei Sex mit meinem Mann zu haben. Sind solche Phantasien doch verkehrt?*

ANTWORT: Es ist nicht nur nicht verkehrt, es ist sogar Sünde, wenn man diese Gedanken hegt. Wenn Sie Phantasien über jemanden haben wollen, dann denken Sie an Ihren Geliebten, an Ihren Mann, mit dem Sie verheiratet sind.

FRAGE: *Meine Frau und ich sind um die 50. Vor einiger Zeit hat sie mich mit der folgenden Aussage schockiert: »Ich habe Sex nie gemocht. Und in meinem Alter will ich nicht länger Dinge tun, die ich nicht mag. Ich werde keinen Sex mehr mit dir haben.« Ich hatte im vergangenen Jahr wirklich schwer damit zu kämpfen. Was soll ich tun?*

ANTWORT: Einer der Hauptgründe, warum wir nach 1. Korinther 7 heiraten sollten, liegt darin, sexuelle Spannungen abzubauen. Wenn sie es ablehnt, an Ihrem geschlechtlichen Leben teilzunehmen, hat sie Sie unter falschen Voraussetzungen geheiratet. Sie beide haben sich verpflichtet, so lange zusammenzubleiben, wie Sie beide leben. Dies schließt auch Ihre sexuelle Beziehung mit ein, in der Sie die Spannungen Ihres Partners in der normalen, gottgewollten Weise abbauen. Wenn Ihre Frau sagt: »Ich mag es nicht. Ich will es nicht tun«, dann sollten Sie beide zu einer Eheberatung – zu einem Pastor oder einem christlichen Sexualtherapeuten – gehen.

Frage: *Was kann ich tun, um meinen Mann romantisch zu umwerben, damit er mehr Interesse an mir zeigt?*

Antwort: Den Mann müssen Sie mir erst noch zeigen, der nicht erregt wäre, wenn er merkt, dass seine Frau ihn begehrt. Die Art, wie Sie sich kleiden oder wie Sie sich geben, kann ihm zeigen, dass Sie an ihm interessiert sind. Und er wird in der Regel darauf ansprechen. Wenn er nicht reagiert, sollten Sie mit ihm darüber sprechen. Zum Beispiel kann die Angst vor Impotenz einen Mann weniger empfänglich für die Reize seiner Frau werden lassen. Deshalb sollte ein Paar, wenn es ein Problem mit Impotenz hat, gemeinsam darüber reden und daran arbeiten. Geben Sie die Hoffnung nicht auf!

Frage: *Jetzt, wo meine Frau und ich älter werden, wird auch unser Gebetsleben intensiver, und wir verbringen mehr Zeit im Gebet, bevor wir ins Bett gehen. Das Problem dabei ist nur, dass ich nach einer langen Zeit des Gebetes nicht mehr in Stimmung bin. Ich habe immer den Eindruck, ich müsste mich zwischen dem Sex und dem Gebet entscheiden. Was empfehlen Sie?*

Antwort: Das ist das erste Mal, dass mir jemand diese Frage stellt. Normalerweise ist es umgekehrt. Wenn ein Paar sich verliebt, leidet das Gebetsleben darunter. Ich persönlich würde empfehlen, dass Sie, wenn Sie nach einer langen Zeit des Gebetes zu müde dazu sind, entweder die Zeit des Gebetes verkürzen oder aber zuerst miteinander schlafen und dann beten.

Vergessen Sie nicht, dass Sie sieben Abende pro Woche haben und das Durchschnittspaar in Ihrem Alter so ungefähr ein-, zwei- oder dreimal pro Woche Sex hat. Dadurch haben Sie immer noch vier, fünf oder sechs Abende nur zum Beten. Ich glaube nicht, dass Gott etwas dagegen hat, wenn zwei, die sich lieben, einen oder zwei Abende pro Woche dazu nutzen, um Sex zu haben.

Wenn ich das, was ich abschließend noch dazu sage, sonst vor einem Publikum vortrage, denken die Leute meist, das sei etwas zu extrem. Aber ich glaube nicht, dass es verkehrt ist, wenn man auf seine Knie geht und im Gebet eins wird und dann aufsteht, um miteinander zu schlafen. Genauso halte ich es auch nicht für verkehrt, wenn man miteinander schläft und danach zusammen betet, wenn man noch die Energie dazu hat. Seien Sie dabei ganz natürlich. Sex ist etwas Gottgegebenes und es ist nichts Verkehrtes daran. Denken Sie daran: Die geschlechtliche Liebe in der Ehe war Gottes Idee!

14. Der kritische Punkt

Männer und Frauen in der Lebensmitte brauchen mehr als nur ein gutes Sexualleben. Sie brauchen Jesus Christus.

Eines der Dinge, die für Sie vielleicht von Interesse sein mögen, ist, dass von den 40 Büchern, die ich geschrieben habe, *Wie schön ist es mit dir*[1] dasjenige Buch war, durch das die meisten Leser zu einer persönlichen Beziehung zu Jesus Christus gefunden haben – ausgenommen vielleicht die *Finale*-Erzählreihe[2], die ich zusammen mit Jerry Jenkins verfasst habe. Der Grund, warum so viele Männer und Frauen durch das Buch Jesus Christus persönlich in ihr Leben aufnahmen, lag wohl darin, dass wir ein Kapitel über »die fehlende Dimension« mit einbezogen haben, in dem ich das Evangelium klar und deutlich vorgestellt und erklärt habe, wie Jesus Christus unser ganzes Leben bereichert. Ich habe darauf verwiesen, dass der Mensch in Wirklichkeit aus vier Bereichen besteht: aus Körper, Geist, Gefühlen und Seele. Ich bemerkte, dass die heutige humanistische Philosophie den Menschen auf Körper, Geist und Gefühle reduziert und den seelischen Anteil des Menschen – der der Wichtigste von allen ist – komplett ausgeblendet hat. Das meine ich also mit der »fehlenden Dimension« im Leben des Menschen.

Nach Veröffentlichung von *Wie schön ist es mit dir* erhielt ich einen Brief von einer Christin, die mir schrieb, dass ihr Mann, der noch nicht zum Glauben gefunden hatte, eines Abends, während sie bei einem Frauentreffen ihrer Gemeinde war, auf ihre Ausgabe des Buches gestoßen sei.

Offensichtlich hatte ihr Mann es sich in seinem Sessel gemütlich gemacht, um sich etwas zu entspannen, als er in einem Stapel Zeitschriften das Buch endeckte.

Er nahm es zur Hand, überflog den Titel und fing dann an, einige Seiten kurz zu überfliegen, um zu sehen, worum es in diesem Buch ging. *Ich wusste ja gar nicht, dass sich Christen für solche Dinge interessieren*, dachte er. Sein Interesse war geweckt. Er fing an, Seite um Seite zu lesen, und fünf Stunden später, als er das letzte Kapitel über »die fehlende Dimension« gelesen hatte, ging er auf seine Knie und bat Jesus in sein Leben. Sie können sich bestimmt vorstellen, wie sehr seine Frau sich gefreut haben muss, als er sie später mit den Worten begrüßte: »Schatz, ich habe heute Abend Jesus persönlich erfahren!«

Dieses Paar konnte nun seine Beziehung intensivieren und fühlte sich noch mehr zueinander hingezogen, da der Mann die »fehlende Dimension« gefunden hatte. Um die Bedeutung und den Einfluss dieser Dimension aufzuzeigen, sollten wir jede der vier Dimensionen im Einzelnen betrachten.

1. Die körperliche Dimension. Wir sind uns alle der körperlichen Seite unserer Natur bewusst. Sie umfasst unsere Körperfunktionen und ist von entscheidender Bedeutung, wenn es um Liebe und Sex in der Ehe geht.

2. Die emotionale Dimension. Der Motor, die Antriebskraft des Menschen ist das Herz. »Denn in ihm entspringt die Quelle des Lebens« (Sprüche 4,23 ELB). Das Herz ist der Sitz aller Gefühle – sowohl der guten als auch der schlechten: Liebe und Hass, Freude und Bitterkeit. Wenn unsere Emotionen im Lot sind, dann haben wir auch keine Probleme, körperlich gut zu funktionieren.

3. Die geistige Dimension. Der Geist ist der komplexeste Mechanismus, den wir Menschen kennen. Manche bezeichnen ihn auch als den kompliziertesten Computer der Welt. Der Erinnerungsspeicher unseres Gehirns registriert sämtliche Eindrücke des Lebens, die unsere Vorurteile, Vorlieben und Abneigungen bestimmen und so indirekt unsere Gefühle hervorbringen. Menschen, die zum Beispiel eine dauernde Abneigung gegen Sexualität haben, leiden nicht unter einer körperlichen Störung, sondern unter einer geistigen Fehlorientierung, die sich negativ auf ihre Gefühle auswirkt und die normale körperliche Ausdrucks-

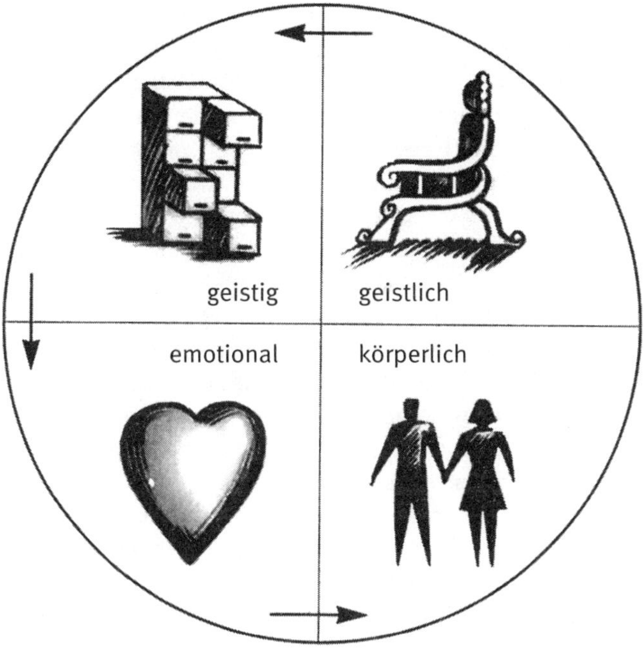

fähigkeit hemmt. Eine Inkompatibilität fängt zum Beispiel selten im Körper an. Sie hat nahezu immer ihren Ursprung im Kopf. Wenn man also geistige Fehlhaltungen durch richtige Vorstellungen ersetzt, löst das in der Regel einen Strom positiver Gefühle aus und der Einzelne oder das Paar erlebt die normalen körperlichen Reaktionen.

4. Die geistliche Dimension. Die vierte und letzte Seite der menschlichen Natur ist die geistliche. Diese wird jedoch am wenigsten gewürdigt. Der französische Philosoph Blaise Pascal erkannte jedoch die Bedeutung dieses Aspektes, als er davon sprach, dass das »Vakuum, das die Form Gottes« im Herzen jedes Menschen hinterlässt, durch keinen anderen als Gott selbst ausgefüllt werden kann. Wenn diese innere Leere nicht durch eine persönliche Beziehung zu Gott gefüllt wird, ist der Mensch dazu verurteilt, sein Leben lang in einer Tretmühle von Aktivitäten zu

verbringen, in dem Versuch, diese irgendwie zu füllen. Einige versuchen sie zu verdrängen, andere versuchen sie zu ignorieren, und wiederum andere versuchen eine Vielzahl lohnender und erfreulicher Erfahrungen zu machen – aber alles vergebens.

Wenn Menschen die geistliche Seite der menschlichen Natur nicht wahrhaben und das Problem dadurch lösen wollen, dass sie die Gebote Gottes übertreten, ruft dies ihr Gewissen auf den Plan und sie werden sich der Nichtigkeit und Sinnlosigkeit des Lebens verstärkt bewusst. Interessanterweise verstärkt sich dieses Dilemma, je älter sie werden, und ich habe viele Leute im mittleren Lebensalter und darüber hinaus kennen gelernt, die einer Reihe unproduktiver Aktivitäten nachgingen (eine neue Firma gründeten, zum stellvertretenden Geschäftsführer befördert wurden, auf dem Golfplatz versuchten, möglichst viele Bälle einzulochen), um ihrer eigenen Misere zu entfliehen.

All diejenigen, die die geistliche Dimension ihres Menschseins vernachlässigen, tun dies auf eigene Gefahr. Denn Gott hat ihnen diesen lebenswichtigen Teil ihrer Natur gegeben, um ihren Geist, ihr Herz und ihren Körper zu stabilisieren. Menschen, die von dieser gewaltigen Kraftquelle in ihrem Leben nichts wissen wollen, gleichen einem Auto mit einem Acht-Zylinder-Motor, das versucht, nur auf sechs Zylindern zu laufen. Sie haben nur eine eingeschränkte Funktionsweise und werden nie ruhig laufen. Sie werden nie die wirkungsvolle Person sein, die Gott sich gedacht hat.

Jeder Mensch wünscht sich Glück für sich selbst und für seine Lieben. Wir glauben aber, dass kein Mensch zum vollkommenen Glück finden kann, wenn er nicht die geistliche Leere in seinem Leben ausfüllt. Wenn er das Glück jedoch wirklich erfahren will, ist es eigentlich nicht sonderlich schwer. Wir wollen nun fünf Schlüsselsätze betrachten, die helfen können, dieses Vakuum auszufüllen, und zu dem Glück führen, das sich jeder Mensch wünscht.

1. Gott liebt den Menschen und hat ihn in seinem Wesen mit einer geistlichen Seite ausgestattet, durch die er Gemeinschaft mit ihm haben kann.

Denn Gott hat die Menschen so sehr geliebt, daß er seinen einzigen Sohn für sie hergab. Jeder, der an ihn glaubt, wird nicht verlorengehen, sondern das ewige Leben haben.
(Johannes 3,16)

Vor allen anderen Dingen sollte jeder wissen, dass Gott ihn liebt – ganz gleich wie sich die jeweiligen Lebensumstände äußerlich gestalten. Das Opfer seines Sohnes am Kreuz ist das geschichtliche Denkmal dafür, dass Gott seine Geschöpfe liebt. Und man kann diese Tatsache mit Recht auf das eigene persönliche Leben anwenden und sagen: »Gott liebt *mich*!«

Gott will auch, dass wir uns an der Gemeinschaft mit ihm erfreuen. »Denn Gott ist Geist. Und wer Gott anbeten [Gemeinschaft mit ihm haben] will, muß seinen Geist haben und in seiner Wahrheit leben« (Johannes 4,24).

Wie wir bereits gesehen haben, fühlt der Mensch eine Leere, wenn er nicht die einzigartige Gemeinschaft mit Gott erlebt. Die folgenden Abbildungen veranschaulichen die beiden Sichtweisen vom Menschen:

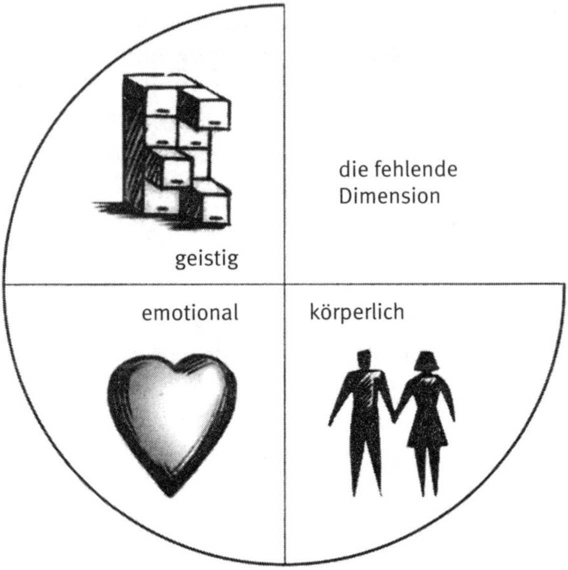

Die moderne Sicht vom Menschen

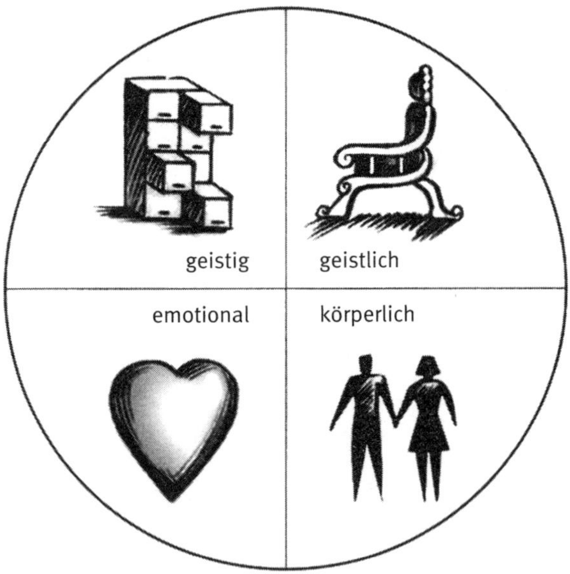

Der Mensch, so wie Gott ihn gewollt hat

Der Mensch liebäugelt mit dem Intellektualismus (einseitigem verstandesmäßigen Denken), der auf dem atheistischen Humanismus basiert, und sieht – wie in der Abbildung dargestellt – im säkularen Menschen lediglich drei Dimensionen. Die Tragik dieser Philosophie liegt darin, dass sie den Menschen völlig auf seine eigenen Möglichkeiten reduziert und so sein Leben sinnlos macht. Das war aber nie die Absicht des Schöpfers.

2. Der Eigenwille und die Sünde des Menschen zerstören sein geistliches Leben, trennen ihn von Gott und machen ihn unglücklich.

Denn darin sind die Menschen gleich: Alle sind Sünder und haben nichts aufzuweisen, was Gott gefallen könnte.
(Römer 3,23)

Im geistlichen Segment der menschlichen Natur haben wir einen Thron abgebildet. Dieser symbolisiert, dass der Mensch – anders als das Tier – von Geburt an mit einem freien Willen ausgestattet ist, um den Herrscher für sein Leben frei zu wählen. Er kann die Freude der Gemeinschaft mit Gott erlangen oder seinen eigenen Willen und Stolz (wie die meisten dies tun) durchsetzen und unabhängig von Gott leben. Von dieser Entscheidung hängt es folglich ab, ob er geistliches Leben hat oder ob seine Fähigkeit zu dauerndem Glück zerstört wird.

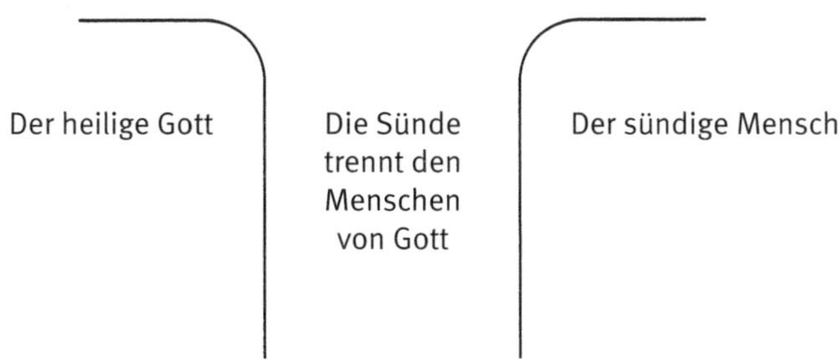

Der Mensch ist von Gott getrennt

»Denn die Sünde wird mit dem Tod bezahlt« (Römer 6,23 HFA). Da Gott heilig ist, trennen den Menschen die alltäglichen Sünden, die er begeht, von Gott, wenn sein Ich sein Leben beherrscht. Nach der Lehre der Bibel ist er ein Sünder. Und es gilt: »Wer so lebt, wird niemals in Gottes Reich kommen« (Galater 5,21).

Der Mensch versucht gewöhnlich, seine Gemeinschaft mit Gott durch gute Werke, Religion, Philosophie oder Kirchenzugehörigkeit wiederherzustellen. Er findet aber in sich selbst keine Hilfe zur Rettung. Und doch: »Nicht, weil wir etwas geleistet hätten, womit wir diese Liebe verdienten, nein, seine Barmherzigkeit war es, die uns durch eine neue Geburt zu neuen Menschen gemacht hat« (Titus 3,5). Auch die ernsthaftesten Versuche des Menschen können nie seine Gemeinschaft mit Gott oder sein Glück herstellen.

Obwohl die Bibel viele Erscheinungsformen der Sünde beschreibt, werden doch alle durch die Auflehnung gegen den Willen Gottes verursacht.

3. Jesus Christus ist Gottes einzige Antwort auf die Sünde des Menschen. Durch Ihn kann er wieder Gemeinschaft mit Gott erlangen und das Glück erfahren, das er für uns bereit hat. Die Bibel lehrt, dass Christus als Stellvertreter für den Menschen starb.

Wir alle irrten umher wie Schafe, die sich verlaufen haben; jeder ging seinen eigenen Weg. Der Herr aber lud alle unsere Schuld auf ihn.
(Jesaja 53,6)

Gott aber hat uns seine große Liebe gerade dadurch bewiesen, daß Christus für uns starb, als wir noch Sünder waren.
(Römer 5,8)

Denn durch das Sterben Jesu am Kreuz sind wir erlöst, sind unsere Sünden vergeben. Und das verdanken wir allein Gottes unermeßlich großer Gnade, mit der er uns so reich beschenkt hat.
(Epheser 1,7)

Christus ist der einzige Weg zu Gott

Jesus sagt: »Ich bin der Weg, ich bin die Wahrheit, und ich bin das Leben! Ohne mich kann niemand zum Vater kommen« (Johannes 14,6). Er sagt weiter: »Ich allein bin die Tür. Wer durch mich zu meiner Herde kommt, der wird gerettet werden« (Johannes 10,9).

Gott bietet eine tragfähige Brücke an, um den sündigen Menschen in die Gemeinschaft mit ihm zurückzubringen: das Kreuz, an dem sein eigener Sohn für die Sünden der ganzen Welt gestorben ist. »Christus ist für unsere Sünden gestorben. [...] Er wurde begraben und am dritten Tag vom Tod auferweckt, wie es die Propheten angekündigt haben« (1. Korinther 15,3–4).

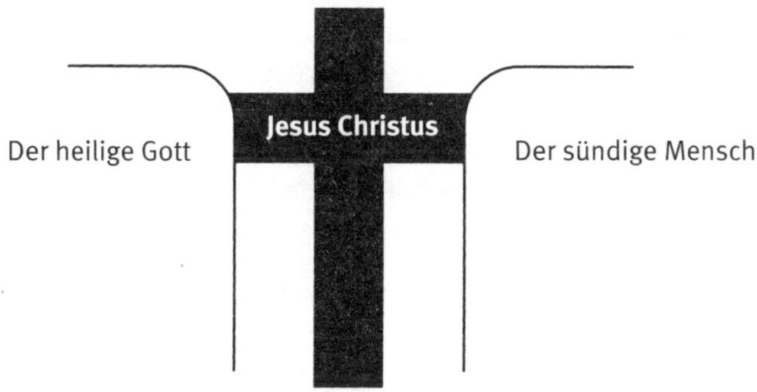

4. Geben Sie Ihren Eigenwillen auf und nehmen Sie Jesus Christus durch persönliche Einladung als Herrn und Heiland an, um diese Gemeinschaft und dieses Glück wiederzuerlangen.

Drei Schritte, um Jesus in sein Leben einzuladen

1. Abkehr (vom Eigenwillen und Zuwendung zu Gottes Willen). »Wenn ihr euch nicht zu Gott hinwendet und euer schlechtes Leben ändert, dann werdet ihr genauso umkommen« (Lukas 13,3). Buße bedeutet die Bereitwilligkeit, sich von den eigenen

Wegen, dem Eigenwillen abzukehren und den Wegen Gottes zu folgen. Manche meinen fälschlicherweise, sie müssten sich von ihren Sünden abwenden, um sich bekehren zu können, aber das können sie nicht, wenn sie nicht zuerst von Gott Vergebung empfangen. Er allein kann den Menschen verwandeln und ihn von seinen Sünden befreien.

2. *Glaube*. »Die ihn aber aufnahmen und an ihn glaubten, denen gab er das Recht, Kinder Gottes zu sein« (Johannes 1,12). Das Wort »*glauben*« bedeutet im eigentlichen Sinne »sich vollkommen auf sein Wort stützen und verlassen« beziehungsweise »Gott beim Wort nehmen«.

3. *Annahme*. Christus sagt: »Merkst du es denn nicht? Noch stehe ich vor deiner Tür [deines Lebens] und klopfe an. Wer jetzt auf meine Stimme hört und mir die Tür öffnet, bei dem werde ich einkehren. Gemeinsam werden wir das Festmahl essen« (Offenbarung 3,20).

Christus als Herrn und Heiland annehmen

Wenn Sie Jesus Christus als Herrn und Heiland annehmen, geben Sie ihm die Kontrolle über Ihr Leben und machen ihn so zum Herrn Ihres Lebens. Vielleicht denken Sie, dass Sie in Ihrem Alter schon zu festgefahren sind, um eine solch radikale Wende zu vollziehen. Keineswegs!! Es ist nie zu spät, Christus in Ihr Leben zu bitten, damit er Sie von den Sünden der Vergangenheit reinigt und die Verantwortung für Ihre Zukunft übernimmt. Egal, wie alt Sie auch sind, Gott hat einen Plan für Sie. Er will Ihnen eine Zukunft und Hoffnung geben.

Die beiden nachfolgenden Skizzen zeigen recht anschaulich zwei Möglichkeiten geistlichen Lebens auf. Beim Ich-zentrierten Leben sitzt unser Selbst auf dem Thron und trifft die Lebensentscheidungen, wobei Christus symbolisch außerhalb des Lebens steht. Ein solcher Mensch kann religiös, nicht religiös, Atheist oder Verbrecher sein. Das ist im Grunde einerlei. Wenn das Ich auf dem Thron sitzt, fehlt in jedem Fall Gottes Dimension im

Leben des betreffenden Menschen und er kann kein wahres Glück erleben.

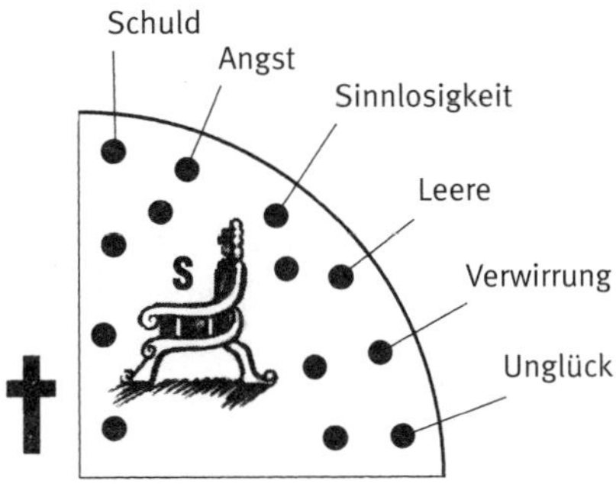

Das eigensüchtige Leben

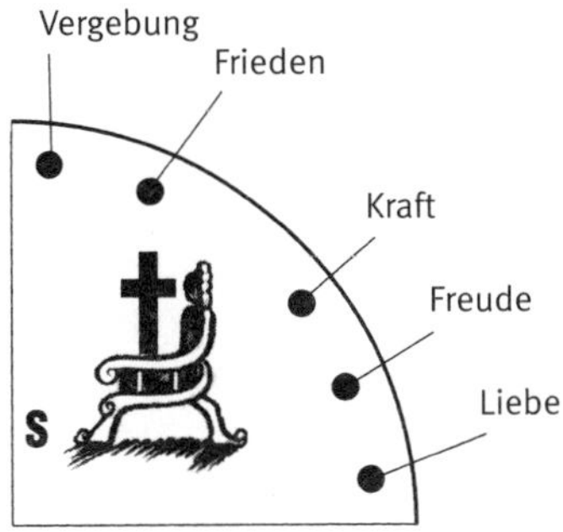

Das von Christus beherrschte Leben

Unglück, Verwirrung, Leere, Sinnlosigkeit, Angst und Schuld werden in steigendem Maße sein Leben beherrschen, wie es die Skizze darstellt.

Meine Frau und ich sind seit Jahren sehr viel im Land umhergereist. Wir konnten dabei Tausende von Menschen aus den unterschiedlichsten gesellschaftlichen Schichten und Berufen kennen lernen. Wenn uns jemand erzählt, wie unglücklich er ist, weisen wir ihn auf die fünf Schlüsselfragen zum Glück hin. Wenn wir dann aufzeigen, dass aus einem selbstgefälligen Leben eine innere Leere resultiert, dann stimmen uns die meisten zu. In der Tat habe ich keinen getroffen, der 40 oder älter war und der dies als seine persönliche Erfahrung geleugnet hätte.

Vielleicht ist sich diese Altersgruppe eher der Vergänglichkeit der Zeit bewusst. Ich mache mir immer sehr viel Mühe zu erklären, dass das von Christus bestimmte geistliche Leben daher kommt, dass ein einzelner Mensch Jesus Christus als Herrn und Heiland bewusst in sein Leben einlädt. Beachten Sie, dass wir nicht nur sagen: »Christus als Heiland« aufnehmen. Die Bibel stellt die Erfahrung der Rettung wiederholt als das Ergebnis der Annahme Christi als *Herrn* und Heiland dar. In Römer 10,13 heißt es: »Denn jeder, der den Namen des Herrn anruft, wird gerettet werden.«

Wo immer ein Einzelner bereit ist, seinen Eigenwillen zu erkennen und Jesus Christus um Rettung von seinen Sünden und die Übernahme der Herrschaft über seine Zukunft zu bitten, in dessen Leben kommt Christus und nimmt die Führung in die Hand. Der Wille wird dann Christus unterstellt. Das »S« im ersten Bild repräsentiert dann nicht länger das eigenwillige Selbst. Es steht nun für »servil« (Christus dienend).

Jesus Christus bringt zunächst die umfassende Vergebung für alle Sünden in das menschliche Leben. Das bedeutet einen bis dahin ungekannten Herzensfrieden. Der Glaubende empfängt die Macht Gottes, um seine Sünden, schlechten Angewohnheiten, Schwächen und Verletzungen überwinden zu können. Darüber hinaus besitzt er die Freude am Herrn und die Liebe zu Gott, die er im Überfluss an andere weitergeben kann. Das ist das vom Heiligen Geist beherrschte Leben, das ihm Glück schenkt.

Jesus Christus persönlich im Gebet annehmen

Das Annehmen Jesu Christi ist eine sehr persönliche Erfahrung. Niemand kann das für einen anderen tun. Wie man einen Gast zu sich einlädt, so muss man auch Jesus Christus persönlich in sein Herz einladen. Das Gebet ist einfach ein Reden mit Gott. Er ist mehr an der Einstellung des Herzens als an den Worten, die Sie aussprechen, interessiert. Wenn Sie Hilfe beim Formulieren eines Gebetes benötigen, geben wir hier eine Anregung:

Lieber himmlischer Vater, ich erkenne, dass ich ein Sünder bin und nichts zu meiner Rettung tun kann. Ich erbitte für mich deine Vergebung und Gnade. Ich glaube daran, dass Jesus Christus am Kreuz starb und mit seinem Blut die volle Sühne für meine Sünden bezahlt hat. Ich glaube, dass er leiblich von den Toten auferstanden ist und damit gezeigt hat, dass er Gott ist.

Hier und jetzt nehme ich Jesus Christus als meinen persönlichen Herrn und Heiland in mein Leben auf. Er ist meine einzige Hoffnung auf Errettung und ewiges Leben.

Lass mich dein Wort verstehen und mehre meinen Glauben. Ich gebe dir meinen Willen, damit du mich durch den Heiligen Geist zu einem neuen Menschen umgestaltest, so wie du ihn haben willst.

Das bitte ich in Jesu Namen. Amen.

Spiegelt dieses Gebet die Gedanken Ihres Herzens wider? Wenn das so ist, beten Sie jetzt zum himmlischen Vater. Die Bibel sagt uns, dass Jesus Christus dann in unser Leben treten wird und unser Gebet eine Antwort findet.

Wie weiss man, dass man Christ ist?

Ein Christ ist jemand, der Christus in sein Leben aufgenommen hat. Wenn man ihn im Gebet ernstlich bittet, in das eigene Leben einzutreten, kann man sicher sein, dass er es auch tut. Er kann nicht lügen, und er verspricht uns, auf unsere Einladung hin zu kommen (Offenbarung 3,20).

Die Bibel verheißt uns ewiges Leben. »Gott aber hat ganz eindeutig erklärt, daß er uns das ewige Leben schenkt, und zwar nur durch seinen Sohn Jesus Christus. Wer also an den Sohn glaubt, der hat das Leben; wer aber nicht an Jesus Christus glaubt, der hat auch das Leben nicht. Ich weiß, daß ihr an Jesus Christus, den Sohn Gottes, glaubt. Mein Brief sollte euch noch einmal versichern, daß ihr das ewige Leben habt« (1. Johannes 5,11–13).

Danken Sie ihm immer wieder, dass er in Ihr Leben gekommen ist.

Wie kann man als Christ stark werden?

Auch wenn Sie wahrscheinlich schon vor vielen Jahren geboren worden sind, so brauchten Sie doch in der ersten Zeit, als Sie auf der Welt waren, bestimmte Dinge, um wachsen zu können: Nahrung, Bewegung und Wissen. Genauso ist es im geistlichen Leben. Hierzu einige hilfreiche Anregungen zum geistlichen Wachstum:

a) Lesen Sie täglich die Bibel. Die Bibel ist Gottes Botschaft an uns. Sie wird unsere Bedürfnisse aber nur stillen, wenn wir darin lesen. Es ist ratsam, dass Sie sich beim Lesen zunächst auf das Neue Testament konzentrieren, besonders auf das Evangelium des Johannes, den ersten Johannesbrief und die Briefe an die Philipper und Epheser. Dann sollten Sie nach und nach das ganze Neue Testament lesen. Wenn Sie Gottes Wort nicht regelmäßig lesen, können Sie unmöglich ein starker Christ werden.
b) Beten Sie täglich. Gott ist unser himmlischer Vater. Er will, dass Sie sich regelmäßig an ihn wenden (Matthäus 26,41).
c) Gehen Sie regelmässig zum Gottesdienst. Sie können sich nie als Christ entfalten und im Glauben stark werden, wenn Sie nicht regelmäßig mit anderen Christen Gemeinschaft pflegen, um sich mit ihnen über Gottes Wort auszutauschen. Sie haben erst begonnen, etwas über die vielen aufregenden Dinge zu erfahren, die Gott mit Ihnen vorhat. Damit Sie dies alles besser verstehen, sollten Sie andere Christen kennen lernen und mit ihnen Freundschaft schließen. Dafür ist die Gemeinde der ideale Ort (Hebräer 10,25).
d) Identifizieren Sie sich mit Christus. Bekennen Sie sich öffentlich zu Ihrer Überzeugung. Stellen Sie sich zu Ihrer Taufe (Matthäus 28,18-20). Sie sollten Mitglied einer Kirche oder Gemeinde werden und versuchen, Gott in dieser Gemeinschaft zu dienen.
e) Sprechen Sie mit anderen über Ihre Erfahrung. Wenn Sie das, was Christus für Sie getan hat, weitergeben, wird Sie das stärken und Ihren Freunden helfen, selbst Jesus Christus anzunehmen (1. Petrus 3,15).
f) Studieren Sie die Bibel. Machen Sie zusätzlich regen Gebrauch von den wertvollen Hilfen zum Bibelstudium, die heutzutage erhältlich sind. Ihre Gemeinde kann Sie bestimmt bei der Suche nach geeigneter Literatur unterstützen. Wenn nicht, so hat jede christliche Buchhandlung in Ihrer Stadt eine hinreichende Auswahl.

5. **Lassen Sie sich in Ihren täglichen Entscheidungen von Jesus Christus leiten. Sie werden dann ungeachtet der äusseren Umstände innere Zufriedenheit und Glück erfahren.**

Denke bei jedem Schritt an ihn; er zeigt dir den richtigen Weg und krönt dein Handeln mit Erfolg.
(Sprüche 3,6)

Sie müssen Jesus Christus nur ein einziges Mal in Ihr Leben einladen. Aber damit er Ihr Leben Tag für Tag bestimmt, müssen Sie sich ihm jeden Tag neu unterstellen. Er möchte Ihnen bei allen Entscheidungen Ihres Lebens zur Seite stehen, damit Sie die größtmögliche innere Zufriedenheit erlangen, die er für Sie bereithält.

Das glückliche Leben – ein von Christus bestimmtes Leben

Glücklich sind Christen nur dann, wenn sie wirklich unter der Führung Jesu Christi stehen. Jesus sagt: »Wenn ihr das [die Prinzipien Gottes, wie sie in der Bibel stehen] eingesehen habt, dann handelt danach, und Gott wird euch segnen« (Johannes 13,17).

Das Glück stellt sich für einen Christen nicht automatisch ein. Jede der beiden folgenden Skizzen stellt einen Christen dar, aber offensichtlich ist einer der beiden unglücklich und der andere glücklich. Der Grund dafür liegt auf der Hand. Bei Menschen, deren geistliches Leben vom eigenen Ich bestimmt wird, sitzt das Ich auf dem Thron, und dieser Mensch lebt unabhängig von Gott. In diesem Zustand befinden sich leider viele Christen. Daraus entsteht jedoch Unzufriedenheit und Unglück. Eigentlich sind Christen, die so leben, noch unglücklicher als Nichtchristen, weil sie durch ihre eigensüchtigen Entscheidungen Unglück in ihr Leben bringen und vom Heiligen Geist, der in ihnen wohnt, zusehends darauf gestoßen werden.

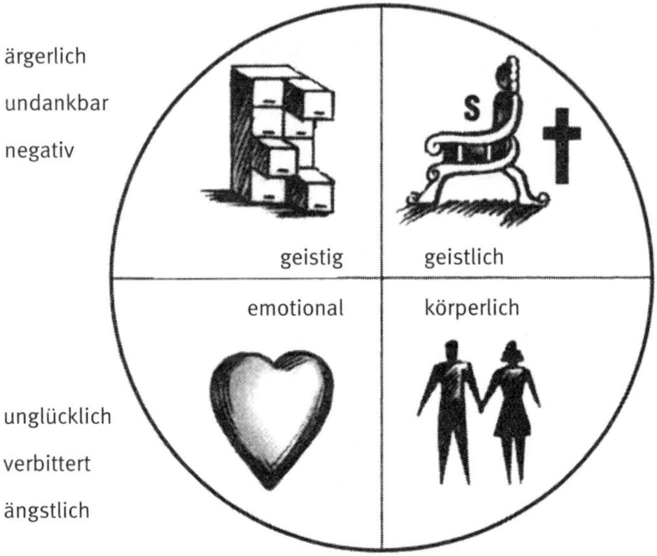

Das eigensüchtige Leben

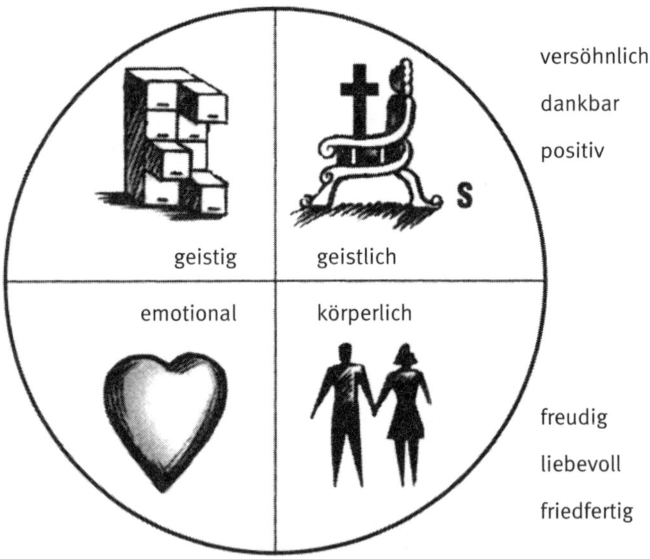

Das von Christus beherrschte Leben

Das von Christus beherrschte Leben, wie es oben dargestellt ist, lässt Christus als den offenbar werden, der jeden Tag die Entscheidungsprozesse des alltäglichen Lebens mitbestimmt. Ein Mensch, der mit Jesus lebt, fällt die Entscheidungen nicht mehr selbst, das heißt, wo er arbeitet, wie er mit seiner Familie umgeht, wer seine Freunde sind und wo er lebt. Er *fragt* stattdessen seinen Herrn danach. Wenn Jesus Christus im Leben eines Christen herrscht, strebt der Mensch danach, so zu handeln und zu denken, wie es seinem Herrn gefällt. Dieser wiederum gibt ihm Liebe, Freude und Frieden im Überfluss und garantiert ihm damit das Glück, das sich jeder Mensch ersehnt.

Die fehlende Dimension im Leben eines Menschen ist mit Sicherheit die, dass Jesus Christus sein geistliches Leben beherrscht. Wenn er die geistliche Seite im Leben eines Menschen bestimmt, wird dies bei diesem Menschen zu einer klaren Gedankenstruktur führen, aus der positive Gefühle hervorgehen. Diese werden wiederum eine physische Reaktion nach sich ziehen, die sich jeder wünscht. Aus diesem Grund glauben wir auch, dass ein Ehepaar, das unter der Herrschaft Jesu Christi steht, in seinen langen Ehejahren auch den Liebesakt mehr genießt als andere Menschen. Gute Gedankenmuster und Einstellungen bewirken nicht zuletzt ein gutes Verhalten, das allen verheirateten Paaren gut tut.

Die Liebe ist die erste »Frucht des Geistes«, die in Galater 5,22–23 aufgeführt ist. Der Mensch mit einem von Christus bestimmten Leben ist also viel besser dazu fähig, seinen Partner zu lieben. Und wer dem Anderen seine Liebe schenkt, steigert gleichzeitig seine eigene Liebesfähigkeit.

Scheidung – nein Danke

In jüngster Zeit hieß die häufigste Entschuldigung für eine anstehende Scheidung: Wir passen einfach nicht zueinander. Weil immer mehr Paare mit diesem Problem zu mir kamen, habe ich dafür eine grundlegende Methode entwickelt, wie man mit dieser Situation umgehen kann. Ein typisches Paar soll hier als Beispiel dazu dienen.

Die Frau erzählte mir ihre traurige Leidensgeschichte und fing dabei an zu schluchzen: »Es gibt keine Hoffnung für unsere Ehe, weil Sam und ich nicht mehr zusammenpassen.« Was unter anderem auch bedeutete, dass sie keine sexuelle Gemeinschaft mehr miteinander hatten. In diesem Fall hatten sie seit fünf Monaten nicht mehr miteinander geschlafen.

Ich fragte Sara: »War das schon immer so?« Natürlich verneinte sie dieses. Welches Paar würde je an Heirat denken, wenn es wüsste, dass sie beide nicht zusammenpassen würden? Manche Paare, die sich beschweren, dass sie nicht kompatibel sind, verstanden sich in ihren verliebten Tagen so blendend, dass sie die Hände nicht voneinander lassen konnten. Daraus wird erkennbar, dass sie erst *allmählich* dahin kamen, dass sie sich nicht mehr miteinander verstanden. Eine solche Disharmonie hat nichts mit Biologie, Physiologie oder der körperlichen Funktion zu tun, sondern mit geistiger und geistlicher Sünde, wie wir noch sehen werden.

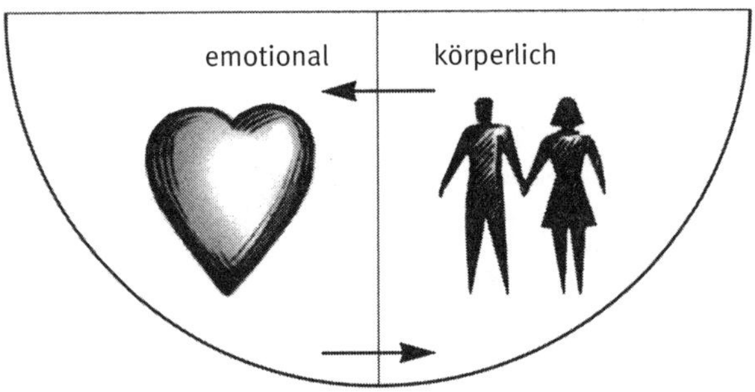

Anziehungskraft auf zwei Ebenen

Heutzutage fühlen sich die meisten Paare auf der gefühlsmäßigen wie auf der körperlichen Ebene voneinander angezogen, weil sie sich im beruflichen oder gesellschaftlichen Umfeld näher kennen gelernt haben. Beide haben in dieser Umgebung dann irgendwann bemerkt, dass die Chemie zwischen ihnen stimmt, oder, wie ich es gerne ausdrücke, ihre biologisch-magnetische Anziehung eine Gefühlsreaktion ausgelöst hat. Nachdem sie dann geheiratet haben, war es für sie zunächst ein unbeschreibliches Erlebnis, einander auch auf sexuellem Gebiet zu entdecken.

Aber fast jedes Paar findet irgendwann nach der Hochzeit heraus, dass es sich im Hinblick auf seine Vorlieben und Abneigungen nicht ganz so sehr gleicht, wie es ursprünglich gedacht hat. Herkunft, Intelligenz und Erziehung sind oft verschieden und es kommt leicht zu größeren Meinungsverschiedenheiten bei so wichtigen Angelegenheiten wie Geld, Kinder, Gepflogenheiten, Familie, Beruf und soziale Kontakte. Wenn das Paar diese Streitpunkte ohne Selbstsucht angehen kann, muss es nicht zu Unstimmigkeiten und Unverständnis kommen. Wenn aber das Ich auf dem Thron ihres Willens sitzt, werden sich solche Menschen in Gedanken des Undanks, der Rache und der Feindseligkeit verstricken. Dadurch verkehren sich Liebe, Freude und Frieden in Verbitterung und Hass – genau die Ursachen, die zu Unversöhnlichkeit führen.

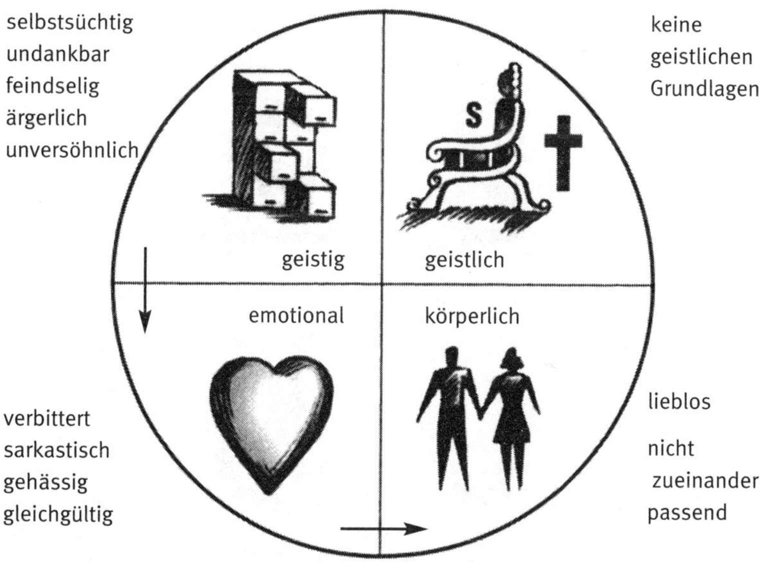

Wie es dazu kommt, dass man nicht mehr zueinander passt

Als Sara damals zu mir kam, hatten sie und Sam keine gemeinsame geistliche Ebene und durch ihre persönliche Eigensucht hatten sie irgendwann keine gemeinsame Basis mehr. Aber nachdem Sara an diesem Tag in meinem Büro Jesus Christus als ihren Herrn und Heiland angenommen hatte, machte sie ihren Scheidungsantrag rückgängig, ging nach Hause und wurde eine liebevolle, gütige Ehefrau.

Auf meinen Rat hin erzählte sie Sam zunächst nichts von ihrem neuen Glauben an Jesus Christus. Stattdessen wartete sie, bis er die augenfällige Veränderung an ihr bemerkte. Was nicht lange dauerte. Als sie ihm zum ersten Mal spontan ihre Zuneigung zeigte, argwöhnte er, sie wäre gerade von einem kostspieligen Einkaufsbummel zurückgekehrt. Doch bereits nach kurzer Zeit musste er ihre neue Aufrichtigkeit und Ehrlichkeit anerkennend bemerken. Innerhalb von zehn Wochen kam schließlich auch Sam zum rettenden Glauben an Jesus Christus und sie erfreuen sich seit vielen Jahren an einer einträchtigen Beziehung zueinander.

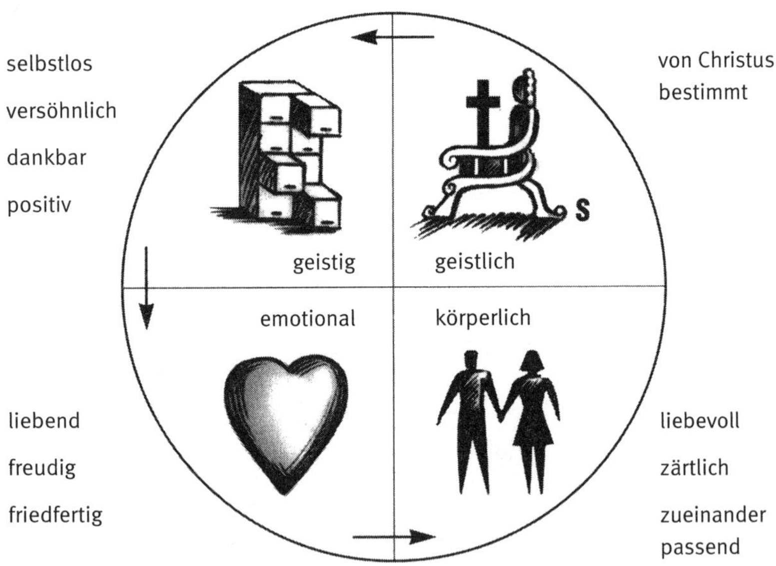

Wie eine Beziehung gehalten werden kann

Wenn die Geschichte von Sara und Sam ein Einzelfall wäre, hätte ich Hemmungen, sie hier zu erwähnen. Aber es gilt wirklich grundsätzlich, wenn zwei Menschen Jesus Christus zum Herrn ihres Lebens machen, ist dies die beste Heilungsmethode für die Unversöhnlichkeit innerhalb einer Partnerschaft – egal wie lange das Paar schon miteinander verheiratet ist.

Eine einträchtige Ehe ist eine glückliche, dauerhafte Ehe, die Raum schafft für eine Einheit, die ein Leben lang hält. Jesus hat uns gesagt, dass wir ohne ihn nichts tun können. Er wusste auch, dass wir ohne seine Leitung keine wirklich glückliche Ehe führen können. Wenn sich nun ein Ehepaar nicht des höchsten Segens erfreut, den Gott ihm zugedacht hat, sollte es zunächst versuchen, mit Jesus Christus ins Reine zu kommen. Beide Partner müssen ihm Herz, Seele und Geist anvertrauen, was letztendlich zu einer wunderbaren Verbesserung ihrer Beziehung führen kann.

15. Ein hoffnungsvolles Paar

David und Sonya Moore, beide Mitte 40, plaudern aus dem Nähkästchen ihrer Ehe.

Gerade ein paar Wochen, bevor wir uns dazu entschlossen haben, das vorliegende Buch zu schreiben, besuchten meine Frau und ich zusammen mit unserer Tochter Linda Murphy einen fesselnden Gottesdienst in der *Southwest Community Church* in Palm Desert, Kalifornien. Es war ein schöner Sonntagmorgen – der 14. Februar und damit Valentinstag.

Der Pastor, David Moore, saß an einem Tisch auf der einen Seite der Bühne, während sich seine Frau Sonya auf der anderen Seite des Podiums an ihren eigenen Tisch gesetzt hatte.

»Wir werden heute Morgen eine etwas andere Art von Gottesdienst haben«, sagte David, »und ich hoffe, es gefällt Ihnen. Wenn nicht, können Sie heute Nachmittag in den zweiten Gottesdienst gehen, da werde ich dann eine Predigt halten«, witzelte er. Dann begann das Anspiel, in dem sie so taten, als würden sie einander Briefe schreiben.

David erklärte zunächst, dass er und Sonya – beide Mitte 40 – von ihrer Freundschaft erzählen wollten, wie sie sich kennen und lieben gelernt und wie sie geheiratet hatten. Ich habe ihr Beispiel bewusst ans Ende dieses Buches gestellt, weil ich finde, dass es eine wirklich reizende Geschichte ist, die die Stimmung und die wechselnden Emotionen eines Paares im mittleren Lebensalter sehr gut wiedergibt.

David: »Versetzen wir uns einmal zurück ins Jahr 1974. Ich schrieb damals in mein Tagebuch: Es war wieder mal einer jener langweiligen Tage in der Fischhandlung bis etwa gegen vier Uhr mittags. Ich ging gerade meiner Arbeit nach, fütterte die Fische, bediente die Kundschaft und ließ die Kasse klingeln, als ich eine junge Frau bemerkte, die gerade ihre Hand in eines der Aquarien steckte. Sie hatte langes rotblondes Haar und trug einen bildhübschen Pulli. ›Nehmen Sie sofort Ihre Flossen da aus dem Becken‹, sagte ich in ernstem Ton. Es stellte sich heraus, dass sie eine Freundin von Sharon war, einer Kollegin von mir, die ihr erlaubt hatte, ihre Hand in die Aquarien zu stecken. Anschließend stellte Sharon uns einander vor. Ihr Name ist Sonya.«

SONYA: »Und ich schrieb in mein Tagebuch: Ich traf heute diesen jungen Mann in der Fischhandlung. Und ist es zu fassen? Ich dachte immer, dass jemand, der in einem solchen Fischladen arbeitet, etwas seltsam sein müsse. Aber dieser Kerl war eigentlich gar nicht so übel: etwas schroff vielleicht. Das Witzige daran ist: Er verkauft tropische Fische und ich verkaufe Fisch mit Fritten. Ich frage mich, wie seine Fische wohl in unserem Teig ausgebacken schmecken.«

DAVID: »Sharon hat mich genervt, ich solle Sonya anrufen. So habe ich sie schließlich heute angerufen. Ich war vorgewarnt, dass sie sich mit einem anderen Jungen aus ihrer Highschool trifft. Doch das macht mir nichts, ich mochte immer schon Konkurrenz. So rief ich sie an. Ich erzählte ihr von *Light Shine*, der christlichen Rockband, bei der ich mitspiele, und lud sie zu einem Konzert in der Baptistengemeinde ein. Ich konnte es mir fast nicht verkneifen, sie darauf hinzuweisen, dass sie aber ihre Hände aus dem Taufbecken lassen müsse, wenn sie käme. Doch das habe ich dann gelassen. Zu meiner Überraschung sagte sie Ja. Das kann ja heiter werden.«

SONYA: »›*Light Shine*‹? Was ist das bloß für ein Name für eine Rockband? Und was für eine Rockband spielt in einer Baptistengemeinde? Na gut, es ist ja nur eine Verabredung. Ich war noch nie in einer Baptistengemeinde. Das kann ja heiter werden.«

DAVID: »Es ist schon spät am Sonntagabend und ich kann nicht einschlafen. Deshalb kann ich auch genauso gut die Zeit zum

Schreiben nutzen. Das Konzert lief gut, denn die Band hört sich allmählich ganz passabel an. Sonya war wirklich heute Abend bei unserem Konzert und ich glaube, es hat ihr gefallen. Aus dem Ausdruck ihres Gesichtes zu schließen, muss sie wohl ziemlich überrascht gewesen sein, dass ich überhaupt einen Ton halten konnte. Bislang konnte ich nur zwei kleine Fehler an Sonya entdecken. Der erste ist ihre Narbe am Kinn und der zweite ist der, dass sie nicht weiß, was gut schmeckt. Sie hat ein super gutes Schinkensandwich verhunzt, weil sie es mit Salat und Tomate belegt hat. Aber ich glaube, sie hat mich wirklich gern.«

SONYA: »Das Konzert war viel besser, als ich dachte, und David kann tatsächlich gut singen. Ich habe herausbekommen, dass David 19 Jahre alt und im ersten Jahr auf dem College ist. Er sagte mir, er würde mich vielleicht am Montag oder Dienstag anrufen. Und ich hoffe, dass er das tut. Ich glaube, er mag mich ein bisschen.«

DAVID: »Sonya hat zugesagt, morgen mit mir auszugehen. Ich glaube, wir werden zur Küste rausfahren. Ich werde uns etwas Leckeres zum Essen machen und wir werden am Strand picknicken.«

SONYA: »David und ich sind zur Küste hinausgefahren. Er hatte für uns ein Picknick vorbereitet. Als er davon erzählte, hatte ich angenommen, dass er Baguette, Käse, Obst, Pasteten und vielleicht auch etwas Käsekuchen eingepackt hat. Doch er tauchte mit ein paar Fleischwurstbroten auf, auf die er außerdem nur noch etwas Senf und Ketchup geklatscht hatte. Wir fuhren in seinem grünen 1972er Ford Pinto, in dem sich das Kassettendeck unter meinem Sitz befand. Und er wechselte am laufenden Band die Kassetten. Nun weiß ich, dass er mich wirklich gern hat.«

DAVID: »Wenn aus unserer Beziehung etwas Festes werden soll, müssen wir einen gemeinsamen Glauben haben. So viel steht fest. Ich glaube, ich werde sie diese Woche bitten, mir bei der Vorbereitung meiner Theologie-Zwischenprüfung zu helfen und mit mir zu lernen.«

Sonya: »Ich bin wirklich beeindruckt von Davids Bibelkenntnissen. Ich war heute Abend bei ihm zu Hause, um mit ihm zusammen zu lernen. Ich stellte ihm einige Fragen von seinen Lernkarten und er schien alle Antworten darauf zu wissen. In unserer Gemeinde sind wir angehalten, keine schwierigen Fragen zu stellen, sondern nur zu glauben. Ich frage mich so langsam, ob unsere Gemeinde Antworten auf die Fragen hat, die mich bewegen. Eines ist sicher: David meint es sehr ernst mit seinem Glauben.«

David: »Heute Abend sind Sonya und ich in meine Gemeinde gegangen und anschließend waren wir noch in der Jugendstunde in ihrer Gemeinde. Als ich sie dann nach Hause fuhr, sagte ich zu ihr: ›Gott liebt dich – und ich dich auch.‹ Ich frage mich nun, ob das genauso viel bedeutet wie: ›Ich liebe dich‹? Es kam mir einfach ganz natürlich über die Lippen. Aber ich war selbst von mir überrascht, dass ich das gesagt habe.«

Sonya: »Was für ein großartiger Tag! Ich besuchte heute Abend zusammen mit David den Gottesdienst. Der Gastredner war nicht besonders gut, aber er schien zumindest hinter dem zu stehen, was er sagte. Am Ende des Gottesdienstes bat er alle, die wüssten, dass sie in den Himmel kämen, nach vorne zu kommen, um für die zu beten, die das noch nicht so genau wüssten. Die ganze Gemeinde ging nach vorne mit Ausnahme von zwei Damen und mir. Ich habe mich noch nie so allein gefühlt. In meiner Gemeinde wird gepredigt, dass wir uns den Weg zum Himmel erarbeiten müssen. Man weiß aber nie, ob man gut genug ist. In Davids Gemeinde sprechen alle von der Gnade Gottes und sie fügen hinzu, dass keiner jemals gut genug sein wird. Darum ist Christus für unsere Sünden gestorben – für meine Sünden. Ich fange so langsam an zu verstehen. Als alle auf ihre Plätze zurückkehrten, wandte sich eine Frau mir zu und fragte mich, ob ich Christus in mein Leben bitten wollte. Ich nickte und wir beteten. Ich habe mich noch nie in meinem Leben so frei gefühlt. Gott liebt mich, nicht nur, wenn ich Gutes tue, nein, er liebt mich ohne Wenn und Aber.«

DAVID: »Ende November. Es ist Mittwochnachmittag, der Tag vor Thanksgiving, dem Erntedankfest. Sonya und ich kennen uns jetzt schon seit neun Monaten. Heute Abend werde ich sie fragen, ob sie mich heiraten will. Ich frage mich, was ich am besten zu ihr sagen werde. Ich muss mir etwas Passendes überlegen.«

SONYA: »Zu schön, um wahr zu sein? Ich habe einen Ring am Finger. Jawohl, das ist der schönste Diamant, den es gibt. Es ist nicht der größte, aber ich finde ihn hübsch. Ich habe den Eindruck, als würde der Himmel bald voller Geigen hängen.«

DAVID: »Hier sind einige Dinge, die ich mit den Jahren gelernt habe und die jede Frau wissen sollte, bevor sie heiratet: 1. Einkaufen ist nichts Berauschendes. 2. Die Höflichkeit gebietet es, dass die Frau den Toilettensitz oben lässt, wenn sie ›mit ihrer Sitzung‹ fertig ist. 3. Der Mann behält immer die Fernbedienung. 4. Gott hat den Mann zuerst erschaffen, damit er Gelegenheit hat, auch einmal zu Wort zu kommen. 5. Jede Art von Verletzung, die die Kronjuwelen des Mannes betrifft, ist nicht lustig. 6. Ihre Flasche Enthaarungslotion sieht seiner Flasche Shampoo verdammt ähnlich, wenn sie in der Dusche stehen gelassen wird.«

SONYA: »Ich habe eine Menge interessanter Dinge über Männer gelernt. Es ist eine medizinische Tatsache, dass der Schädel eines Mannes dicker ist als der einer Frau. Männer mit gepiercten Ohren sind besser auf die Ehe vorbereitet, weil sie bereits Schmerz erlebt und Schmuck gekauft haben. Das Klimakterium beim Mann ist viel lustiger als das bei der Frau. In den Wechseljahren der Frau nimmt man zu und bekommt Hitzewallungen. In den Wechseljahren des Mannes fährt man schnelle Autos, kauft sich ein Motorrad und trägt Goldkettchen. Und schließlich habe ich noch gelernt, dass Männer alles vergessen, während Frauen sich an alles erinnern. Deshalb brauchen Männer auch sofort eine Wiederholung beim Sport.

Fast 25 Ehejahre sind mittlerweile vergangen. Ich weiß nun, dass auch Geigen schrille Töne von sich geben können. Und im Laufe eines Lebens gibt es viele Misstöne! Zum Glück ist unsere Ehe daran gewachsen. Bei David und mir gab es bestimmt auch stressige Zeiten. Wir haben aber gelernt, dass der Glaube keine Brücke über tosende Gewässer ist, keine ›*bridge over troubled water*‹, wie es in dem bekannten Lied so schön heißt, sondern ein Weg durch sie hindurch ist.«

DAVID: »Lassen Sie mich einmal beispielsweise bis zu dem Tagebucheintrag vom 3. Mai 1976 zurückgehen: Die Ehe ist nicht genauso, wie ich es erwartet hatte. Ich hatte gehofft, dass jeder Tag wie in den Flitterwochen werden würde. Doch anscheinend gibt es mehr Frust als Flitterwochen. Das erste Ehejahr ist ziemlich hart für mich gewesen. Während dieser Zeit habe ich herauszufinden versucht, wer für was zuständig ist. Und klar und eindeutig zu kommunizieren war auch nicht so einfach, wie ich es gedacht hatte. Ich habe jedoch gelernt, dass ich ein aufgabenorientierter Mensch bin, der dazu neigt, sein Leben bis ins Detail einzuteilen und zu planen. Also habe ich eine Zeit zum Studieren, eine Zeit für Gemeindedienste, eine Zeit für Gespräche mit Schülern, eine Zeit für dieses und jenes – und eben auch eine Zeit für Sonya eingeteilt.

Vor kurzem sind wir dann zu meinen Eltern gefahren und Sonya und ich sind während der Fahrt in einen ziemlich heftigen Wortwechsel geraten. Plötzlich hat sie dann zu der mächtigsten Waffe gegriffen, die eine Frau besitzt: Sie fing an zu weinen. Und ich habe nicht gewusst, was ich sagen sollte. Darum habe ich das Auto angehalten und sie gefragt, warum sie denn weint. Sie hat mir direkt in die Augen geblickt und gesagt ...«

SONYA: »David, ich will nicht nur eines deiner Projekte sein.«

DAVID: »Ich war wie vor den Kopf gestoßen, denn sie hatte völlig Recht. Ich war kräftig dabei, aus ihr eine Frau zu machen, die dem Lob der tüchtigen Hausfrau in Sprüche 31 entspricht. Und plötzlich merkte ich, dass das nicht meine Aufgabe ist. Die Ehe ist keine Werkstatt, um den Partner so umzuformen, wie man ihn gerne haben möchte. Gott will, dass wir uns gegenseitig lieben – und nicht komplett ändern.«

Sonya: »Im Mai 1976 schrieb ich: Mann o Mann! Wie David sich doch verändert hat! Ich weiß gar nicht, was in ihn gefahren ist. Aber er ist einfach großartig.«

David: »Und ich schrieb: Wie Sonya sich verändert hat! Ich weiß gar nicht, was in sie gefahren ist. Aber sie ist einfach großartig. Seit ich aufgehört habe, an ihr herumzukritisieren, ist sie so in Ordnung, wie sie ist.«

Sonya: »22. Mai 1982, an diesem Datum habe ich geschrieben: Heute haben wir unser Baby verloren. Ich bin so froh, dass wir Jamie und Lindsey noch haben. David und ich waren beide völlig verstört, als der Arzt uns diese Nachricht eröffnete. Unsere schlimmsten Befürchtungen waren wahr geworden. Wir werden den kleinen Kyle Ashley nie mit uns nach Hause nehmen können. Nachdem die Ärzte das Zimmer verlassen hatten, beteten David und ich miteinander. Seltsamerweise schien das zu helfen. Aber immer noch stand uns der Verlust ganz real vor Augen. Als wir so dasaßen und einander festhielten, sagte David ...«

David: »Ich weiß, wer die erste Person sein wird, nach der ich im Himmel Ausschau halten werde.«

Sonya: »Nachdem wir das Krankenhaus verlassen hatten, kauften wir Jamie einen Ballon und erklärten ihr, dass sie noch keinen kleinen Bruder haben würde. Als wir dann alle ins Auto stiegen, glitt der Ballon aus ihren kleinen Fingern und sie fing an zu weinen. Als sie dann heute Abend ihr Nachtgebet sprach, sagte sie: ›Lieber Gott, bitte gib den kleinen Ballon, den ich heute verloren habe, Kyle Ashley, damit er da oben im Himmel mit ihm spielen kann.‹

David: »Was für einen Glauben unsere Tochter doch hatte: einfach, schön, erfrischend. Wir schreiben Oktober 1987. Ich bin erst 33 Jahre alt und fühle mich schon müde und ausgelaugt. Inmitten der Hektik der Arbeit mit den Schülern, der Reisedienste zu Gastvorträgen und familiären Verpflichtungen bin ich ziemlich hin- und hergerissen. Das emotional ermüdendste Thema, mit dem ich mich beschäftige, ist Kirchenpolitik. Es scheint mir so, als ob jeder einen Terminplan für mich hat. Sonya und ich haben deshalb beschlossen, aus dem Gemeindedienst auszusteigen. Nicht, weil wir unsere Liebe zu Gott verloren haben, sondern weil wir der Leute überdrüssig sind, die allzu genau wissen wollen, was Gott mit uns vorhat. Ich bin es müde, Eltern zu erklären, warum ich ihren Kindern im Teenageralter nicht helfen kann. Ich bin es müde, dem Ältestenrat Rede und Antwort stehen zu müssen, warum die Arbeit mit Schülern zeitgemäß sein muss, um Schüler überhaupt noch ansprechen zu können. Ich bin es leid, meinen Dienst vor Leuten verteidigen zu müssen, die zwar eine Menge vom Immobilienwesen verstehen, aber nicht allzu viel vom Wesen der Ewigkeit.«

Sonya: »Heute aßen wir gemeinsam mit dem Leiter einer Fernsehshow, für die David arbeiten will, zu Abend. Er und seine Frau sind für uns mittlerweile gute Freunde geworden. Sie sind Querdenker. Ich glaube, darum ist David auch so gerne mit ihnen zusammen. David scheint mit diesem Paar eher zurechtzukommen als viele andere fromme Menschen, die wir kennen. Wie dem auch sei, beim Abendessen sagte unser Freund etwas, was uns beide wirklich geschockt hat. Wir sprachen gerade über die Fernsehshow, als er unvermittelt einwarf: ›Dies ist die zweitgrößte Unterhaltungsshow der Welt, die von einer ganzen Reihe von Fernsehsendern ausgestrahlt wird. Wir setzen die neuesten Gags und die modernste Technik ein. Aber wenn wir dies aus der Perspektive der Ewigkeit betrachten, ist nichts von alledem, was wir tun, wirklich von Belang.‹
Ich merkte es David an, dass er durch diesen Kommentar aus der Fassung geraten war. Gottes Zeitplan ist schon verblüffend. Schließlich benutzte Gott unsere Freunde, um uns den Weg zurück in den vollzeitlichen Dienst zu weisen. Ich weiß nicht, wohin es uns verschlagen wird, aber eine kleine Gemeinde in der kalifornischen Wüste hat Anfang der Woche angerufen. Sie möchten mit David sprechen und fragen, ob er nicht der leitende Pastor ihrer Gemeinde werden möchte. Ich frage mich, was das zu bedeuten hat. Die Gemeinde liegt in Palm Desert. Ich hasse Sand.«

DAVID: »Februar 1988. Ich bin jetzt leitender Pastor. Und dabei hatte ich mir immer geschworen, das nie zu werden. Ich lebe in der Wüste und ich hatte mir geschworen, dass ich nie dort leben würde. Außerdem wohnt unsere fünfköpfige Familie in einem riesigen Wohnwagen, der im Wüstensand abgestellt ist und in der Nähe eines ebenfalls transportablen Gebäudes neben der Kirche steht. Schon mal etwas über die ›Früchte des Zorns‹ gehört? Aber ich denke schon, dass es gut ist, in einem Wohnwagen zu leben. Auf diese Weise können wir uns gegebenenfalls schnell wieder aus dem Staub machen.«

SONYA: »Sagte ich nicht, ich hasse Sand? Als ich David heiratete, wusste ich, dass wir niemals reich sein würden, aber ich habe auch nie damit gerechnet, dass wir einmal in der Welt größtem Katzenklo leben würden. Ich habe meine Kinder noch nicht einmal im Sandkasten spielen lassen, als wir noch in der Stadt wohnten. Heute saß Tyson vor dem Wohnwagen im Sand, als er von roten Ameisen attackiert wurde. Ich hasse Ameisen. Ich hasse Sand. Wie lange wird es noch dauern, bis David endlich gefeuert wird, damit wir von hier weg können? Es wird ganz schön heiß hier!«

DAVID: »April 1990. Ich kann es kaum fassen, dass wir es überlebt haben. Wir haben tatsächlich den Wechsel von einer traditionellen Gemeinde zu einer Gemeinde, die offen und für Suchende sensibel ist, geschafft. Gott war so gut zu uns, aber das sollte eigentlich nicht verwunderlich sein. In der *Southwest Community Church* passieren große Dinge.«

SONYA: »Diese Gemeinde ist spitze. Die Leute lassen mich so stehen, wie ich bin. Sie lassen mich zum Thema Muttersein sprechen und haben die Erwartungen an mich nicht besonders hochgeschraubt. Ja, ja, der Sand scheint jetzt nicht mehr das Schlimmste zu sein. Wenn in der Gegend von Palm Springs weiterhin so viele Golfplätze gebaut werden wie zur Zeit, wird es hier schließlich nur noch in den Sandhindernissen Sand geben.«

DAVID: »Juli 1993. Ich weiß nicht, was neuerdings mit Sonya los ist. Wir haben uns einfach nichts mehr zu sagen. Vor ein paar Tagen habe ich mich selbst abends dabei ertappt, wie ich sie angeschaut und mich im Stillen gefragt habe: *Was ist nur aus uns geworden?* Ich habe sogar bei mir selbst gedacht: *Diese Liebesgeschichte ist nun zu Ende.* Wir haben 18 wunderschöne Jahre zusammen verbracht. Auch wenn ich sie nie verlassen werde, so ist der Zauber doch verflogen. Sie erscheint mir so distanziert.«

SONYA: »David erscheint mir so kühl.«

DAVID: »Was hat sie nur?«

SONYA: »Ich weiß nicht, was er von mir erwartet.«

DAVID: »Gereizt, gereizt, gereizt.«

SONYA: »Penetrant, penetrant, penetrant.«

DAVID: »Wäh, wäh, wäh.«

SONYA: »Das Licht ist an, aber niemand ist zu Hause.«

DAVID: »So ist das also, wenn man eine Mitbewohnerin hat und keine Partnerin.«

SONYA: »David ist sicher enttäuscht von mir. Er versucht, so zu tun, als sei alles in bester Ordnung, aber ich kann es in seinen Augen sehen, dass etwas nicht stimmt. Er ist wirklich verletzt. Ich glaube, er hat Angst. Er verhält sich so, als ob er seinen besten Freund verloren hätte. Das Leben wird in vielerlei Hinsicht mit den Jahren nicht unbedingt einfacher. Ich habe gelernt, dass uns die Tatsache, dass wir Christen sind, nicht vor den Problemen und schmerzlichen Erfahrungen dieses Lebens verschont. Was Gott von uns erwartet, ist, an den Widerwärtigkeiten zu wachsen und sie durch ihn zu überwinden. Ich glaube, ich werde mal zum Arzt gehen.«

David: »Sie ist zurück! Sonya ist zurück! Sie ist mutig. Sie ist schön. Und sie ist wieder ganz die Alte. Wer hätte je gedacht, dass eine kleine Drüse jemanden so reizbar machen könnte und ... Das waren die härtesten zwei Monate unseres Ehelebens. Aber ich bin froh, dass sie zurück ist. Ich habe sie immer geliebt. Aber es ist auch schön, wenn man sie einfach nur gern haben kann.«

Sonya: »Februar 1996. Ich habe bei den Teenagern nicht ›hier‹ gerufen. Ich wollte doch nur ein Baby. Ich dachte, kleine Kinder zu haben, wäre schon schwer, aber im Vergleich zur Erziehung von Teenagern sind kleine Kinder ein Zuckerschlecken. Verstehen Sie mich bitte nicht falsch, meine Kinder sind gute Kinder, aber es sind doch erschreckende Zeiten. Man steht heute immer in der Gefahr, dass man durch einen Fehler sein Kind für den Rest seines Lebens verlieren kann.«

David: »Februar 1996: Ich weiß nicht, wie ich meine Gefühle beschreiben soll. Es ist so, als würde etwas in mir sterben. Ich habe so ein dumpfes Gefühl in meinem Herzen. Dieses kleine Mädchen hat so viel Potenzial. Sie ist so schön, so begabt und sie hat so viel, für das es sich zu leben lohnt. Warum sollte sie sterben wollen? Als ich ihre Nachricht las, dass sie die Familie verlassen hatte, konnte ich es nicht glauben. Viele Gedanken schossen mir durch den Kopf. Ich wollte es nicht so recht wahrhaben. Sie beschrieb den Schmerz ihrer Jugend, die Enttäuschung, das Gefühl, dass niemand sie so recht verstehen würde. Sie ist ein ruheloser Geist, der sich nach Erleichterung sehnt. Aber sie kommt nur im Schlaf zur Ruhe. Ich glaube nicht, dass sie wirklich sterben will. Sie will nur, dass der Schmerz aufhört. Situationen wie diese sind schwer genug, wenn sie in meiner Arbeit durchzustehen sind. Aber wenn es die eigene Familie betrifft, dann ist das noch einmal etwas ganz anderes.
Gott ist real. Er hat uns durchgetragen und uns die Kraft gegeben, das durchzustehen, was keiner von uns je hätte voraussehen können, als wir an jenem bewussten Tag zueinander ›Ja‹ gesagt haben. Gott schenkt immer wieder einen Weg durch tosende Gewässer hindurch.«

Sonya: »Februar 1999: Die Mädchen sind weg. Sie sind fortgezogen und gehen zur Universität. Und Tyson ist bereits in der Highschool. Ich kann es kaum glauben, wie schnell die Zeit vergangen ist. Ich glaube, ich weiß jetzt, was Liebe heißt. Ich hoffe, dass David eines Tages zufällig mein Tagebuch entdeckt und es liest. Ich weiß, das klingt ein bisschen lächerlich. Aber ich möchte, dass er weiß, was ich empfinde. Ich habe ihm immer gesagt, wie es mir geht und was ich empfinde. Aber Worte klingen oft so oberflächlich, wenn sie das beschreiben sollen, was in der Seele vor sich geht. Es gibt so viele Dinge, von denen ich wünschte, dass wir sie noch einmal tun könnten. Nicht um sie zu ändern, sondern um sie noch einmal zu durchleben, sie zu genießen, jeden Augenblick davon auszukosten. Wie dankbar bin ich doch für das, was wir gelernt haben, und dafür, wie wir geliebt und gelebt haben. Ich weiß nun, was Liebe ist. Es ist genau das, was ich mir erhofft hatte.«

David: »Februar 1999: Ich glaube, ich weiß jetzt, was Liebe bedeutet. Ich muss zwar gestehen, dass mein Verständnis von Liebe sich sehr von dem unterscheidet, das ich hatte, als Sonya und ich uns zum ersten Mal begegnet sind. Ich dachte immer, dass Liebe sich in Worten äußern würde. Schließlich sind die Worte ›*Ich liebe dich*‹ die kostbarsten Worte, die unsere Ohren hören können. Ich weiß nun, dass Liebe eine Entscheidung ist. Liebe heißt, sich dafür zu entscheiden, geduldig und freundlich zu sein. Liebe weigert sich, eifersüchtig, prahlerisch oder stolz zu sein. Liebe fordert nicht das ihre. Liebe wehrt sich dagegen, ärgerlich zu werden, und sie weigert sich auch dagegen, eine Strichliste zu führen, wenn ihr Unrecht geschehen ist. Das Entscheidende war dabei für mich, dass ich immer dachte, dass Liebe etwas wäre, das ich zu beweisen hätte. Nun begreife ich erst, dass Liebestaten die wirkliche Liebe zum Vorschein bringen. Liebe erzeugt wieder Liebe. Gott hat keine Witze gemacht, als er sagte, dass wir lieben, weil er uns zuerst geliebt hat.«

Sonya: »David und ich wurden so reich gesegnet. Wer hätte vor mehr als 20 Jahren schon gewusst, wo wir heute stehen? Und wer kann heute schon wissen, was das Morgen bringen wird? Aber das Heute ist eine gute Zeit, um über Gottes Güte nachzudenken und sich an seine Führung zu erinnern. Was unsere Zukunft angeht, so kennt nur Gott sie. Aber unsere Zukunft ist von dem Licht unserer Vergangenheit erhellt. Weil Gott treu gewesen ist, muss ich Glauben haben.«

David: »Bis zum heutigen Tag habe ich das eine gelernt: Das Leben ist großartig. Aber die Ewigkeit ist besser. Ich möchte für beides gewappnet sein. Ich habe gelernt, dass das Leben das ist, was man daraus macht. Und nirgends bewahrheitet sich das mehr als im Bereich der Liebe. Ich habe so viele Paare kennen gelernt, die nur vor sich hin leben, die bloß existieren. So viele leben indirekt durch die Erlebnisse und Erfahrungen anderer. Wie traurig! Jesus hat gesagt, dass er das Leben geben will – in seiner ganzen Fülle. Aber die Fülle des Lebens kommt uns nicht einfach so zugeflogen. Wir müssen unsere Ängste loslassen und es Gott gestatten, dass er uns weiter als bis zu unserem eigenen Horizont führt, dass er uns zu einem Ort führt, den er nur für dich und mich geschaffen hat. Wahnsinn! Ich glaube, ich weiß nun, was Liebe wirklich bedeutet ...«

Noch ein Gedanke zum Schluss

War das nicht schön? Mir haben vor allem Davids Ausführungen zur »Fülle des Lebens« am Schluss gefallen. Als Jesus Christus auf der Erde lebte, sagte er: »Wer sich aber von mir trennt, kann nichts ausrichten« (Johannes 15,5). Offenbar können Menschen ohne Christus essen, trinken, arbeiten, sich lieben und Kinder großziehen, aber Jesus meinte, dass sie ohne ihn nicht den größtmöglichen Gewinn aus ihrem Leben ziehen können. Seine Gegenwart in einzelnen Menschen während ihres irdischen Lebens schenkt Bereicherung, Freude und Erfüllung. Jesus sagt: »Ich aber bringe allen, die zu mir gehören, das Leben – und dies im Überfluss« (Johannes 10,10). Er verschönert jede menschliche Erfahrung, insbesondere zwischenmenschliche Beziehungen, und führt uns zu einer geistigen, physischen und emotionalen Zufriedenheit. Keine andere Quelle ermöglicht uns, all das

Potenzial zu erreichen und zu entfalten, für das Gott uns geschaffen hat.

Die »Fülle des Lebens« wurde mir besonders durch eines der traumhaftesten Paare, die ich jemals kennen gelernt habe, veranschaulicht. Jeder, der einige Zeit mit Jerry und Sara verbracht hat, weiß, dass diese bewussten Christen verrückt nach einander waren und eine echte, liebevolle Beziehung genossen haben, die sich auf Jahre des gegenseitigen Opfers gegründet hat. Sie waren unzertrennlich, hielten ständig Händchen – auch noch lange nach ihrer Goldenen Hochzeit. In ihrem 59. Ehejahr starb Jerry jedoch plötzlich an Krebs. Es erschien Sara, als hätte sie ihn innerhalb eines Augenblicks verloren.

Sara war nicht mehr dieselbe, nachdem ihr lebenslanger Freund und Partner gestorben war. Ihre Gesundheit ließ nach und sie erlitt einen Schlaganfall. Deshalb luden ihre Tochter und ihr Schwiegersohn Sara ein, bei ihnen zu wohnen. Irgendwann fing Sara an, zu halluzinieren, dass Jerry zu ihr zurückgekehrt wäre, dass sie als Ehepaar segensreich wieder vereint wären – wie zuvor. Manchmal, wenn Saras Tochter zu ihr ins Zimmer kam, um nach ihr zu sehen, bekam sie mit, wie Sara im Schlaf Gespräche mit ihrem verstorbenen Mann führte. Das zeigt, wie real diese Halluzinationen für sie waren.

Eines Tages, kurze Zeit vor ihrem 80. Geburtstag, bat Sara ihre Tochter noch einmal, sie mit zum Einkaufen zu nehmen. Während die beiden die Gänge einer nahe gelegenen Drogerie entlanggingen, redete Sara weiter über Jerry und wie sehr sie hoffte, ihn bald zu sehen. Sara bat sie dann, allein ein paar Einkäufe tätigen zu können. Ihre Tochter respektierte den Wunsch ihrer Mutter und sagte ihr, sie würde im Wagen auf sie warten.

Ihre Mutter beendete ohne Zwischenfälle ihre Einkäufe, doch am nächsten Tag starb sie im Schlaf. Nach der Trauerfeier machte Saras Tochter in ihrem Zimmer Ordnung, als sie auf die Tüte mit ihren letzten Einkäufen stieß. Sie öffnete die Tüte und darin befand sich eine Tube Gleitgel.

Können Sie sich das vorstellen? Sara, die in ihren Träumen sehnlichst darauf wartete, mit ihrem Mann wieder vereint zu sein, wollte für sein Wiederkommen bereit sein. Sie liebte ihren Mann auf jede nur erdenkliche Art und Weise. Das ist das, was ich mit ein »erfülltes Leben leben« meine. Der Herr hat offenbar mehrere Ziele verfolgt, als er uns ganz bewusst mit unseren sexuellen Möglichkeiten erschuf – angefangen bei der Fortpflanzung über das Vergnügen, die einzigartige Vereinigung, bis hin zum gemeinsamen Altwerden mit dem Anderen. Alles, was er erschaffen hat, ist sehr gut und dient zu unserem Besten – bis zu der Zeit, wenn er uns abberuft, um mit ihm in der ewigen Herrlichkeit zu leben.

Es ist meine große Hoffnung, dass Sie und Ihr geliebter Partner, dem Sie geschworen haben, bis zu dem Tag, an dem Sie sterben werden, mit Liebe zu begegnen, so eng verwoben bleiben wie Jerry und Sara. Meine lieben Leser, ich möchte mit den Worten schließen: »Ja, Virginia, der Liebesakt lebt. Und auch noch weit über die 40, 50, 60, 70 und 80 hinaus ist er wahrhaft ein Ausdruck der Liebe zwischen zwei Menschen, die sich lieben.«

Anhang

Ergebnisse zur Umfrage über »Das Intimleben in der Ehe, nachdem die Partner die 40 überschritten haben« – kommentiert von Tim LaHaye

1. Teilnehmer

Ungefähr 800 Fragebögen mit einem gleichen Anteil an Frauen und Männern wurden zurückgeschickt.

2. Wie alt sind Sie?

Alter	Frauen	Männer
40 – 49	27 %	22 %
50 – 59	30 %	29 %
60 – 69	25 %	21 %
70 oder älter	18 %	28 %

Kommentar: Wir hatten eine ausgewogene Gruppe, die unsere Umfrage beantwortete. Es gab dabei jedoch viel mehr Männer als Frauen im Alter von 70 und darüber.

3. Wie lange sind Sie schon mit Ihrem jetzigen Partner verheiratet?

Dauer der Ehe	Frauen	Männer
0 – 10 Jahre	7 %	7 %
11 – 19 Jahre	12 %	12 %
20 – 29 Jahre	21 %	21 %
30 – 39 Jahre	25 %	25 %
40 – 49 Jahre	21 %	21 %
50 oder mehr Jahre	14 %	14 %

Kommentar: 81 Prozent der Befragten war mehr als 20 Jahre verheiratet. Das bedeutet, dass in dieser Gruppe Paare waren, deren Ehen auch schwierige Situationen gemeistert haben.

4. Wie oft waren Sie bereits verheiratet?

Anzahl der Ehen	Frauen	Männer
Einmal	82 %	80 %
Zweimal	16 %	17 %
Dreimal	2 %	3 %
Viermal oder öfter	0 %	0 %

KOMMENTAR: Wie »Old Man River« freut sich die Mehrzahl der Paare darauf, den Fluss des Lebens mit ihrem ersten Partner entlangzupaddeln. Ihre Ehen haben eine mehr als 50-prozentige Chance zu überleben.

5. Welche Aussage trifft auf Sie zu?

	Frauen	Männer
Ich bin immer noch mit meinem ersten Partner verheiratet.	76 %	76 %
Ich bin geschieden und wieder verheiratet.	14 %	15 %
Ich bin verwitwet und wieder verheiratet.	3 %	5 %
Mein Partner war schon einmal verheiratet.	7 %	4 %

KOMMENTAR: Nicht alle Fragebögen wurden von beiden Partnern ausgefüllt, woraus sich leichte Abweichungen bei den Männern und Frauen ergaben.

6. Wie viele Kinder haben Sie?

Anzahl der Kinder	Frauen	Männer
Keine	5 %	4 %
Eins	8 %	7 %
Zwei	29 %	26 %
Drei	29 %	27 %
Vier	17 %	19 %
Fünf	7 %	8 %
Sechs	3 %	5 %
Sieben und mehr	2 %	4 %

KOMMENTAR: Die meisten Paare haben zwei, drei oder vier Kinder.

7. Wie alt sind Ihre Kinder?

Alter der Kinder	Frauen	Männer
0 – 11	10 %	10 %
12 – 19	23 %	22 %
20 – 29	36 %	35 %
30 – 39	40 %	38 %
40 und darüber	32 %	32 %

KOMMENTAR: Diese Zahlen ergeben mehr als 100 Prozent, da die Paare Kinder in verschiedenen Altersgruppen hatten. Das ist ein interessanter Altersquerschnitt, aber die große Mehrheit der Kinder (ca. 75 Prozent) waren erwachsen.

8. Zu welcher Religionsgemeinschaft gehören Sie?

Religionsgemeinschaft	Frauen	Männer
Protestantisch	60 %	61 %
Charismatisch	14 %	14 %
Reformiert	2 %	2 %
Staatskirche	7 %	8 %
Römisch-katholisch	2 %	3 %
Agnostiker	1 %	1 %
Sonstige	14 %	11 %

KOMMENTAR: Die Mehrzahl der Umfrageteilnehmer waren evangelikale Christen.

9. Haben Sie Teenager oder junge Erwachsene, die noch zu Hause wohnen?

	Frauen	Männer
Ja	34 %	27 %
Nein	66 %	69 %

KOMMENTAR: Teenager im Haus! Das trifft auf etwa ein Drittel der von uns befragten Teilnehmer zu.

Wenn ja, welche Aussage trifft auf Sie zu?

	Frauen	Männer
Teenager im Haus zu haben, stört unser Liebesleben in hohem Maße /	33 %	27 %
ändert nichts daran	67 %	73 %

KOMMENTAR: Ich hätte gedacht, dass mehr als ein Drittel der Paare angegeben hätte, dass Teenager im Haus ihrem Liebesleben in die Quere kommen.

10. Welche Ausbildung haben Sie?

Art der Ausbildung	Frauen	Männer
Ohne abgeschlossene Schulbildung	1 %	4 %
Highschool-Abschluss	33 %	20 %
Ein- bis zweijähriger College-Besuch	30 %	23 %
College-Abschluss	27 %	32 %
Hochschulabschluss (Diplom- oder höherer Bildungsabschluss)	9 %	21 %

KOMMENTAR: Die befragte Gruppe verfügt über eine gute Ausbildung. Zwei Drittel der Frauen gaben an, dass sie das College besucht oder beendet haben, und mehr als die Hälfte der Männer verfügte über einen Collegeabschluss beziehungsweise ein Diplom.

11. Welche Aussage trifft in Bezug auf die Tätigkeit der Frau außer Haus am ehesten auf Sie zu?

	Frauen	Männer
Die Frau hat nie außer Hause gearbeitet.	28 %	28 %
Die Frau hat größtenteils als Teilzeitkraft außer Hause gearbeitet.	42 %	42 %
Die Frau hat größtenteils als Vollzeitkraft außer Hause gearbeitet.	20 %	20 %
Die Frau hat immer außer Hause gearbeitet.	10 %	10 %

KOMMENTAR: 70 Prozent der Befragten gaben an, dass die Frau nicht ganztags außer Hause gearbeitet hat.

12. Wodurch wurden Sie vor der Ehe hauptsächlich aufgeklärt?

	Frauen	Männer
Überhaupt nicht	19 %	23 %
Freunde	21 %	31 %
Pastor	3 %	2 %
Schule	17 %	12 %
Lektüre	41 %	36 %
Sonstige (einschl. Eltern)	16 %	10 %

KOMMENTAR: Diese Zahlen ergeben mehr als 100 Prozent, da viele mehr als eine Antwort angekreuzt hatten.
20 Prozent sagten, sie hätten keine fremde Hilfe gehabt, und ungefähr 40 Prozent wurden durch das Lesen einschlägiger Literatur aufgeklärt. Ein kleiner Prozentsatz meinte, ihre Eltern hätten ihnen die Geschichte von den Bienchen erzählt.

13. Wodurch wurden Sie in der Ehe hauptsächlich aufgeklärt?

	Frauen	Männer
Überhaupt nicht	13 %	19 %
Freunde	3 %	3 %
Pastor	1 %	2 %
Schule	0 %	1 %
Lektüre	75 %	62 %
Sonstige (einschl. Eltern)	17 %	17 %

KOMMENTAR: Diese Zahlen ergeben mehr als 100 Prozent, da viele mehr als eine Antwort angekreuzt haben.
Die Paare gaben an, dass sie nach ihrer Heirat hauptsächlich Bücher in Fragen der sexuellen Aufklärung zu Rate gezogen haben.
Unsere Beratungspraxis lehrt, dass man nie zu alt ist, um etwas Neues in Sachen Sex zu lernen.
Und kein Paar sollte sich der Möglichkeit verschließen, dass vielleicht etwas, was es tut, nicht im Interesse des jeweilig anderen Partners ist.

14. Welche Art von Ehebüchern haben Sie am hilfreichsten gefunden?

	Frauen	Männer
LOVE FOR A LIFETIME (Liebe für ein ganzes Leben) von Dr. James Dobson	16 %	10 %
WIE SCHÖN IST ES MIT DIR von Tim und Beverly LaHaye	45 %	44 %
SEX IN MARRIAGE (Sex in der Ehe) von Cliff und Joyce Penner	4 %	6 %
Sonstige	35 %	40 %

KOMMENTAR: Ich habe mich gefreut, dass so viele Paare unser erstes Buch gelesen haben.

15. Sprechen Sie mit Ihrem Partner über Ihre sexuelle Beziehung?

	Frauen	Männer
Immer	18 %	17 %
Manchmal	60 %	64 %
Selten	20 %	16 %
Nie	2 %	3 %

KOMMENTAR: Mein erster gefühlsmäßiger Eindruck ist, dass viele, die »manchmal« angekreuzt haben, eigentlich »selten« meinten – soweit ich dies aus meiner Seelsorgeerfahrung beurteilen kann.

16. Wie häufig hatten Sie in den letzten Monaten im Durchschnitt Sex mit Ihrem Partner?

	Frauen	Männer
Fünfmal pro Woche oder öfter	1 %	1 %
Drei- bis viermal pro Woche	11 %	9 %
Zweimal pro Woche	18 %	16 %
Einmal pro Woche	29 %	33 %
Einmal alle zwei Wochen	19 %	18 %
Einmal im Monat	10 %	10 %
Einmal alle paar Monate	6 %	5 %
Einmal im letzten Jahr	1 %	1 %
Wir haben kein Sexualleben	5 %	7 %

KOMMENTAR: Alle, die »fünfmal oder öfter pro Woche« angekreuzt haben: meine Güte! 59 Prozent der Paare gaben ernsthaft an, mindestens einmal pro Woche Geschlechtsverkehr zu haben. Ich hielt es für wichtig, die Umfrageergebnisse nochmals getrennt nach Alter und Geschlecht aufzuschlüsseln.

Frauen	40 – 49	50 – 59	60 – 69	70 und älter
Fünfmal oder öfter pro Woche	4 %	0 %	0 %	1 %
Drei- bis viermal pro Woche	13 %	13 %	7 %	4 %
Zweimal pro Woche	19 %	18 %	17 %	10 %
Einmal pro Woche	29 %	34 %	29 %	19 %
Einmal alle zwei Wochen	25 %	13 %	17 %	19 %
Einmal im Monat	6 %	12 %	13 %	16 %
Einmal alle paar Monate	4 %	6 %	7 %	10 %
Einmal im letzten Jahr	0 %	1 %	0 %	1 %
Wir haben kein Sexualleben	0 %	3 %	10 %	20 %

Männer	40 – 49	50 – 59	60 – 69	70 und älter
Fünfmal oder öfter pro Woche	5 %	0 %	1 %	2 %
Drei- bis viermal pro Woche	15 %	12 %	5 %	5 %
Zweimal pro Woche	16 %	11 %	15 %	10 %
Einmal pro Woche	30 %	43 %	39 %	20 %
Einmal alle zwei Wochen	17 %	19 %	18 %	17 %
Einmal im Monat	11 %	9 %	10 %	15 %
Einmal alle paar Monate	5 %	4 %	4 %	11 %
Einmal im letzten Jahr	1 %	0 %	0 %	2 %
Wir haben kein Sexualleben	0 %	2 %	8 %	18 %

17. Wenn Sie diese Häufigkeit mit der ersten Hälfte Ihrer Ehe vergleichen, dann ist es

	Frauen	Männer
mehr	11 %	10 %
ungefähr gleich	18 %	18 %
weniger	40 %	43 %
sehr viel weniger	31 %	29 %

KOMMENTAR: Es ist zu erwarten, dass die Häufigkeit des Geschlechtsverkehrs im Laufe der Ehe nachlässt, aber – wie aus der nächsten Frage zu ersehen ist – Frauen sind über diese Entwicklung eher erfreut als Männer.

18. Die Häufigkeit, mit der Sie derzeit Geschlechtsverkehr in der Ehe haben, ist

	Frauen	Männer
genau richtig	64 %	48 %
zu oft	5 %	8 %
zu selten	31 %	44 %

KOMMENTAR: Dies ist eine der ersten Fragen, bei der wir einen signifikanten Unterschied in der Antwort von Mann und Frau feststellen können. Männer würden also mit einer größeren Häufigkeit Verkehr haben wollen, wie aus der nächsten Frage hervorgeht.

19. Wie oft möchten Sie Sex haben?

	Frauen	Männer
Fünfmal oder öfter pro Woche	2 %	5 %
Drei- bis viermal pro Woche	18 %	21 %
Zweimal pro Woche	20 %	36 %
Einmal pro Woche	38 %	23 %
Einmal alle zwei Wochen	14 %	10 %
Einmal im Monat	3 %	3 %
Einmal alle paar Monate	0 %	1 %
Einmal im Jahr	0 %	0 %
Gar nicht	5 %	1 %

KOMMENTAR: Die Angabe von zwei Prozent für »Fünfmal oder öfter pro Woche« entspricht der Zahl von Frauen, die ein großes sexuelles Verlangen haben (siehe Kapitel 4). Interessant ist wohl der Aussagewert der Männer, die die gewünschte Häufigkeit durchgehend höher angaben als Frauen. Die Zahl der Frauen, die gar kein sexuelles Interesse bekundeten, war fünfmal höher als bei den Männern.

20. Wie zufrieden waren Sie mit Ihrem Geschlechtsleben?

	Frauen	Männer
Sehr zufrieden	45 %	56 %
Zufrieden	35 %	32 %
Bedingt zufrieden	15 %	10 %
Nicht zufrieden	5 %	2 %

KOMMENTAR: Die meisten Befragten sind mit ihrem Sexualleben zufrieden. Trotz einer geringeren Häufigkeit sind 85 bis 90 Prozent der Frauen und Männer mit ihrem Geschlechtsleben zufrieden. Ich habe diese Ergebnisse ebenfalls nach Geschlecht und Altersgruppen aufgeschlüsselt.

20. Wie zufrieden waren Sie mit Ihrem Geschlechtsleben?

Frauen	40 – 49	50 – 59	60 – 69	70 und älter
Sehr zufrieden	52 %	47 %	37 %	44 %
Zufrieden	27 %	29 %	45 %	35 %
Bedingt zufrieden	16 %	18 %	16 %	18 %
Nicht zufrieden	5 %	6 %	2 %	3 %

Männer	40 – 49	50 – 59	60 – 69	70 und älter
Sehr zufrieden	62 %	54 %	62 %	45 %
Zufrieden	27 %	31 %	31 %	35 %
Bedingt zufrieden	8 %	12 %	7 %	18 %
Nicht zufrieden	3 %	3 %	0 %	2 %

21. Wie oft kommen Sie zum Orgasmus?

	Frauen	Männer
Immer	20 %	67 %
Meistens	46 %	25 %
Manchmal	27 %	3 %
Nie	7 %	3 %

KOMMENTAR: Männer kommen immer noch häufiger zum Orgasmus als Frauen. Ich fand es besonders interessant, dass insgesamt 28 Prozent der Männer behaupteten, sie erreichten »meistens« oder »manchmal« einen Orgasmus.

22. Wie oft kommt Ihr Ehepartner zum Orgasmus?

	Frauen	Männer
Immer	62 %	22 %
Meistens	30 %	42 %
Manchmal	5 %	28 %
Nie	3 %	8 %

KOMMENTAR: Wenn Sie die Zahlenwerte mit denen aus der letzten Frage vergleichen, liegen sie sehr dicht zusammen.

23. Wie oft erreicht die Frau beim Geschlechtsverkehr einen Orgasmus?

	Frauen	Männer
Immer	13 %	12 %
Meistens	34 %	32 %
Manchmal	33 %	32 %
Nie	20 %	18 %

KOMMENTAR: Diese Werte liegen nicht weit auseinander.
Das zeigt, dass die Männer auf die sexuellen Bedürfnisse ihrer Frau Acht haben. Für rund die Hälfte der Frauen ist jedoch der Versuch, einen Höhepunkt zu erreichen, eher ein Zufallstreffer.

24. Wie oft erreicht die Frau vor Einführung des Gliedes durch Stimulierung der Klitoris einen Orgasmus?

	Frauen	Männer
Immer	15 %	13 %
Meistens	24 %	23 %
Manchmal	33 %	39 %
Nie	28 %	25 %

KOMMENTAR: Auch hier ähneln sich die Ergebnisse in starkem Maße. Die Tatsache bleibt jedoch bestehen, dass die Hälfte der Frauen so gut wie keinen Orgasmus erzielt.

25. Stimuliert der Mann oral die Klitoris der Frau?

	Frauen	Männer
Immer	4 %	2 %
Meistens	8 %	9 %
Manchmal	44 %	47 %
Nie	44 %	42 %

KOMMENTAR: Die Mehrzahl der Antwortenden praktiziert den Kunnilingus.

26. Wie empfindet die Frau es, oral stimuliert zu werden?

	Frauen	Männer
Sie genießt es.	48 %	40 %
Es ist ihr einerlei.	22 %	22 %
Sie mag es nicht.	30 %	38 %

KOMMENTAR: Es sind mehr Frauen, die es genießen, als Frauen, die es ihrem Mann eingestehen.

27. Wie oft kommt die Frau vor dem Mann zum Höhepunkt?

	Frauen	Männer
Immer	13 %	14 %
Meistens	30 %	28 %
Manchmal	39 %	43 %
Nie	18 %	15 %

KOMMENTAR: Wenn Frauen überhaupt zum Orgasmus kommen, dann erreichen sie aller Wahrscheinlichkeit nach vor dem Mann einen Höhepunkt.

28. Wie lange muss für Sie das Vorspiel im Durchschnitt dauern, bis Sie sexuell erregt sind?

	Frauen	Männer
1 – 5 Minuten	26 %	63 %
6 – 15 Minuten	56 %	32 %
16 – 25 Minuten	15 %	4 %
25 Minuten oder länger	3 %	1 %

KOMMENTAR: Was haben wir denn da? Männer sind beim Sex so schnell wie eine Mikrowelle und Frauen wie ein Simmertopf, der so langsam vor sich hinköchelt. Männer sind also immer noch bereit, jederzeit »loszulegen«.

29. Hatte der Mann jemals Schwierigkeiten beim Ejakulieren?

	Frauen	Männer
Immer	2 %	1 %
Meistens	3 %	2 %
Manchmal	41 %	42 %
Nie	56 %	55 %

KOMMENTAR: Die Männer haben diese Frage ehrlich beantwortet und belegen damit, was die Frauen über sie gesagt haben. Wenn Sie diese Zahlen näher betrachten, stellen Sie fest, dass 46 Prozent der Männer irgendeine Form der sexuellen Störung (erektilen Dysfunktion) aufweisen.

30. Wie oft stimuliert die Frau den Mann oral?

	Frauen	Männer
Immer	2 %	1 %
Meistens	10 %	8 %
Manchmal	41 %	41 %
Nie	47 %	51 %

KOMMENTAR: Fellatio (Coitus oralis) wird unter Christen nicht häufig praktiziert, weil die meisten Frauen diese Form des Geschlechtsverkehrs nicht mögen. Andererseits wendet ungefähr die Hälfte aller Paare die Praxis der Fellatio in ihrem Sexualleben an.

31. Wie würden Sie Ihre sexuelle Beziehung im Großen und Ganzen bewerten?

	Frauen	Männer
Sehr gut	44 %	45 %
Gut	36 %	35 %
Es geht	12 %	11 %
Schlecht	4 %	7 %
Sehr schlecht	4 %	2 %

KOMMENTAR: Es sieht ganz danach aus, als seien wir Christen im Schlafzimmer ganz glückliche und zufriedene Geschlechtsgenossen, oder nicht? Diese Ergebnisse liegen im Hinblick auf die Gesamtbevölkerung über dem nationalen Durchschnitt und unterstützen meine These, dass Sex ohne Gewissensbisse der beste Sex ist.

32. Wie würden Sie das Interesse Ihres Ehepartners am Sex beurteilen?

	Frauen	Männer
Sehr interessiert	75 %	41 %
Gewissermaßen interessiert	21 %	50 %
Wenig oder überhaupt nicht interessiert	4 %	9 %

KOMMENTAR: Nun, meine Damen, die Herren der Schöpfung sind der Ansicht, dass Sie nicht so sehr an Sex interessiert sind wie sie.

33. Haben Sie, seit Sie verheiratet sind, masturbiert?

	Frauen	Männer
Oft	1 %	6 %
Gelegentlich	43 %	63 %
Nie	56 %	31 %

KOMMENTAR: Männer masturbieren öfter als Frauen, was wiederum keine Überraschung ist.

34. Würden Sie dies als sexuell befriedigendes Erlebnis beschreiben?

	Frauen	Männer
Ja, immer	10 %	10 %
Ja, manchmal	30 %	45 %
Nein	60 %	45 %

KOMMENTAR: Frauen sind eindeutig weniger zufrieden mit der Selbststimulation.

35. Wenn Sie seit Ihrer Heirat masturbiert haben, was war der hauptsächliche Grund dafür?

	Frauen	Männer
Mein Partner stand für Sex nicht zur Verfügung.	34 %	46 %
Der Koitus war nicht zufrieden stellend.	17 %	2 %
Ich tat es, um meine sexuellen Spannungen abzubauen.	33 %	41 %
Sonstige Gründe	16 %	11 %

KOMMENTAR: Nur wenige Männer geben an, dass der Geschlechtsverkehr nicht befriedigend war. Wenn sie masturbieren, dann um sexuellen Druck abzubauen, – egal, ob die Frau zum Sex zur Verfügung stand oder nicht.

36. Hatten Sie, bevor Sie das erste Mal heirateten, schon Sex?

	Frauen	Männer
Ja	38 %	50 %
Nein	62 %	50 %

KOMMENTAR: Ich schätze die Aufrichtigkeit der Umfrageteilnehmer. Dies zeigt jedoch auch, welch große Aufgabe die Gemeinde hat, die biblischen Maßstäbe zu lehren, dass man mit dem Sex bis zur Ehe warten sollte.

37. Hatten Sie schon einmal eine außereheliche sexuelle Beziehung?

	Frauen	Männer
Ja	7 %	13 %
Nein	93 %	87 %

KOMMENTAR: Ich bin auf Grund meiner Beratungspraxis von diesen Zahlen nicht überrascht. Sie belegen, dass ungefähr zehn Prozent der christlichen Paare der sexuellen Versuchung erlegen und aus ihrer Ehe ausgebrochen sind.

38. Akzeptieren Sie Ihr Äußeres?

	Frauen	Männer
Ganz und gar	45 %	62 %
Ein wenig	47 %	30 %
Überhaupt nicht	4 %	3 %
Weiß nicht	4 %	5 %

KOMMENTAR: Männer haben sich schon immer so akzeptiert, wie sie sind – auch mit über dem Gürtel hervorstehenden Hängebauch.

39. Inwiefern bejaht Ihr Ehepartner Ihr äußeres Erscheinungsbild?

	Frauen	Männer
Ganz und gar	75 %	73 %
Ein wenig	15 %	16 %
Überhaupt nicht	2 %	1 %
Weiß nicht	9 %	10 %

KOMMENTAR: Ich freue mich, dass Paare zum größten Teil ihren Partner so annehmen, wie er ist. Ich hoffe, dass sie ihm das auch signalisieren.

40. Verhüten Sie noch?

	Frauen	Männer
Immer	11 %	11 %
Manchmal	1 %	3 %
Nie	88 %	86 %

KOMMENTAR: Um die 25 Prozent der Umfrageteilnehmer waren jünger als 50.

41. Haben Sie beim Geschlechtsverkehr schon Gegenstände zur sexuellen Stimulation benutzt?

	Frauen	Männer
Ja	16 %	14 %
Nein	84 %	86 %

KOMMENTAR: Ich freue mich, dass christliche Paare nicht zu Sexläden laufen, um so genannte »eheliche Hilfsmittel« zu kaufen.
Ich glaube, sie stören den Verkehr eher.

42. Wenn ja, welche Gegenstände haben Sie benutzt?

	Frauen	Männer
Vibrator	40 %	43 %
Gegenstände in Form eines Penis	10 %	10 %
Öle	30 %	27 %
Federn	10 %	8 %
Sonstiges	10 %	12 %

KOMMENTAR: Ich habe kein Problem damit, wenn Paare ein Öl benutzen, um sich gegenseitig zu massieren, aber ich spreche mich gegen die unbedachte Benutzung eines Vibrators oder Dildos aus.

43. Haben Sie schon einmal einen pornografischen Film gesehen?

	Frauen	Männer
Ja	25 %	53 %
Nein	75 %	47 %

KOMMENTAR: Ich bin überrascht, dass sich schon so viele Paare dem Einfluss von Pornofilmen ausgesetzt haben.

44. Haben Sie schon erotische Filme, Bücher oder Bilder als Teil Ihrer geschlechtlichen Beziehung benutzt?

	Frauen	Männer
Oft	0 %	0 %
Manchmal	8 %	9 %
Einmal	7 %	9 %
Nie	85 %	82 %

KOMMENTAR: Sie können heutzutage keine Frauenzeitschrift mehr durchblättern, ohne darin zu lesen, dass einschlägige Videos eine Ehe »in Fahrt bringen«. Blödsinn! Alles, was diese Filme bewirken, ist, ein Phantasiebild zu erwecken, dem keiner der Partner je gerecht werden kann.

45. Kreuzen Sie die zutreffende Aussage an:

	Frauen	Männer
Die Pornografie ist in unserer Ehe ein wirkliches Problem.	1 %	1 %
Wir hatten einmal ein Problem mit Pornografie, aber jetzt nicht mehr.	4 %	1 %
Wir hatten noch nie ein Problem mit Pornografie in unserer Ehe.	95 %	98 %

KOMMENTAR: Es ist schön zu sehen, dass Paare davon abgekommen sind, Pornografie in der Ehe einzusetzen – vielleicht nachdem sie es ›ausprobiert‹ und dann festgestellt haben, dass es ihrer ehelichen Beziehung nicht förderlich war.

46. Kreuzen Sie die zutreffende Aussage an:

	Frauen	Männer
Spielsucht ist in unserer Ehe ein wirkliches Problem.	1 %	1 %
Wir hatten einmal ein Problem mit Spielsucht, aber jetzt nicht mehr.	1 %	1 %
Wir hatten noch nie ein Problem mit Spielsucht in unserer Ehe.	98 %	98 %

KOMMENTAR: Auch wenn Spielsucht nichts mit ehelichem Sex zu tun hat, so hielt ich es doch für eine wichtige Frage, weil die Spielsucht verheerende Folgen für ein Paar und die ganze Familie haben kann.

47. Haben Sie oder Ihr Ehepartner schon einmal Viagra oder ein anderes Potenzmittel eingenommen, um zu einer Erektion zu gelangen?

	Frauen	Männer
Ja, oft	3 %	2 %
Ein paar Mal	6 %	7 %
Nein	91 %	91 %

KOMMENTAR: Viagra ist erst seit ein paar Jahren auf dem US-Markt und ich möchte behaupten, dass es künftig verstärkt eingenommen werden wird.

48. Wenn ja, wie sehr sind Sie mit Viagra zufrieden?

	Frauen	Männer
Sehr zufrieden	31 %	25 %
Es geht	45 %	47 %
Überhaupt nicht zufrieden	24 %	28 %

KOMMENTAR: Drei Viertel derjenigen, die Viagra einnehmen, sind zufrieden oder relativ zufrieden mit der Wirkung.

49. Leiden Sie oder Ihr Partner an Impotenz?

	Frauen	Männer
Ja, häufig	20 %	16 %
Manchmal	30 %	28 %
Nein	50 %	56 %

KOMMENTAR: Wenn Sie glauben, dass Sie nicht impotent werden können, dann wünsche ich Ihnen, dass es wirklich so bleibt.

50. Haben Sie oder Ihr Partner wegen Impotenz oder erektiler Dysfunktion schon einmal einen Arzt aufgesucht?

	Frauen	Männer
Ja	15 %	15 %
Nein	85 %	85 %

KOMMENTAR: Es ist doch interessant, wie die Geschlechter sich in diesem Punkt einig sind. Dieser Prozentsatz liegt um 50 Prozent höher als der der Gesamtbevölkerung – wo schätzungsweise zehn Prozent einen Arzt wegen Impotenz konsultieren.

51. Wie viel Fernsehen schauen Sie pro Tag?
Während der Woche

	Frauen	Männer
Kein Fernsehen	18 %	11 %
1 – 2 Stunden	44 %	49 %
2 – 4 Stunden	29 %	32 %
4 – 6 Stunden	8 %	7 %
mehr als 6 Stunden	1 %	1 %

KOMMENTAR: Forschungsergebnisse belegen, dass der Fernseher zirka sieben Stunden am Tag läuft. Diese Zahlen sind also um einiges niedriger.

An Wochenenden

	Frauen	Männer
Kein Fernsehen	13 %	10 %
1 – 2 Stunden	29 %	22 %
2 – 4 Stunden	24 %	28 %
4 – 6 Stunden	30 %	35 %
mehr als 6 Stunden	4 %	5 %

KOMMENTAR: Dauerglotzer, vereinigt euch! Die Zahl derer, die fernsehen, steigt an Wochenenden sprunghaft an.

52. Welche Aussage umschreibt am besten Ihre Lesegewohnheiten?

	Frauen	Männer
Ich lese sehr gerne in meiner Freizeit.	71 %	48 %
Ich lese gerne, habe aber nie Zeit, ein Buch zu lesen.	27 %	43 %
Ich lese nicht gerne und deshalb überhaupt nicht.	8 %	9 %

KOMMENTAR: Lesen ist eine schöne Freizeitbeschäftigung. Ich hoffe, dass es in der nächsten Generation nicht zu einer verlorenen Kunst wird.

53. Welche Aussage umschreibt Ihre Ehesituation am besten?

	Frauen	Männer
Wir umwerben uns immer noch, indem wir uns fest miteinander verabreden oder gemeinsame Hobbys haben.	61 %	60 %
Wir verhalten uns nicht mehr romantisch, auch wenn wir gelegentlich noch zusammen Essen oder ins Kino gehen.	37 %	38 %
Wir tun nie etwas gemeinsam.	2 %	2 %

KOMMENTAR: Dies sind ernüchternde Zahlen. Sie bedeuten, dass 40 Prozent der Paare praktisch nichts dafür tun, dass das romantische Feuer am Lodern bleibt.

54. Wie lange sind Sie schon Christ?

	Frauen	Männer
0 – 10 Jahre	2 %	3 %
11 – 19 Jahre	6 %	10 %
20 – 29 Jahre	2 %	21 %
30 – 39 Jahre	20 %	16 %
40 – 49 Jahre	20 %	17 %
50 oder mehr Jahre	32 %	33 %

KOMMENTAR: Unsere Umfrageteilnehmer sind schon lange Christen, was sehr erfreulich ist.

55. Waren Sie bereits vor Ihrer Hochzeit Christ?

	Frauen	Männer
Ja	79 %	78 %
Nein	21 %	22 %

56. War Ihr Partner bereits vor Ihrer Hochzeit Christ?

	Frauen	Männer
Ja	79 %	83 %
Nein	21 %	17 %

KOMMENTAR: Es ist erfreulich, zu sehen, dass viele Paare schon »das gleiche Joch« trugen, als sie heirateten.

57. Welche Aussage umschreibt am besten Ihr geistliches Leben?

	Frauen	Männer
Reifer, geisterfüllter Christ	56 %	46 %
Reifender Christ	43 %	48 %
Junger Christ	0 %	0 %
Bin mir nicht sicher.	1 %	5 %
Kein Christ	0 %	1 %

KOMMENTAR: Ich habe so den Eindruck, als ob viele reife Christen aus Bescheidenheit den zweiten Punkt angekreuzt haben. Aber fünf Prozent der Männer waren sich nicht sicher, ob sie Christen waren. Ich empfehle Ihnen deshalb, das Kapitel über den »kritischen Punkt« zu lesen!

58. Besuchen Sie eine Bibelstudiengruppe für Ehepaare?

	Frauen	Männer
Ja	21 %	20 %
Nein, aber wir waren früher in einer.	44 %	46 %
Nein	35 %	34 %

KOMMENTAR: Das ist ein guter Prozentsatz, denn viele Männer und Frauen beteiligen sich gleichzeitig auch noch an einem Männer- oder Frauenkreis.

59. Beteiligen Sie sich an einer Bibelstudiengruppe?

	Frauen	Männer
Ja	53 %	43 %
Nein, aber wir waren früher in einer.	42 %	46 %
Nein	5 %	11 %

KOMMENTAR: Andererseits sollten diese Zahlen höher liegen.

60. Wie oft gehen Sie und Ihr Mann zur Kirche oder Gemeinde?

	Frauen	Männer
Jeden Sonntag	78 %	75 %
Die meisten Sonntage	14 %	18 %
Ein Sonntag im Monat	1 %	1 %
Selten oder nie	7 %	6 %

KOMMENTAR: Der Kirchenbesuch liegt sehr hoch.
So sollte es auch sein.

61. Wie oft beten Sie und Ihr Mann zusammen?

	Frauen	Männer
Jeden Tag	37 %	40 %
Mehrmals pro Woche	23 %	25 %
Selten oder nie	40 %	35 %

KOMMENTAR: Es überrascht mich, dass so viele angeben,
dass sie selten oder nie mit ihrem Partner beten,
da Paare doch so viele Schwierigkeiten zusammen erleben.

62. Trinken Sie Alkohol?

	Frauen	Männer
Ja	21 %	28 %
Nein	79 %	72 %

KOMMENTAR: Ich erhebe mein Glas und bringe einen Toast
auf diese Zahlen aus.

63. Wenn ja, wie oft?

	Frauen	Männer
Mehrere Male pro Woche	19 %	24 %
Einmal pro Woche	25 %	38 %
Einmal im Monat	30 %	17 %
Einmal alle paar Monate	26 %	21 %

KOMMENTAR: Unter allen, die Alkohol trinken, sind ungefähr ein Viertel Konsumenten, die dies regelmäßig pro Woche tun.

64. Rauchen Sie?

	Frauen	Männer
Ja	2 %	6 %
Nein	98 %	94 %

KOMMENTAR: Ich freue mich, dass so viele Nichtraucher darunter sind.

65. Raucht Ihr Ehepartner?

	Frauen	Männer
Ja	5 %	2 %
Nein	95 %	98 %

KOMMENTAR: Diese Zahlen decken sich eigentlich mit dem, was die Partner in Frage 64 gesagt haben.

66. Wie oft treiben Sie in der Woche Sport oder bewegen Sie sich?

	Frauen	Männer
Gar nicht	23 %	21 %
Einmal pro Woche	19 %	17 %
2 – 3 Mal pro Woche	34 %	36 %
4 Mal pro Woche oder öfter	24 %	26 %

KOMMENTAR: Obwohl dies erfreuliche Zahlen sind, könnten sie doch meiner Ansicht nach höher liegen.

**67. Welche Sportarten betreiben Sie?
Kreuzen Sie alle zutreffenden Sportarten an!**

	Frauen	Männer
Golf	6 %	21 %
Tennis	3 %	6 %
Basketball	1 %	3 %
Softball	1 %	3 %
Ski oder Snowboard fahren	6 %	7 %
Lauftraining	2 %	17 %
Fahrrad fahren	13 %	19 %
Aerobics	13 %	6 %
Gymnastik	13 %	12 %
Walking	72 %	55 %
Sonstige	23 %	20 %

KOMMENTAR: Hier konnten mehrere Möglichkeiten der sportlichen Betätigung angekreuzt werden, so dass sich mehr als 100 Prozent ergaben. Walking ist bei weitem die beliebteste Kategorie. Aber auch Golf ist, wie zu erwarten war, bei Männern eine beliebte Sportart.

68. Gehören Sie einem Fitness-, Golf- oder Tennisclub an?

	Frauen	Männer
Ja	15 %	14 %
Nein	85 %	86 %

69. Sind Sie im Ruhestand?

	Frauen	Männer
Ja	33 %	40 %
Nein	67 %	60 %

KOMMENTAR: Es sind mehr Ruheständler unter den Befragten, als ich dachte.

70. Wenn ja, gehen Sie einer Teilzeitbeschäftigung nach?

	Frauen	Männer
Ja	33 %	42 %
Nein	67 %	58 %

Warum?

	Frauen	Männer
Um die Rente aufzubessern.	33 %	50 %
Um mich zu beschäftigen.	6 %	20 %
Weil es mir Spaß macht.	61 %	50 %

KOMMENTAR: Viele gehen einer Teilzeitbeschäftigung nach, um etwas zu tun zu haben.

71. Wie viel Urlaub haben Sie im letzten Jahr genommen?

	Frauen	Männer
Keinen	6 %	5 %
Eine Woche	11 %	12 %
Zwei Wochen	20 %	18 %
Drei Wochen	16 %	17 %
Vier Wochen	10 %	12 %
Fünf oder mehr Wochen	14 %	12 %
Ich bin im Ruhestand.	22 %	25 %

KOMMENTAR: Paare im mittleren Lebensabschnitt sollten viel Zeit gemeinsam verbringen!

Anmerkungen

Einleitung

1 Tim LaHaye, *So verschieden – doch glücklich verheiratet* (Leuchter Verlag, 1992)
2 Tim und Beverly LaHaye, *Wie schön ist es mit dir. Das Intimleben in der Ehe* (Verlag Schulte & Gerth, 1982)
3 Als »*baby boomers*« bezeichnet man in Amerika die geburtenstarken Jahrgänge nach dem Zweiten Weltkrieg zwischen 1946 und 1964.
4 Stuart D. Perlman und Paul R. Abramson, *Sexual Satisfaction Among Married and Cohabiting Individuals* (Journal of Consulting and Clinical Psychology, Band 50, Nr. 3, 1982), S. 458–460

Kapitel 1

1 Bernard D. Starr und Marcella Bakur Weiner, *On Sex & Sexuality in the Mature Years* (Stein and Day), S. 15
2 Starr und Weiner, ebd. S. 15
3 Joel D. Block, *Sex Over 50* (Parker, 1999), S. 5
4 Joel D. Block, ebd.
5 Richard H. Davis, *Sexuality and Aging* (Los Angeles: University of Southern California, 1974), S. 187
6 David Reuben, *Everything You Always Wanted to Know About Sex But Were Afraid to Ask* (HarperCollins, 1999), S. 342–43
7 G. D. Smith et al., »Sex and Death: Are They Related?« *British Medical Journal*, S. 315 (20.–27. Dezember 1997), S. 1614
8 Marianne K. Hering, »Believe Well, Live Well«, *Focus on the Family* (September 1994), S. 2
9 Marianne K. Hering, ebd. S. 4

[1] David Reuben, *Everything You Always Wanted to Know About Sex But Were Afraid to Ask* (HarperCollins, 1999), S. 312

[2] Stephanie DeGraff Bender, *The Power of Perimenopause* (Three Rivers, 1998), S. 5

[3] Ivor Felstein, *Sex and the Longer Life* (Penguin, 1970), S. 56

[4] Morton Walker, *Sexual Nutrition* (Instant Improvement, Inc., 1994), S. 128

[5] Winnifred B. Cutler, *Love Cycles: The Science of Intimacy* (Villard, 1991), S. 70–71

[6] Tim und Beverly LaHaye, *Wie schön ist es mit dir. Das Intimleben in der Ehe* (Verlag Schulte & Gerth, 1982), S. 152f.

[7] David Reuben, ebd. S. 318

[8] Weitere Informationen über das Risiko von Herzerkrankungen und -anfällen bietet die »American Heart Association« (»Amerikanische Herzgesellschaft«) im Internet unter *www.americanheart.org*.

[9] Informationen zu Ursachen, Prävention, Erkennung und Behandlung von Osteoporose bietet die National Osteoporosis Foundation (»Nationale Osteoporose-Stiftung«) im Internet unter www.nof.org. Eine deutsche Internetseite mit Informationen zum Thema Osteoporose befindet sich im Augenblick noch im Aufbau. Sie finden sie unter www.osteoporose-netz.de.

[10] Morton Walker, ebd. S. 131

[11] Bei Phytoöstrogenen handelt es sich um so genannte Polyphenole wie Lignane und Isoflavone.

[12] Tempeh: Fermentiertes Sojaprodukt, das ursprünglich aus Indonesien stammt. Es wird dort heute noch in handwerklicher Tradition hergestellt und mit einem Edelpilz geimpft. Tempeh hat einen hohen Eiweißanteil (20 %).
Neben Algen ist es eines der wenigen pflanzlichen Nahrungsmittel, das bedeutende Mengen an Vitamin B12 enthält.
Es wird völlig ohne Salz produziert. Bei der Herstellung westlichen Stils werden die gekochten Sojabohnen mit einer Pilzkultur geimpft und im Wärmeschrank bei etwas über 30 Grad eineinhalb Tage fermentiert. Während der Reifezeit

bildet sich ein camembertartiger Schimmelpilz.
Amerikanische Firmen begannen in den 70er-Jahren mit der Großproduktion. Inzwischen ist Tempeh auch in europäischen Supermärkten zu finden, in Deutschland allerdings selten. Bei einfacher Zubereitung wird Tempeh in fingerdicke Scheiben geschnitten, mit etwas Sojasoße gewürzt und in Öl knusprig angebraten. Eine Spezialität ist frittiertes Tempeh, das in einer würzigen Tunke mariniert wird.
Es dient als guter Fleischersatz.

Kapitel 3

1 Joel D. Block, *Sex Over 50* (Parker, 1999), S. 180

Kapitel 4

1 James C. Dobson, *Das solltest du über mich wissen. Ehekonflikte – und wie man sie löst* (Verlag Schulte & Gerth, 1976), S. 139–140
2 Archibald D. Hart, Catherine Hart Weber und Debra L. Taylor, *Secrets of Eve: Understanding the Mystery of Female Sexuality* (Word, 1998), S. 66
3 Archibald D. Hart et al., ebd. S. 69
4 Winnifred B. Cutler, ebd. S. 42

Kapitel 5

1 Tommy Nelson, *The Book of Romance* (Thomas Nelson, 1998), S. 121–122
2 »Sex flush« im Buch übersetzt mit »Hautrötung«:
Durch Kapillarerweiterung bildet sich während der Plateauphase ein Erythem (Hautrötung), das sich von den Brüsten über den Brustkorb erstreckt und auf die Flanken und den Rücken übergeht. Nach dem Orgasmus verschwindet diese wieder. Beim Mann tritt sie seltener auf.

3 Clifford L. Penner und Joyce J. Penner, *Getting Your Sex Life Off to a Great Start* (Word, 1994), S. 79
4 Clifford L. Penner und Joyce J. Penner, ebd. S. 180

KAPITEL 7

1 Morton Walker, ebd. S. 12
2 Bernie Zilbergeld, *Die neue Sexualität der Männer. Was Sie schon immer über Männer, Sex und Lust wissen wollten* (Deutsche Gesellschaft für Verhaltenstherapie [DGVT], 4. Aufl. 2000), S. 483–484
3 Julian Whitaker, *Healthy & Healing* newsletter (Juli 1998): 7.
4 *The Healthy Cell News* (April 1999): 4.
5 Joel D. Block, ebd. S. 200–201

KAPITEL 8

1 Bob Arnot, *Das Anti-Brustkrebs-Buch. Vorbeugung durch richtige Ernährung und Lebensweise* (Piper Verlag, 2000), S. 23
2 P. A. Newcomb et al., »Lactations and a Reduced Risk of Premenopausal Breast Cancer«, *The New England Journal of Medicine* 330, Nr. 2 (1994), S. 81–87
3 Katherine Dettwyler, »Breastfeeding and Breast Cancer«, *Prairienet Website*
4 Diese Information stammt von der Webseite des *Cancer Resource Center* der American Cancer Society (*www.cancer.org*).
5 T. Greer Morris und P. White, »The Psychological and Social Adjustment to Mastectomy: a Two-Year Follow-Up Study«, *Cancer* 40 (1977), S. 2381–87
6 H. S. Kaplan, »A Neglected Issue: The Sexual Side Effects of Current Treatments of Breast Cancer«, *Journal of Sex & Marital Therapy* 18 (1992), S. 3–19
7 Marisa C. Weiss und Ellen Weiss, *Living Beyond Breast Cancer: A Survivor's Guide for When Treatment Ends and the Rest of Your Life Begins* (Times, 1997), S. 146

[8] J. E. Woos, »Breast Reconstruction After Mastectomy«, *Surgical Gynecol Obstet* 150 (1980): S. 869–74 und National Cancer Institute, *Cancer Statistics Review* 1973–89, Bethesda, Md.: National Cancer Institute, 1992. Veröffentlichungs-Nummer NIH 92-2789

[9] Bob Arnot, ebd. S. 20

[10] Bob Arnot, ebd. S. 23

[11] Bob Arnot, ebd. S. 64f.

Kapitel 9

[1] In Deutschland wird eine spezielle Prostatavorsorge bei Männern allgemein ab ca. 45 Jahren empfohlen.

[2] Rick Chillot und Paula Rasich, »Guard Against Your Secret Fear«, *Prevention* (Juli 1999), S. 121

[3] A. Von Eschenbach, R. Ho, G. P. Murphy, M. Cunningham, N. Lins, American Cancer Society guideline for the early detection of prostate cancer (Leitfaden der Amerikanischen Krebsgesellschaft zur Früherkennung von Prostatakrebs), überarbeitete Fassung von 1997

[4] Chet Cunningham, *Your Prostate* (United Research, 1990), S. 7–10

[5] Julian Whitaker, *Health & Healing* (Juni 1999), S. 6

[6] Julian Whitaker, ebd.

[7] Rick Chillot und Paula Rasisch, ebd. S. 124

Kapitel 10

[1] Owett Kaplan, »The Female Androgen Deficiency Syndrome«, *Journal of Sex & Marital Therapy* 19 (1993), S. 3–24

[2] Saul H. Rosenthal, *Sex Over 40* (Tarcher/Putnam, 1987), S. 154–155

[3] Joel D. Block, *Sex Over 50* (Parker, 1999), S. 228

KAPITEL 11

1 Steve Farrar, *Finishing Strong: Finding the Power to Go the Distance* (Multnomah, 1995), S. 79

KAPITEL 12

1 C. Don Morgan et al, »Sexual Functioning and Attitudes of Eating-Disorderd Woman: A Follow-Up Study«, *Journal of Sex & Marital Therapy* 21, Nr. 2 (1995), S. 67–77

KAPITEL 14

1 Tim & Beverly LaHaye, *Wie schön ist es mit dir* (Schulte & Gerth, 1982)

2 TimLaHaye & Jerry Jenkins, Finale und alle darauf folgenden Bände der Erzählreihe (Projektion J, 1996)

RATGEBER FÜR MÄNNER UND FRAUEN

Ed und Gaye Wheat:

HAUTNAH

Erfülltes Intimleben
in der Ehe

Tiefes Glück durch körperliche und seelische Nähe – nicht weniger als das ist Gottes Plan für jedes Ehepaar! Doch allzu oft scheitert die Freude aneinander an mangelndem Wissen, falschen Vorstellungen und Problemen, die unüberwindlich scheinen. Zurück bleiben Verletzung und Enttäuschung, wenn nicht sogar Resignation.

Alten und jungen Ehepaaren – aber auch denen, die sich auf ihre Hochzeit vorbereiten – bieten Ed und Gaye Wheat in diesem Buch bewährte Hilfen, um zu einem erfüllten Intimleben zu finden. In verständlicher Sprache und medizinisch fundiert informieren sie ausführlich über die körperlichen Organe und ihre Funktionen und zeigen auf, wie verschiedene Sexualstörungen überwunden werden können. Eine Fülle praktischer Ratschläge zu sexuellen Techniken, zur Sexualität in der Schwangerschaft und im Alter wie auch zur Empfängnisverhütung machen dieses Buch zu einem umfassenden Ratgeber. Beglückende Intimität in der Ehe – dieser Wunschtraum kann Wirklichkeit werden!

Paperback, 340 Seiten, Bestell-Nr. 815 197